Christian Funck

Ost-Friesische Chronick

7. Teil

Christian Funck

Ost-Friesische Chronick
7. Teil

ISBN/EAN: 9783744691512

Hergestellt in Europa, USA, Kanada, Australien, Japan

Cover: Foto ©ninafisch / pixelio.de

Weitere Bücher finden Sie auf **www.hansebooks.com**

Des weil. ältesten Stabts-Predigers zu Aurich

Christian Funcks
Ost-Friesische
Chronick

Herausgegeben

von den Erben des weil. Predigers zu Resterhave

Joh. Died. Funck.

7. Theil.

Mit allergnädigster Königlicher Freiheit.

Aurich, 1786.

Gedruckt bey Johann Hinrich Ludolph Borgeest,
Königl. Preuß. OstFr. privilegirtem Buchdrucker.

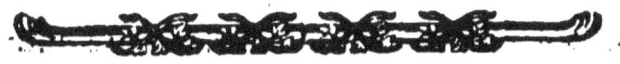

(Fortsetzung des XIII Buchs.)

§. 71.

Die Ostfriesischen Stände lassen bey dem Münsterschen Obersten anhalten, daß er der Ostfriesischen Einwohner verschonen möchte.

Die Ostfriesischen Land-Stände sandten etwa um diese Zeit an den Obersten Elverfeld den Secretarium Hummo Westendorp, mit dem Anbringen, daß sie nicht gehoffet hätten, daß der Herr Bischof sich bey Friedens-Zeiten der Dyler-Schantz würde bemächtiget, noch daß der Herr Oberste den Eingesessenen des Landes Geld und andere Sachen würde abgepresset haben. Ja es ginge die Rede, daß er weiter gehen, und auch Jemmigum antasten wollte. Weil nun dieses alles dem Osnabrüggischen Frieden entgegen wäre, so ersuchten sie unter seiner Militz dergleichen Order zu stellen, daß die Unterthanen nicht beschweret würden. Sie liessen zugleich berichten, daß sie in Weener einen Sergeant mit 5 Musquetiers und in Jemmigum 3 Musquetiers zur Sauvegarde geleget hätten. Der Oberst antwortete: Was die Einnehmung der Schantz anlangte, darüber hätte er sich nicht einzulassen, er für seine Person hätte müssen Order pariren; Sonsten aber hätte er keinen

A 2   Befehl

Befehl den Unterthanen etwas abzupressen. Zwar Anfangs hätte er wol von den umherwohnenden einigen Proviant aus Noth begehret, sie hätten ihm aber nichts gebracht, er würde es ihnen doppelt gut gethan haben; nun aber wäre er mit allem wohl versehen, und dürfte niemand darum ansprechen. Nach Jemmigum zu gehen, wäre ihm noch gar keine Order gegeben. Und daß die Herren Stände einige Sauvegarde in Weener und Jemmigum gelegt, das wäre gut. Im übrigen aber, wann etwa seine Soldaten excessen begehen sollten, so möchtens die Unterthanen nur andeuten, so sollten sie darum angesehen werden. Sonsten erzeigte sich der Oberst gar höflich, und tractirte den Secretarium mit einem Trunk Wein, war aber sehr behutsam und hinterhaltend im Reden. Der Secretarius hatte in seinem Vortrag gemeldet, daß die Richtensteinische Schuld die Ostfriesischen Unterthanen nichts angienge: Hierauf hat er nochmals erwiedert, daß er auf dem Hummeling mit dabey gewesen, als der Fürst von Ostfriesland und seine Räthe den letzten Vergleich geschlossen, welcher nachmahls in Aurich ratificiret wäre, in solchem wäre gleichwol das ganze Fürstenthum Ostfriesland mit verschrieben ccc).

§. 72.

ccc) *Aitzema* Hist. II. Deel. I, Stück lib. 44. p. 6. 7.

unter der Fürstlichen Regierung 5

§. 72.

Die Staaten suchen die Streit-Sache zwischen den Fürsten zu Ostfrießland und Lichtenstein gütlich beyzulegen.

Auch hatten Ihr. Hochmög. in dem Eintritt dieses 1664ten Jahres so wol an den Bischof von Münster, als an den Fürsten von Lichtenstein geschrieben, und bekannt gemacht, daß Sie aus ihren Mitteln einige Deputirte nach Ostfriesland senden wollten, die diejenigen Mißverständnisse, welche zwischen den Fürsten von Ostfriesland und Lichtenstein wären, beyzulegen sich bemühen sollten. Es würden dieselbe sich den 10/20 Febr. zu Lehr-Ort einfinden. Ersuchten also, daß hocherwehnte Herren auch ihre Abgesandten alsdann dahin senden möchten. Dieses ihr Vorhaben notificirten sie auch an den Fürsten zu Ostfrießland. Die Stände ermahnten sie den 12/22 Jan. daß sie die 300000 Gulden, welche sie dem Fürsten zugesaget, möchten etwas eher aufbringen, um damit Sr. Durchl. und dem Vaterland zu helfen. Den 18 Jan. wurden die Herren von Haren und Gerlacius, wie auch der Thresorier-General von Beverning in Ostfriesland zu gehen, committiret, und daselbst so wol die Bezahlung der Lichtensteinischen Schuld, als den Abzug der Münsterschen Völker aus der Dyler Schantz zu befördern ddd). Wann nun Sr. Fürstlichen Gnaden, Fürst **Georg Christian**, versichert war, daß die Herren Committirte überkommen würden, antwortete derselbige dem Bischof von Münster auf den aus Regensburg abgelassenen Brief, dessen vorhin gedacht worden, und that demselbigen zu wissen, daß er mit großer Mühe dazu gelanget, daß er den ersten Termin der 135000 Rthlr. abtragen könnte, würde also denselbigen seinen hinterlassenen Regierungs-Räthen oder Dero Subdelegirten präsentiren lassen, nebst Ersuchen, daß die occupirte Dyler-Schantze wieder eingeräumet werden möchte. Dieses Schreiben ging ab den 29 Jan. eee).

Darauf schrieb der Fürst auch den 1 Febr. an den Obersten Elverfeld und Rentmeister Martels, und offerirte die Auszahlung des ersten Termins in der Lichtensteinischen Schuld-Sache: Der Oberste aber schrieb wieder zurück, daß er keine Order hätte die Gelder zu empfangen, er wollte es aber an seinen gnädigsten Herrn berichten fff). Wann auch der Fürstliche Ostfriesische Ober-Rentmeister Rudolph Brenneysen von dem Empfänger-General Dublet, auf Order der Herren Staaten,

in

---

ddd) Aitzema Hist. II. Decl. lib. 44. volum. I. p. 7-10.
eee) Abdruck ꝛc. Beylag. lit. T. p. 75. 76.
fff) Ibid. Beylag lit. S. p. 74. it. lit. O. p. 65.

in Holland die 135000 Rthlr. würklich gehoben ggg), und den 8 Febr. auf das Haus Lehr-Ort gebracht hatte, so machte Sr. Fürstl. Gn. solches alsobald des andern Tages an des Herrn Bischofs Stadthalter und Regierungs-Räthe in Münster kund, und meldete, daß er gewillet gegen Einräumung der Schantze die Gelder auszahlen zu lassen, also möchten sie als die heimgelassene Regierung zum Empfang und Einräumung der Schantze Order stellen hhh). Diese excusirten sich, daß diese Sache nicht in ihrem Collegio getrieben, sondern gewissen Subdelegirten anvertrauet wäre, daher sie auch keinen Befehl hätten, die Gelder zu empfangen; auch wäre der Lichtensteinische Abgesandte nicht zugegen, zumahlen er sich von Münster nach Cölln begeben, als zur gesetzten Zeit die Zahlung nicht geschehen: Jedoch so wollten sie dieses Begehren an Ihre gnädigste Herrschaft nach Regensburg gelangen lassen, auch wolmeinend gerathen haben, daß Ihr. Fürstl. Gnaden selbsten dahin schreiben möchte, weil sie vermutheten, daß daselbst wol ein Lichtensteinischer Abgesandter sich finden würde iii).

§. 73.

ggg) *Aitzema* l. c. p. 8.
hhh) Abdruck ꝛc. Beylag. lit. P. p. 66-68.
iii) Beylag. lit. R. p. 71-73.

§. 73.

Der Staaten Committirte kommen in Ostfriesland.

Vorhin benannte Staatische Herren Committirte von **Haren, Gerlacius,** und von **Beverning** kamen den $\frac{1}{2}$ Febr. zu Grönningen, und wurden daselbst durch die Herren **Frese** und **Lengering,** respective Drost und Amtmann zu Embden bewillkommet, und nach Embden begleitet, woselbst sie mit gewöhnlichen Ceremonien empfangen sind. Sie gingen so fort nach Aurich, wo sie ebenmäßig mit vorigen Ehrenbezeigungen empfangen wurden. Von Aurich ward jemand nach Lehr-Ort geschickt, um zu vernehmen, ob auch jemand von wegen des Bischoffs oder Fürsten von Lichtenstein sich daselbst eingefunden. Indem sich die Herren Commissarii in Aurich aufhielten, traten sie in eine geheime Conferenz mit dem Fürsten und dessen Räthen **Wiarda, Croneck,** und **Jodocus Ammersbeck** J. U. D. Diese eröfneten, wie der Oberst **Elverfeld** den 5 Jan. St. N. ein öffentlich Patent anschlagen lassen, die Hebung aller Fürstl. Einkünfte an sich zu ziehen; wie dem Obersten, und dem Reutmeister **Martels** den 1 Febr. kund gethan, daß sie den ersten Termin heben könnten, und was darauf geantwortet worden; Wie der heimgelassenen Regierung zu Münster den 9. Febr. geschrieben, daß der

erste

erste Termin zu Lehr-Ort parat stünde; ja wie dem Bischof selbst vor ein paar Wochen nach Regensburg geschrieben, daß die Zahlung geschehen könnte. Absonderlich beschwerte sich der Fürst darüber, daß der Bischof eine solche Order gestellet, daß nicht einmahl seines Herrn Bruders Grafen Edzard Ferdinand, noch der Fürstl. Wittwen und ihrer Tochter Intraden verschonet würden; wobey er nicht einmahl sich merken lassen, wann gleich die Zahlung geschähe, ob dann die Schantze wiederum eingeräumet werden sollte kkk).

Die Herren Commissarii riethen durch einen Notarium und 2 Gezeugen dem Obersten und Rentmeister zu Meppen die Gelder des ersten Termins zu präsentiren, welchem Rath der Fürst auch nachmahls folgte. Denn nachdem die Conferentz geendiget, requirirte Sr. Fürstl. Gnaden am 16 Febr. den Secretarium in Aurich Matthiam Fabricium, welcher zugleich Kaiserlicher Notarius war, und beorderte ihn, daß er sich so wol nach der Dyler Schantze als nach Meppen verfügen, und dem Obersten, dem Rentmeister, und auch dem Lichtensteinischen Receptoren Bernhard Sprengelmeyern die 135000 Rthlr. gegen gnugsame Quitung und Evacuation der Schantze anbieten sollte. Vorher aber hätte er sich nach Lehr-Ort zu machen,

und

kkk) *Aitzema* Hist. 11. Decl. lib. 44. Vol. 1. p. 10-12.

und auf dem Hauſe die Gelder in Augenſchein zu nehmen, auf daß er davon zeugen könnte, daß ſie würklich daſelbſt parat geſtanden. Der Noͤtarius machte ſich den 17ten Febr. nach Lehr, und waͤhlte daſelbſt zweene Buͤrger, Johann Ruͤter und Tonnies Prickher, zu Zeugen, in deren Gegenwart ließ er ſich des folgenden Tages von dem Oberſten, Baron von Aylua, Droſten zu Lehr, die auszuzahlende Gelder in 21 wol eingemachten Faͤſſern vorzeigen. Darauf nahmen ſie ihre Reiſe nach der Dyler-Schantze, woſelbſt ſie noch deſſelbigen Tages ihr Werk bey dem Oberſten Elverfeld verrichteten, welcher zur Antwort gab, daß er nur Befehl haͤtte, die Schantze zu vertheidigen, nicht aber einige Gelder zu heben, welches er unter unterthaͤnigſten Reſpect dem Fuͤrſten zu hinterbringen erſuchte. Von dannen reiſten Notarius und Zeugen nach Meppen, und kamen daſelbſt den 19 Febr. da ſie dann den Rentmeiſter Martels und den Schreiber Sprengelmeyer gegenwaͤrtig funden. Jener gab ganz hoͤflich einen Schein von ſich der geſchehenen Præſentation mit dem Verheiſſen, die Sache an den Biſchof nach Regensburg, imgleichen an die heimgelaſſene Regierung zu Muͤnſter zu berichten, auch nicht zu ermangeln, was zur Antwort kommen wuͤrde, an Sr. Fuͤrſtl. Gnaden zu Oſtfrießland unterthaͤnigſt zu berichten. Der angemaßte Receptor Sprengelmeyer

unter der Fürstlichen Regierung. 11

meyer erwieß sich ganz ungnädig, und sagte: Er hätte mit dieser Requisition nichts zu schaffen, auch nicht in Commissis einige Resolution zu ertheilen. Also reisten sie des folgenden Tages wieder fort, so da war der 20. Febr. und beschleunigten ihre Rückreise nach Aurich lll). In Regensburg ließ Sr. Fürstl. Gnaden dem Bischof selbsten durch den Rath Joachim Hagemeyern L. die Zahlung der paratstehenden Gelder fast eben um diese Zeit anbieten mmm).

§. 74.
Landtag in Embden in Gegenwart der Staatischen Committirten.

Auf den 22 Febr. waren die Ostfriesischen Land-Stände zur Landtags-Versammlung in Embden verschrieben. Bisher waren die Commissarii der Herren Staaten in Aurich geblieben, und hatten noch allerhand Conferenzen und Unterredungen mit dem Fürsten gehalten, unter andern auch demselbigen gerathen, die große Hoffstatt, im gleichen Stall und Jagd zu vermindern, welches, wie sie nachgerechnet, demselbigen wol jährlich eilf bis zwolftausend Rthlr. Vortheil thun könnte. Der Fürst nahm diese und andere Er-

lll) Abdruck rc. Beylag. lit. O. Instrum. Requisitionis p. 54-66.
mmm) Abdruck rc. pag. 8.

Erinnerungen ganz wol auf. Als nun der Tag zur Landtags-Versammlung heran kam, fuhr der Fürst mit den Herren Commissariis nebst seinen Räthen nach Embden.

Wie nun bey erster Zusammenkunft im Namen des Fürsten von den Räthen die Proposition geschah, gleich wie die Gewohnheit ist, so machten die Ritterschaft und einige aus dem dritten Stand Schwierigkeit sie anzuhören, weil der Fürst von ihnen noch nicht gehuldiget war. Die Herren Commissarii von Ihr. Hochmög. eröfneten hierauf ihre Commission. Wie sie nun begehrten, daß die an den Fürsten versprochene 300000 Gulden von ihnen möchten anticipiret werden, wandte die Ritterschaft im Gegentheil ein, der Fürst hätte seine Zusage noch nicht erfüllet, und also wären sie nicht gehalten, etwas zu bezahlen, vielweniger zu anticipiren. Die ganze Haupt-Sache war, daß sie von dem Fürsten begehrten: Es sollten in Sachen, die Regierung des Landes angehend, Eingebohrne und keine Ausländische gebrauchet werden. Ueber diesem Punct gab es allerhand Disputen, zum Exempel: 1) Ob Postulatum absolute oder limitate zu verstehen und anzunehmen? 2) Ob der Fürst gar keine Ausländische in Bedienung und zu Räthen oder Beamten haben sollte? 3) Ob diejenigen noch als Ausländische anzusehen, die im Lande begütert rert sind, oder einige Jahre als Ostfriesische Einwohner sich niedergelassen und gewohnet haben? 4) Ob auf solche Weise auch die Commendanten auf Lehr-Ort Einheimische seyn müsten? 5) Ob die Unterthanen der Herren Staaten in Ostfrießland schlechterdings als Fremde anzusehen? 6) Ob diß Postulatum nur auf das Zukünftige gehe, oder auch von gegenwärtigen Räthen und Bedienten rede? 7) Ob, wann der Fürst diesen Punkt so schlechterdings nicht eingehen könnte, die Stände nicht gehalten wären, die 300000 Gulden dennoch zu bezahlen? 8) Ob dieses Geld als ein bloßes Geschenk oder als eine Schuld anzusehen? ꝛc. Der Fürst ließ wider dieses Postulatum vortragen, daß sein Staat es nicht zuließ, nur bloße Einheimische in Bedienung zu haben, sintemahl er am Kayserlichen Hof, zu Speier, wie auch an andern Hofen seine Verrichtungen hätte, wozu man Leute gebrauchen müste, die in dergleichen Sachen erfahren wären, welches man doch nicht allezeit bey den Einheimischen haben könnte; zu dem so schlügen die Adelichen zu der Hofgerichts-Bedienung selbsten oftmals Fremde vor; ja die Ritterschaft an sich selbst bestünde nicht aus lauter Eingebohrnen.

Endlich ward doch nach langem Disputiren durch die Herren Committirte die Sache also vermittelt, daß der Fürst und die Stände

sich

sich über ein gewisses Huldigungs-Reversal vereinigten, und also die Stände sich erklärten, die 300000 fl., die Embder aber ihre versprochene 72000 fl. aufzubringen, wozu dann die Herren Committirte ihnen ein Mittel an die Hand gaben. Und weil sie nun ihre Commißion in Ostfrießland ausgerichtet, auch Briefe empfangen hatten, daß von des Bischofen oder Fürsten von Lichtenstein wegen zu Lehr-Ort sich niemand einfinden würde, reiseten sie den $\frac{15}{25}$ Martii wieder weg. Sein. Fürstl. Gnaden, wie auch verschiedene Deputirte der Stände und Stadt Embden begleiteten sie mit allen Ehrenbezeigungen bis aus Schif, und also segelten sie über Delfsiel nach Gröningen, und von dannen nach dem Haag nnn). Nach ihrer Abreise geschah den 29 März zu Aurich von der Ritterschaft und den übrigen Ständen die Huldigung ooo).

§. 75.

Dem Bischof von Münster werden die Lichtensteinische Gelder präsentiret.

In Holland war man geschäftig, dem Fürsten von Ostfrießland und dessen Ständen mit Her-

nnn) *Aitzema* Hist. II. Deel. Vol. I, lib. 44. p. 12-35.
ooo) Vide die Huldig. Reversales Sr. Durchl. Fürstl. Georg Christian, Fürsten und Herrn zu Ostfrießl. in der Ostfries. Hist. Tom. II. lib. 4. n. 5. p. 917. 918.

Herbeyschaffung des zweyten Termins an die
Hand zu gehen und ward den ⅖ April an die
Ostfriesischen Stände berichtet, daß die Gelder
parat stünden ppp). Sr. Fürstl. Gnaden, Fürst
Georg Christian, sandte darauf an den Bischof zu Münster, der von Regensburg wieder
zu Hause kommen war, der Hoffrichter, **Carl
Friedrich von Inn- und Kniephausen,** wie
auch den Amtmann zu Aurich D. **Johannem
Rüssel,** welche demselbigen nicht allein den parat-
gestandenen ersten Termin der 135000 Rthlr.
sondern nunmehro auch den 2 Termin, nemlich
das Wienerische Capital 135000 Rthlr. samt
denen laufenden Zinsen 15000 Rthlr. also eine
Summa insgesamt von 285000Rthl. zu offeriren
in Commissis hatten qqq). Auch schrieben die
Herren Staaten den ⅚ April an den Bischof
mit ernstlicher Ermahnung, daß nachdem der
Fürst von Ostfrießland alles that, was möglich,
man aufhören möchte, weiter mit Ihm so hart
zu procediren, vielmehr aber die angebotenen
Gelder anzunehmen, und zum wenigsten gegen
den 10 May St. n. die Dyler-Schanz wiederum einzuräumen. Auf diesen Brief antwortete
der Bischof, daß er den Dohm-Dechanten senden wollte, nemlich den Herrn **Doyen de Brabeck,** als seinen geheimen Rath, mit den Herren

ppp) *Aitzema* Hist. II. Deel. Vol. I. lib. 44. p. 36.
qqq) Abdruck ꝛc. p. 8. *Aitzema* l. c. p. 43.

ren Staaten mündlich zu reden rrr). Die Fürstl. Ostfriesische Abgeschickte fertigte er mit einer unzulänglichen Erklärung wieder ab, insonderheit aber mit dem Vorschlag und Begehren, daß die Dyler Schanze geschleifet werden sollte. Der Fürst zu Ostrießland hatte den Freyherrn Gerhard von Closter Herrn zu Dornum und Petkum Häuptling, und den Rath Bucho Wiarda wegen des oben erwehnten Geldes nach dem Haag gesandt. Durch diese ließ er anhalten, daß Ihro Hochmögende zugeben möchten, daß nach der Evacuation die Schanze geschlichtet würde. Hiezu aber wollten sich die Herren Staaten nicht verstehen sss).

§. 76.

Der Bischof will die Dyler=Schanz nicht wieder einräumen, sie werde dann geschleift.

Schon dazumahl, als die erste Zeitung in Holland einlief, daß die Dyler=Schantz von den Münsterischen eingenommen, hatten Ihr. Hochmögende nach gepflogenem Rath eine Liste gemacht von 29 Compagnien zu Pferde und 70 zu Fuß, worüber Prinz Wilhelm Friedrich, Fürst zu Nassau, als Feldherr, ein Prinz von Ta=

rrr) Id. ibid. p. 39-43.
sss) Abbruck ꝛc. p. 9. Conf. Winckelm. Oldenb. Hist. 5 Theil. c. 1. p. 517. 518.

unter der Fürstlichen Regierung. 17

Tarante als General von der Cavallerie, bestellet worden, um im Fall der Noth mit solcher Macht dem Bischof das Haupt zu bieten ttt). Nach dem es nun das Ansehen hatte, daß der Bischof die Sache auf die lange Bank zu spielen, und die Schanze an sich zu behalten suchte, auch gegen den Freyherrn von Kniephausen und D. Rüssel sich erkläret hatte, entweder die Schanze nicht zu evacuiren, oder sie würde dann demoliret; zudem dessen Abgesandter im Haag gegen Einräumung der Schanze die Restitution von Borckeloe begehret hatte: so ward die Liste aufs neue geändert, und unter hochgedachtem Prinz Wilhelm (wie er insgemein genennet wird) und dem Prinzen von Tarante eine Macht von 9 Compagnien zu Pferde und 29 zu Fuß parat gehalten. Jedennoch aber, da es zum Marsch ging, blieb es bey der ersten Liste uuu). Hierzu kamen auf dem Wege noch 20 Compagnien, aus Frießland und Gröningen, daß also an Volk beysammen war 119 Compagnien respective zu Roß und Fuß. Diese Völker kamen den 10 May vor der Schanze und ließ der Colonell Erend Jttersum dieselbe auffodern. Der Commendant Elverfeld gab zu Antwort, daß er dazu keine Order hätte, wol aber, daß er

Die-

---

ttt) *Aitzema* Hist. II. Deel. vol. I. lib. 44. p. 1. 6.
uuu) Ibid. p. 41.

B

dieselbe aufs äusserste defendiren sollte. Hierauf ließ der Prinz die Colonellen Jttersum und Clant mit 26 Compagnien sich nach der Westphälischen Seite wenden; Er selbst besetzte mit 5 Regimenter die andere Seite. Und so fingen die Soldaten an mit allem Fleiß die Lauf-Graben zu machen. Den 18 May des Morgens früh spielten die Colonellen Moriack und Jttersum von ihren aufgeworfenen Batterien gar starck mit ihren Canonen auf die Schanze. Eine Stück-Kugel aus der Schanze flog dem Major Valender über den Kopf weg, und verdarb den Hut und Peruque, ohne einige Verletzung des Haupts. Es ward insonderheit bey der Nachtzeit aus der Schanze hefftig geschossen, um das Approchiren zu verhindern. An dem besagten 18 May kam an den Prinzen eine Resolution von Jhr. Hochmög. datiret den $\frac{18}{28}$ May, worin ein Concept von dem Accord über die Lichtensteinische Schuld demselbigen communiciret, und zugleich geöffnet ward, daß gegen den letzten dieses Monats nach dem neuen Stiel gerechnet (sonsten den 21 May) die Abgesandten von Münster und Ostfrießland kommen, und in dem Haupt-Quartier des Prinzen nebst den Abgeordneten von Jhro Hochmögende den Contract völlig schließen würden, bis dahin möchte der Prinz einen Stillstand der Waffen machen; im Fall aber aus Münster niemand erscheinen, oder aber

der=

derjenige, so erscheinen würde, nicht mit genugsamer Vollmacht versehen seyn sollte, so möchte der Prinz fortfahren, und die Schanz einnehmen. Den Accord, worüber diese Resolution ergangen, hatten Herr **Gerhard von Closter,** Herr zu Dornum und Rath **Bucho Wiarda** mit dem Münsterschen geheimen Rath und Dohm-Dechanten **Brabeck** in dem Haag geschlossen xxx). So bald nun Prinz **Wilhelm** diese Resolution empfing, ließ er durch den General-Major **Kirckpatrick** dem Commendanten **Elversfeld** einen Stillstand auf vier Tage andeuten. An eben demselbigen Tage kam der Hofrichter **Carol Friedrich,** Freyherr von Inn- und Kniephausen, aus Aurich ins Lager an. Einige Tage vorher waren auch von wegen Ihr. Hochmög. die Herren von **Haren** und **Gockinga** angekommen. Die Münsterschen Abgesandten blieben aus bis auf den letzten Tag. Innerhalb der Zeit des Stillstandes arbeiteten die Soldaten fleißig an den Aprochen. Der Commendant in der Schanz beschwerete sich hierüber, und drohte zu schießen. Der Prinz aber ließ ihm wissen: der Commendant hätte in der Schanzen zu befehlen, Er aber draussen. Den 21 May kamen ein paar Personen aus Münster mit ihren Bedienten ins Lager, welche, als sie befraget wurden: ob

B 2   sie

---

xxx) Ibid. p. 59. 60. 61. Abdruck des dem Chur Maintz. Directorio &c. Beylag. lit. W. p. 79-86.

sie keine Münstersche Abgesandten vernommen hätten? meldeten, daß sie es selbst wären. Da man sie weiter fragte: Ob sie auch mit den Staatischen Herren Committirten oder mit dem Prinzen zu reden verlangten? gaben sie zur Antwort: Sie hätten bey niemand etwas zu thun, als bey dem Gesandten von Ostfrießland. Sie redeten auch mit dem Herrn Hofrichter, und zeigten die Quitung gegen das zu empfangende Geld, diese aber war also eingerichtet, daß sie ihm nicht anstand. Weil nun dieses alles wieder die in dem Haag genommene Resolution, und in folgender Nacht um 12 Uhr der Stillstand aus war, fing Prinz Wilhelm, nachdem er mit den Herren Committirten die Sache vorher übergeleget, die Feindseligkeiten wieder an. Vorher sandte er des Morgens früh um 2 Uhr an den Commendanten, und ließ ihm wissen, weil sich niemand aus Münster angemeldet hätte, so würde man mit schießen und andern feindlichen Actionen fortfahren. Die Abgeschickte von Münster weil sie keine Credentz-Briefe an Ihr. Hochmög. Committirte noch an den Prinzen hatten, und also unfähig waren, in einige Handlung einzutreten, machten sich nach Weeneren, von dannen sie nachmahls nach Hause gereiset sind. Sie wiesen allda ihre Original-Vollmacht, woraus wie auch aus ihren Reden man leicht zu erkennen hatte, daß es dem Bischof kein Ernst gewesen,

nach

unter der Fürstlichen-Regierung. 21

nach dem im Haag gemachten Accord und darüber gefasseten Resolution sich zu richten. Wie nun der Commendant in der Schanz den Ernst sahe, ließ er den 25 May des Morgens frühe zwischen 7 und 8 Uhr um zu accordiren, die Trommel rühren, da dann nach einigem Gespräch der Capitain Calcker und Lieutenant Cloot, den Accord zu schließen heraus geschickt wurden. Die Conditiones, welche von beiden Seiten eingegangen wurden, waren folgende: 1) die Münsterschen sollten mit fliegenden Fähnlein, Ober- und Unter-Gewehr, brennenden Lunten, und bey sich habenden Sack und Pack frey abziehen, und den rechten Weg nach Coesfeld ohnbeschädigt und ungehindert den March nehmen. 2) Alles, was Sr. Fürstl. Gnaden zu Münster zugehörte, an Artillerie, Bau-Materialien, Proviant, Zimmerholz, Pallisaden und Plancken, sollte mögen mitgenommen werden, nur ausgenommen, was Erd- und Nagelfest sich befünde. 3) Der Abzug sollte geschehen den 27 May. 4) Es sollte aber nichts mitgenommen werden von dem, was sie bey Einnehmung der Schanzen darin gefunden, noch auch so einige Canonen darin wären, worauf Ihr. Hochmdg. Wapen stünde. 5) Dem Commendanten sollte vergönnet seyn, so lange in der Schanz zu bleiben, bis alles, was dem Bischof und seinen Leuten zugehörete, völlig abgeführet wäre. Also ward zur

be-

bestimmten Zeit die Schanze dem Prinzen eingeräumet. Sie war durch das heftige Schiessen
sehr ruiniret. Bey dem Abzug funden sich an
die achtzig Mann, welche theils Kranke, theils
gequetschte waren, und auf Wagen fortgebracht
wurden. Auch gab ihnen der Prinz Wagens
zu dem Gut, welche der Major Finckel mit
4 Compagnien zu Pferde bis gen Meppen begleitete yyy).

§. 77.

*Die Einnehmung der Dyler-Schanze wird am Kay-
serl. Hofe übel genommen.*

Es war leicht zu erachten, daß die Einnehmung der Dyler-Schantze am Kayserlichen
Hofe nicht würde allzuwol aufgenommen werden.
Denn schon im Januario, als die Staaten sich
anfingen zu bewegen, ward der Käyserliche Fi-
scalis Vitus Sartorius von Schwanenfeld aufge-
macht, daß er wider den Fürsten von Ostfriesland klagte, daß derselbige, um die Commission
in infinitum zu eludiren, sich an die Staaten
hinge, welches wider die Lehn-Rechte auch
Reichs-Constitutiones gehandelt, und Er, der
Fürst,

---

yyy) *Aitzema* l. c. p. 61-65. Abbruck ec. p. 10-12.
Imhovii Notitia L. R. G. Imperii lib. 5. c. 8. p.
257. 258. Winckelm. Oldenb. Hist. 5 Th. cap.
I. p. 519.

Fürst dadurch in die schwere Strafe des Landfrieden gefallen wäre, maſſen ſich nicht gebührte bey Strafe der Lehn-Rechte absque Conſenſu Domini directi einige Feſtungen des Reichs an auswärtige Herrſchaften zu verſchreiben, noch einzuräumen, noch auch zu verſtatten, daß auf des Reichs Boden, obgleich unter Caution, dergleichen Feſtungen aufgerichtet würden. Dieſe Klage ward im Febr. dem Fürſten communiciret, innerhalb 2 Monaten Friſt darauf zu antworten zzz). Auch hatte der Kayſerliche Miniſter J. V. Friquet in dem Haag ſehr wider die Einnehmung der Schanze gearbeitet. Nachdem nun dieſelbige eingenommen war, ſchrieben die Herren Staaten den 31 May (d. 10 Jun. St. n.) einen weitläuftigen Brief an Ihro Kaiſerl. Majeſt., worin ſie ihre Sache juſtificirten und des Biſchofs unbillige Proceduren an den Tag legten aaaa). Der Brief iſt bey dem Aitzema zu leſen bbbb).

Um dieſe Zeit, und zwar den 3ten Junii ward dem Hochfürſtlichen Oſtfrieſiſchen Hauſe die zweyte Prinzeßin gebohren, und bey der h. Taufe,

---

zzz) Abdruck bey dem Chur Mainziſchen Reichs-Directorio &c. Beylag. lit. E. F. *p.* 34-37.

aaaa) *Aitzema* Hiſt. II. Deel. Vol. I. p. 45-51. Winckelm. Oldenb. Hiſt. 5. Th. cap. p. 518. 519.

bbbb) *Aitzema* l. c. p. 65-66.

Taufe, welche noch am selbigen Tage geschah, **Juliana Charlotta** genannt cccc).

Immittelst ließ Prinz **Wilhelm von Nassau** die Lauf-Graben und andere Außenwerke schlichten, die Schanze aber inwendig wiederum in guten Stand bringen. Darauf stellte Er vorerst den Capitain Kock zum Commendanten in der Schanz, den Ihro Hochmögende auch nachmahls haben continuiren lassen. Und damit brach das Lager den 11 Jun. von Stapelmoer wieder auf, als woselbst das Haupt-Quartier gewesen dddd).

Den 10 Julii starb zu Aurich die älteste Prinzeßin **Eberhardina Catharina Sophia**, so nunmehr ein Jahr und etwa 4 Monat alt war. Sie ward den 23 dieses Monats in dem Hochfürstlichen Erbbegräbniß beygesetzet eeee).

In der Lichtensteinischen Sache nahm Fürst **Georg Christian** seine Zuflucht zu den sämtlichen H. Römischen Reichs Chur-Fürsten und Ständen, und mußten seine Räthe **Johann Henrich Stammler** Doct. und **Joachim Hagemeyer** L. ein unter dienstliches Memorial auf dem gegenwärtigen Reichstag zu Regensburg überreichen, worin über die Bischöflichen Excessen

---

cccc) Der weil. Durchl. Herzoginn Christina Charlotte, Fürstinn zu Ostfrießl. Personalia p. 3.
dddd) *Aitzema* l. c. p. 66.
eeee) M. Georg. Volcmati Leichen-Protocol, Msc.

sen bey seiner Commißion geklaget, der Sachen
Verlauf erzählet, nnd inständigst angehalten
ward, daß die versammleten Reichs-Stände
bey Ihr. Kaiserl. Majestät bewegliche Interceß-
sionales abzugeben geruhen wollten, daß durch
ein Kaiserl. Rescriptum inhibitorium die Executions-Commißion möchte aufgehoben werden,
in Betrachtung, daß Sr. Fürstlichen Gnaden
zu Ostfrießland dem Kaiserl. Befehl submissimam
& sufficientissimam paritionem geleistet hätte,
und die Zahlungs-Gelder parat stünden ffff).
Damit aber Sr. Fürstlichen Gnaden zu keinen
Zinsen für diese Gelder möchte gehalten werden
können, anerwogen bey ihm votißo der Verzug
nicht gelegen, sondern vielmehr bey den Abgeschickten aus Münster, als welche in dem Lager
vor der Dyler-Schanze weder mit genugsamen
Quitungen versehen, noch den Wienerischen Ori-
ginal-Contract bey sich gehabt, der doch billig
gegen Zahlung hätte müssen extradiret werden:
so deponirte Er die parat stehende Summa der
285000 Rthlr. bey dem Ostfriesischen Hofgericht. Diß geschah nun auf folgende Weise.
Der Fürstl. Procurator Generalis erschien den
13 Octobr. im Hoffgericht, und proponirte nomine Serenissimi die vorhabende gerichtliche De-
position der auszuzahlenden Gelder, nebst weit-
läuftiger Ausführung der dazu bewegenden Ursachen

ffff) Abdruck ꝛc. Beylag. lit. A. p. 1=17.

Sachen. Den 17 Octobr. erfolgte ein Decretum, daß die offerirte Gelder in Depositum angenommen werden sollten, jedoch mit dem ausdrücklichen Beding, daß Hofrichter und Assessores der überaus großen Summen halber ad custodiæ & restitutionis periculum sich keinesweges wollten obligiret und verbunden haben. Noch desselbigen Tages gingen drey Deputirte aus dem Hofgericht auf die Fürstliche Oberburg in ein Gewölbe, worin vorhin gemeldete Geld-Summa in 15 Fässer vorhanden war, versiegelten mit des Hofgerichts Insiegel zuförderst die Fässer, hernach die Thüren, und nahmen die Schlüssel zu sich, die dann des folgenden Tages bey abgestatteter Relation überliefert, und auf dem Hofgericht verwahrlich beygeleget worden gggg).

Der Ort des Hoffgerichts (welches hie beyläuffig erzehle) war in dem vorigen Frühling verändert. Vorhin ward an der andern Seite über der Meyerschen Cammer nahe an dem Maltz-Hause das Hofgericht gehalten. Weil aber in dem Maltz-Hause ein Brand entstanden, der doch gleich wol glücklich erlöschet worden, und man daher wegen der gerichtlichen Acten und Documenten besorgt war, ward zur Hofgerichts-Stube das Logement bequemet, worauf

gggg) Ibid, p. 12. 13. & Beylag. lit. Y. p. 90-94.

auf noch heutiges Tages das Gerichte gehalten wird hhhh).

§. 78.

Der unglückliche Todes-Fall des Prinzen Wilhelm Friederich von Naſſau.

Eben in den Tagen, da die Depoſition der Lichtenſteiniſchen Gelder vor war, begegnete dem hochgemeldeten Prinzen Wilhelm Friedrich von Naſſau, der die Dyler-Schanze eingenommen hatte, ein plötzlicher Unglücks-Fall, wobey er auch das Leben einbüßte. Es war an dem,

hhhh) Supra Januam interiorem Dicaſterii hæc legitur Inſcriptio:
Q. F. F. Q. S.
GEORGIUS CHRISTIANUS
D. G. Friſiæ Orientalis Princeps
DNS in Eſens, Stedesdorf,
et Witmund
PATRIAE PATER
in
DEi triunius Honorem, Subditorum Emolumentum, Exterorum Commodum, Supremæ Curiæ Ornamentum, Actorum Judicialium ſecuritatem, Communem omnium Utilitatem, Sui immortalem Memoriam,
CHRISTO Auſpice,
Tribunal hoc Juſtitiæ aperuit
Anno MDCLXIV
XVIII Aprilis.

dem, daß er eine Reise, die Frontieren seines Gouvernements gen Westphalen zu besichtigen, vorhatte. Wie nun alles dazu fertig gemacht war, wil er aus seiner Kammer eine Pistole loß= schießen, welche er um sie zu probiren geladen hätte. Indem selbige den Schuß verweigert, will er den Lade-Stock herausziehen. Eben aber in dem Ziehen, gehet die Pistole loß, und fähret die Kugel unten in den Kinn und oben bey der Nase, neben dem rechtern Auge wieder heraus. Es geschah dieses den 14 Octobr. an einem Frey= tage des Morgens um 8 Uhr, da seine Gemahlin, Frau Amelia zur Kirchen gefahren war. Die Kinnbacken zur rechten Seite waren durch den Schuß zerstücket. Die Zunge war zwar nicht verletzet, doch konnte er sie bis an sein Ende zum Sprechen nicht gebrauchen. Was er wollte, das schrieb er. Zuerst hatten die Aerzte gute Hoffnung zu seiner Genesung. Allein die Hof= nung war umsonst, und forderte ihn der liebe Gott an dem folgenden Freytag den 21 Octob. des Abends um 7 Uhr aus dieser Zeitlichkeit ab, nachdem er des vorigen Tages sein Testament ge= macht, und noch eine Stunde vor seinem Ende von seiner Gemahlin und beiden Kindern, als Prinz und Prinzeßin, und von allen Umstehen= den Abschied genommen hatte iiii).

Aus

iiii) *Aitzems* Hist. II. Decl. vol. I. lib. 44. p. 75-81.

Aus Wien erging den 24 Octob. (3 Nov. St. N.) von dem Kaiser Leopold ein Decretum an das Chur-Maintzische Reichs-Directorium, daß S. Fürstl. Gnaden, Fürst Georg Christian, bey diesem wehrenden Reichstag zu Regensburg möchte in den Reichs-Fürsten-Rath introduciret, und ihnen sein Sitz und Votum an behörigen Ort und Stelle angewiesen werden kkkk).

§. 79.

Krieg zwischen England und Holland.

Zwischen England und Holland war bey diesen Zeiten ein offenbarer Krieg, so daß auch der König von Groß-Britannien etwa im Ausgang Febr. Ao. 1665 eine Declaration ergehen ließ, alle Schiffe ohne Unterscheid wegzunehmen, welche mit Niederland Handel treiben würden. Er that solches auch würklich, und wurden bey solchem Zustand auch ein paar Embder Schiffe durch die Caper weggenommen, in England aufgebracht, die Ladung confisciret, und die Schifleute gefangen gesetzet llll). Fürst Georg Christian hätte gerne zur stärkern Besatzung in Stick-

hausen

kkkk) Vid. Kayf. Leopoldi Decretum hievon in Läniger Teutschen Reichs Archiv. Part. Special. Continuat. 2. 3te Fortsetzung 4te Abtheilung. p. 595.

llll) *Aitzema* Hist. II. Deel. Volum. 2. lib. 45. pag. 747-751.

hausen und andern Grenz-Festungen einige Völker angeworben, die Stände aber, denen alle Krieges-Werbung in Ostfrießland verdächtig war, wollten solches nicht zustehen, und lieber von den Staaten die Forten verstärket wissen mmmm).

In der Lichtensteinischen Sache hatte es der Herzog Eberhard von Würtemberg mit Hülfe einiger hohen Kaiserlichen Bedienten so weit gebracht, daß den 5 April zwischen dem Fürsten von Lichtenstein und Fürsten zu Ostfrießland ein beständiger Vergleich getroffen, und aufgesetzet worden, daß die beym Ostfriesischen Hofgericht deponirte 285000 Rthlr. innerhalb acht Wochen zu Amsterdam, als dem bisherig-gewöhnlichen Zahlungs-Ort, an die Lichtensteinische Bevollmächtigte sollten ausgezahlet, und gegen Quitung richtig eingehändiget werden; überdem sollten Sr. Fürstlichen Gnaden zu Ostfrießland an Sr. Fürstlichen Gnaden Hartmann zu Lichtenstein noch 35000 Rthlr. in 6 Terminen und zwar innerhalb 10 Jahren abtragen: Das Berumsche Capital aber von 165000 Rthlr. sollte bey dem Ostfriesischen Hause auf Rente stehen bleiben, und jährlich mit 5 pro Cento verzinset werden. Durch diesen zu Wien aufgerichteten Vergleich fielen alle Streitigkeiten und fernere Foderungen auf einmahl hinweg. Es ward auch

der-

---

mmmm) Ibid. p. 1402-1405.

derselbige von Sr. Kaiserl. Majestät confirmiret. Auf die verordnete Commissarios aber, insonderheit den Bischof zu Münster, ward ein Kaiserliches Rescriptum Inhibitorium erkannt, wodurch die Executions-Commißion aufhörte. Im May notificirte solches Sr. Fürstlichen Gnaden an die Herren Staaten nnnn).

§. 80.

Fürst Georg Christian stirbt.

Da es nun schien, daß der Durchlauchtige Hochgebohrne Fürst und Herr, Georg Christian, die größesten Schwierigkeiten überwunden hatte, muste er nach dem Verhängniß Gottes in seinen besten Jahren den Weg aller Welt gehen, sintemahl ihn Gott den 6ten Junii dieses 1665ten Jahres durch den Tod, zur Abend-Zeit etwa um 9 Uhr zum grossen Leidwesen seiner Frau Gemahlin abforderte, die er schwanger sammt einer noch zarten Töchterlein hinterließ, Prinzeßin Juliana Charlotte, die nur eben ein Jahr alt war. Er selbst hatte seine Lebens-Zeit nur auf 31 Jahr und 4 Monaten ge-

nnnn) Ibid. p. 1403-1406.

gebracht oooo). Den 15ten Junii ward er in dem Hochfürstlichen Begräbniß in der Stadt-Kirchen zu Aurich beygesetzet pppp).

Ende des dreyzehenden Buchs.

---

oooo) *Aitzema* Hist. II. Deel. Vol. 2. lib. 45. pag. 1406. *Winckelm.* Oldenb. Hist. 5. Th. cap. I. p. 527.

pppp) *M. C. Volcmari.* Leichen-Protocoll v. 1665.

Der Auricher Chronick
Vierzehendes Buch.

Von den Geschichten unter der Fürstlichen Vormündlichen Regierung der verwittweten Fürstin und Frauen, Fr. Christinen Charlotten, so lange der Mitvormund Herr Graf Edzard Ferdinand im Leben gewesen.

§. I.

Fürstinn Christina Charlotte tritt die vormündliche Regierung an.

Christina Charlotte, gebohrne Herzoginn zu Würtemberg und Teck ꝛc. ward durch den frühzeitigen Hintritt ihres Hochgeliebten Ehe-Herrn gar jung in den beschwerlichen Wittwen-Stand und zugleich an das Müh- und Sorgen-volle Regiments-Ruder gesetzet. Sie war eine Dame, die noch nicht vollends das zwanzigste Jahr erreichet hatte. Und ob sie zwar von hohem Verstand und scharfem Ur-

C theil:

theil: so war Sie dennoch in Regierungs-Sachen noch nicht geübt. Ueberdem so muste Sie in Furcht und Hofnung stehen, ob Sie noch einmahl bey der anzunehmenden Regierung bleiben würde. Denn ob Sie gleich schwanger war, so könnte Sie doch nicht versichert seyn, daß Sie einen Prinzen zur Welt tragen würde. Diese und andere daraus herfließende Sorgen bestürmeten zu einem mahl das annoch junge Fürsten-Herz, welches leichtlich hätte können niedergeschlagen werden, wann nicht das Vertrauen zu Gott und eine angebohrne Großmüthigkeit Sie standhaft gemacht hätte. Graf Edzard Ferdinand, der Bruder des Hochseligen Fürsten, nahm sich der Regierung zugleich mit an, weil noch kein männlicher Erbe von dem Fürstlichen Hause vorhanden, und Er in Entstehung dessen der rechtmäßige Successor war. Und gewiß, aller Augen begunten schon auf ihn zu sehen. Was die Regierungs-Sachen anlangte, ward nichts ohne seinen Beyrath gethan. Ihro Hochmög. richteten ihre Briefe ebenmäßig an denselbigen. Ja es schien, daß Sr. Hochgräflichen Gnaden in allem fast den Vorzug hatte. Diß daurete bis zu der verwittweten Fürstin glücklicher Niederkunft a).

§. 2.

a) *Aitzema* Hist. II. Deel, Vol. 2. p. 1407 seqq.

unter der Fürstlichen Regierung. 35

§. 2.

Graf Edzard Ferdinand hält Beylager mit dem Hochgräflichen Fräulein Anna Dorothea von Criechingen und Püttingen.

Hochgemeldeter Herr Graf **Edzard Ferdinand** hielt den 22 Jul. dieses jetztlaufenden 1665ten Jahres Beylager in Aurich mit dem Hochgräflichen Fräulein Anna **Dorothea,** gebohrner Gräfin zu Criechingen und Püttingen b). Sie war eine Tochter **Alberti Ludovici,** Grafen und Herrn zu Criechingen und Püttingen. In eben diesem Jahr, da die Freude des Beylagers gehalten ward, erlebte Sie einen sonderbaren Trauer-Fall an ihren beyden Herren Brüdern **Johann Ludowig** und **Ernst Casimir.** Diese beide thaten eine Lust-Reise nach Welling einem Ort zu Criechingen gehörig, und waren daselbst einige Wochen recht einig und vergnügt. Auf der Rückkehr begegnete ihnen ein Catholischer Priester, mit dem sich Graf Johann Ludowig in Gespräch einlässet. Der andre Bruder aber reitet fort. Einer von Graf **Johann Ludowigs** Dienern bringet seinem Herrn vor, es hätte sein Herr Bruder schimpflich von ihm geredet, welches er mit so verdrießlichen

C 2

---

b) **Engelb. Hoyers** Past. Nordani LeichPr. über weil. Hrn. Gr. Edzard Ferdinand in Personal, M. G. *Volcmari* Past. Aurie. Trau-Protocoll.

lichen Worten vortrug, daß der Graf seinem Pferde die Sporn gab, und seinem Bruder nach⸗ setzte. Als er ihn nahe bey Wilderfangen an⸗ traf, und mit ergrimmten Gemüth, Geberden, und Worten auf ihn loßsetzte, ergrif so fort in Eil der Bruder Ernst Casimir eine Pistole, um sich zu wehren. So bald sie an einander ka⸗ men, und jener seine Pistole lösete, drückte die⸗ ser auch loß, und wurden sie alle beide getroffen. Graf Ernst Casimir empfing einen tödtlichen Schuß ins Haupt, daß er also bald zur Erden sank, und den Geist aufgab. Graf Johann Ludowig war mit zwo Kugeln verwundet, die er nachmahls von den Wund⸗Aerzten ausschnei⸗ den ließ. Dieser Graf hat gelebet bis Ao. 1681 wiewol mit unruhigem Gewissen, und ist kurz vor seinem Ende katholisch geworden. Indem er aber ohne Erben gestorben; Graf Ernst Ca⸗ simir ein Töchterchen gehabt, das in zartester Jugend durch den Tod hinweggerissen; die bei⸗ den andern Brüder Casimir Otto, und Georg Otto unverehliget geblieben, und also ihr Le⸗ ben geendiget: ist hochgemeldete Frau Gemahlin des Herrn Grafen Edzard Ferdinand, als die einzige Schwester eine Erbin der Güter ge⸗ worden c).

§. 3.

---

c) Imhofii Notitia S. R. Germ. Imp. Procerum lib. 6. cap. 2. p. 291.

§. 3.

Eine Pest in Aurich und sonsten in Ostfrießland.

In oberwehntem Monat Julio dieses 1665 Jahres that sich die Pestilenz, die sich sonsten an andern Orten in Ostfrießland schon einige Zeit her merken lassen, auch in der Stadt Aurich hervor d). Die Ostfriesische Herrschaft war besorgt, wie doch diesem Uebel theils vorgebeuget, theils geholfen werden möchte, derowegen ließ sie durch Dero Leib Medicum D. Simon Wolff in öffentlichen Druck herausgeben eine kurze Anleitung und getreues Anrathen, welcher gestalt die Eingesessenen so wol der Stadt Aurich, als ganzen Landes bey gegenwärtigen gefährlichen Läuften, so wol zur Präservation als Curation der abscheulichen anklebenden Seuche der Pestilenz gewisser heilsamen Mittel sich zu gebrauchen hätten. Im Auricher Kirchspiel sturben seit währender Pest an dieser Seuche 186 Personen e). In Embden aber an die 5000 Menschen f). Die Fürstliche Frau Wittwe Christina Charlotta ward hiedurch ge-

---

d) M. *Volcmari* Leichen-Protocoll.
e) Kurze Anleitung und getreues Verhalten ꝛc. gedruckt zu Aurich Ao. 1665.
f) Embder kleine Chronica.

genöthiget, daß sie sich von Aurich nach Esens
begab, bevorab weil die Pest sich schon begunte
auch zu Hofe zu regen. Allda blieb sie so lange,
bis sie durch eine glückliche Niederkunft einen
jungen Prinzen gebahr, und desto erfreulicher
nach Aurich wieder heimkehrte. Sr. Hochgräfl.
Gnaden, Graf Edzard Ferdinand, und dessen Frau Gemahlin hielten sich die Pestzeit über,
und noch eine geraume Zeit hernach zu Sandhorst auf, welches Dorf von der Seuche gänzlich frey blieb. Unter denen um Aurich herum-
liegenden Dörfern war insonderheit das Sterben
am allermeisten zu Wallinghausen g).

Zu dieser Zeit wurden verschiedene große
Reichs-Städte, ja fast der ganze Rhein Strom,
mit der Pest incommodiret. Daher auch Herzog Christian Ernst, Markgraf zu Bayreuth,
durch seinen Leib-Medicum Joh. Matthiam
Nesterum, Med. Doct. einen getreuen Rathschlag drucken ließ, wie sein Fürstenthum und
Lande sich wider diese gefährliche Seuche zu prä-
serviren, oder so ja sie auch eindringen sollte,
sich zu curiren hätten.

Vorhin erwähnter D. Simon Wolff war
Ao. 1662 von dem Fürsten Georg Christian,
Christl. Gedächtniß, in Ostfrießland berufen.
Er

---

g) Personalia der weil. Herzogin Christina Charlotte
p. 3. it. des Durchl. Fürsten Christian Eberhard.
p. 5.

Er war gebürtig aus Lüdenhausen in der Grafschaft Lippe, woselbst sein Vater Gerlach Wolff Prediger gewesen, er aber Ao. 1620 den 7 Aug. gebohren worden. Nachdem Er zu Rinteln den Grund seiner Academischen Studien geleget, hat er sich nach Padua in Italien begeben, von dannen Er wieder seine Reise durch Frankreich nach Leiden genommen, und daselbst Ao. 1649, nach gehaltener öffentlicher Disputation vom Tertian-Fieber, den Gradum Doctoris Medicinæ angenommen, auch im Haag und zu Delft sich auf Praxin geleget. Nach der Zeit ist er Stadt-Physicus in Oldenburg, und Ao. 1655 Hochgräflicher Oldenburgischer Hof- und Leib-Medicus in Jever geworden. Von dannen ist er wie gemeldet, hieher berufen, und so lange in Hochfürstl. Ostfriesischen Diensten gewesen, bis er Ao. 1678 den 1 Jan. seine Dimißion erlanget, und in Bremen Stadt-Physicus geworden, woselbst er Ao. 1681 den 26 Febr. sein Leben geendiget hat h).

§. 4.
Des Krieges zwischen England und Holland muß Ostfrießland mit entgelten.

Es ist am Ende des vorigen Buchs erwähnet, daß zwischen England und Holland im Anfang

h) I. M. *Nesteri* D. M. Antiloemicum S Getreuer Rathschlag &c. gedr. zu Bayreuth Ao. 1666.

fang dieses Jahres eine heftige Krieges-Glut entstanden. Die Ursache war insonderheit mit, daß der Vice-Admiral Reuter in Guinea die Oerter wieder erobert hatte, welche die Engländer vorhin den Holländern abgenommen i). Die Staaten hatten verboten, daß in Niederland gar keine Englische Waaren sollten verkaufet werden k). England hingegen erzeigte sich als Feind gegen alle diejenigen, welche nach Niederland Waaren hinbrachten l). Dieses muste Ostfrießland mit entgelten, und waren in kurzen an die 13 Embder Schiffe weggenommen, und in England aufgebracht, theils weil sie ihren Handel auf Holland hatten, theils weil die Staaten ihre Völker in Embden hatten. Und ob gleich die Embder ihren Syndicum Doct. Andreè nach England schickten, und bey dem König anhalten liessen, daß die Schiffe möchten wieder loß gelassen, und die Schifsleute aus der Gefangenschaft freygegeben werden, funden sie doch keine Erhörung m). Im Junio hielten die Flotten der Engländer und Holländer ein Haupt-Treffen, worin die letzten ihren Admiral Opdam

nebst

---

i) *Aitzema* Hist. 11. Deel. Vol. 2. p. 701. seqq.
Philimeri Irenici Elisii Continuat. 12. Diarii Europæi Ann. 1665. mense Januar. p. 61-84.

k) *Aitzema* l. c. p. 710. seqq.

l) Ibid. pag. 742. seqq. *Philimeri* Diar. Europæum p. 354. seqq.

m) *Aitzema* l. c. p. 1404-1407.

nebst 18 großen und kleinen Schiffen verlohren n). Der Bischof von Münster Christoph Bernhard von Galen, als ein kluger Statist, nahm diese Gelegenheit wahr, sich an den Staaten zu rächen, und führte ebemäßig die Waffen wider sie, worin der König von Engeland ihn bestärkte, und mit Geld unterstützte o).

Nun hatten die Herren Staaten schon bey Zeiten Ostfrießland ermahnet, auf seiner Hut zu stehen, und für die Besetzung der Grenz-Festungen zu sorgen; weshalben auch Fürst Georg Christian, Christseliger Gedächtniß, auf den 14 März einen Landtag ausgeschrieben. Solcher war in Aurich zwar gehalten, darauf aber nichts ausgerichtet worden p). Nunmehro nach seinem Tode schrieben sie aufs neue den 10 Aug (ult. Jul. Styl. Vet.) an den Herrn Grafen Edzard Ferdinand, welcher in seiner Beantwortung sein Bestes zu thun verhieß q).

---

n) Ibid. p. 765. seqq. *Philim.* Diar. Europ. p. 555. seqq. Historisch. Kern der Merckwürdigst. Welt- und Wundergeschicht. von Ao. 1618-1678. gedr. zu Hamburg. p. 99. 100.

o) *Aitzem.* l. c. p. 1031. 1032. 1321. 1322. 1325-1329. *Philim.* Diar. Europ. p. 364.

p) *Aitzem.* l. c. p. 1402. seqq. Korte Deductie ende Waerachtig Verhael in jure & facto gefondeert van de tegenwordige Oostvriesche Differenten. Ao. 1666. p. 3. 4.

q) *Aitzem.* l. c. p. 1407. Korte Deductie &c. l. c.

Es ward darauf ein Landtag zu Leer gehalten, und die Grenz-Verwahrung bestens recommendiret, allein es kam zu keinem gewissen Schluß r). Eben zu dieser Zeit kamen auch in Ostfrießland die Staatischen Herren Commissarii Florentz Cant, Silvert Aylua, und Johannes Drewes um dieses nöthige Werk zu befördern: weil sie aber keine Einstimmigkeit sahen, reiseten sie so fort wieder weg s). Die Hauptsache kam wol darauf an, daß die Art und Weise, die Landes-Sicherheit zu befördern, nicht zu wol könnte ausgefunden werden. Staatische Völker einzunehmen, wie einige wollten, reimte sich nicht mit der Neutralität; andere Völker einzunehmen, dazu wollte sich insonderheit die Stadt Embden und der dritte Stand nicht verstehen; der Fürstlichen Regierung die Werbung zu überlassen, war bisheriger Gewohnheit entgegen t)

Herzog Georg Wilhelm zu Braunschweig und Lüneburg stund zu der Zeit mit den Herren Staaten in Alliance. Weil er nun eine sonderbare Gewogenheit zu dem Fürstlichen Ostfriesischen Hause hatte, so erböt er sich 1500 Mann zu der Grenz-Besetzung zu überlassen, jedoch mit dem Beding, daß sie unter seinem Commando bleiben sollten. Der Herr Graf Edzard

Fer-

r) Ibid.
s) *Aitzem.* l. c. p. 1408.
t) ibid. p. 1402–1404.

Ferdinand entschuldigte sich, daß die Zahl allzugroß, und Ostfrießland dieselbe nicht ertragen möchte. Man meinte aber, wann etwa 300 Mann übergesandt würden, und selbige unter dem Commando des Herrn Grafen stünden, würde man dieses Anbieten williger annehmen u). Die Herren Staaten, welche gerne sahen, daß insonderheit die Festungen Stickhausen und Gretsiel besetzet werden möchten, waren mit der Einnehmung der Lüneburgischen Völker wol zufrieden und riethen selbst dazu x). Die Stände aber hatten die Fürstlichen Räthe in Verdacht, daß sie nur deswegen die Lüneburgischen Völker ins Land gezogen hätten, damit sie ihre Autorität befestigen möchten y). Am allermeisten ward die Schuld auf den Baron Hillfried von Croneck, Drosten zu Friedeburg, Johann Melchior Oinhausen, Drosten und Hoffmeister in Aurich, und Otto Christoffer von Baumbach, Drosten zu Esens, geleget, welche allesamt geheime Räthe waren z).

§. 5.

u) Ibid. p. 1409.
x) Korte Deductie &c. p. 5. 6. Document. lit. B, C, F.
   p. 31–33. 37–39.
y) Airzema l. c. p. 1410. 1411.
z) Copia Schreibens der Ostfriesisch. Stände an die Durchl. Fürstinn, Fr. Christina Charlotte und den Hochgeb. Grafen, Herrn Edzard Ferdinand d. 26 May 1666.

§. 5.

Fürst Christian Eberhard wird gebohren.

Den 1 Octob. dieses 1665ten Jahres kam die Durchlauchtige verwittwete Fürstin, Frau Christina Charlotte in Esens glücklich danieder, und gebahr zu ihrer sonderbaren und ungemeinen Freude einen jungen Erb-Prinzen, welcher bey der h. Taufe Christian Eberhard genennet worden. Nebst andern hohen Potentaten waren auch die Herren Staaten zur Gevatterschaft eingeladen. Durch diese erfreuliche Geburt empfing die Fürstin neuen Muth und eine Befestigung in ihrer Regierung, anerwogen das vormündliche Regiment zu führen Derselben nicht könnte disputiret werden. Einige der Fürstlichen Räthe hätten die Regierung gerne also eingerichtet gesehen, daß hochgedachte Fürstin, das Ruder gar allein geführet hätte, wozu sie auch die Exempla der Frau Theda, imgleichen der Frau Anna von Oldenburg, Gräfin, und vormündlichen Regentinnen dieses Landes gebrauchten: allein es wollte sich auch nicht wol thun lassen, daß man Sr. Hochgräflichen Gnaden von der Mitregierung abdrünge, maßen ihm die Mitvormundschaft zukam, er auch sein daran habendes Recht wider diese und andere Einwürfe bey den Herren Staaten angewiesen. Kurzlich, so lange der Herr Graf lebte, behielt

er

er die Hand mit am Ruder aa). Die Oſtfrieſiſche Landſtände aber wollten nicht gerne eher eine förmliche Landes-Regierung erkennen, bis die Oſtfrieſiſche Herrſchaft die Accorden und Landes-Verträge beſtätiget hätte bb).

§. 6.

Die Oſtfrieſiſche Herrſchaft will die Grenz-Feſtungen gerne mit Lüneburgiſchen Völkern beſetzen.

Kurz vor der Niederkunft der Hochgedachten Fürſtin ward von Deroſelben und dem Herrn Grafen nach dem Haag geſandt Herr **Timan Johann von Lintloo von der Eſſe,** welcher den 8 Octobr. Styl. Nov. (den 28 Sept. St. V.) ſeinen ſchriftlichen Vortrag that, worin er andeutete, daß, obgleich Ihr. Fürſt- und Gräflichen Gnaden ſich anerboten, den Ständen Hand und Siegel zu geben, daß die Lüneburgiſchen Völker, wozu Ihr. Hochmög. ſelbſt in einem Schreiben vom 3 Sept. an die Fürſtin und den Herrn Grafen gerathen, zu keines

Men-

---

aa) Der Hertzoginn Chriſtina Charlotte it. Fürſten Chriſtian Eberhard, Perſonalia. *Aitzema* Hiſt. II. Deel. Vol. 2. lib. 41. p. 1414.

bb) Foodamentael en Waerachtig Tegen-Bericht op een alzo onrecht genaamt grondelyk Berigt en Antwoort, nopende de hochnootwendige Beſettinge van OoſtVriefslandt. Gedrückt A̶o̶. 1681. p. 2.

Menschen Beleidigung, noch zum Nachtheil der Landes-Verträge, sondern nur bloß zur Besetzung des Landes sollten gebrauchet, und so bald die Noth und Gefahr verschwunden, wieder abgeführet werden, dennoch die Stände nicht consentiren wollten; bat also die Stände, dahin zu disponiren, daß sie zum Unterhalt der nothwendigen Besatzung 3 oder 4 Capital-Schatzungen einwilligten, doch succeßive und unterschiedlicher Terminen, damit dieses höchstnöthige Werk der Grenzbesetzung möchte wol und füglich befördert werden könnnen. Ihro Hochmögende schrieben darauf an die Stände von Ostfrießland. Diese antworteten, daß sie unmöglich in die Einführung fremder Völker geheelen könnten; weil solches wider die Accorden und Verträge wäre, zudem von ausländischen Ministern solches angerathen worden, denen sie doch nicht viel zutrauen könnten cc).

Unterdeß nun, da die Stände beschäftigt waren, wider die Einnehmung der Lüneburgischen Völker bey den Herren Staaten zu arbeiten, der Fürstin Ausschreiben eines Landtages zu Pewsum auf den 12 Octob. auch nicht erkennen wollten dd), folgten die Fürstliche Frau Wittwe und der Herr Graf dem gethanen Vorschlag

---

cc) *Aitzema* Hist. II. Deel, Volum. 2. lib. 45. p. 1411-1415.
dd) Ostfr. Hist. Tom. II. lib. 5. n. 1. 2. p. 919-923.

schlag und Ermahnung der Herren Staaten, wie auch dem Anrathen des Herzogen Eberhard zu Würtemberg, und beider Herzogen Georg Wilhelm und Ernst August zu Braunschweig-Lüneburg, respective Bischöfen zu Osnabrügge, welche nunmehro Mitvormünder waren über den jungen Prinzen von Ostfrießland, und sandten den Drosten zu Wittmund, Herrn Joachim von Honstett, Herrn von Donnerhorst (im Lüneburgischen) und Rysum, nach Hannover, einige Lüneburgische Völker abzuholen, mit welchen er im Ausgang des Octob. in Ostfriesland kam. Es waren 400 Mann, davon die eine Hälfte auf Stickhusen, die andere auf Gretsiel verleget ward. Sie waren dazu bewogen durch ein fliegendes Gerüchte, daß die Engländer mit 6000 Mann in die Embs gesegelt wären, um an Gretsiel zu landen. Der Herr Lintloo muste auf hohe Order dieses so bald an Ihr. Hochmögende notificiren, und anhalten, daß sie durch ein ernstliches Schreiben zur Einwilligung der 4 Capital-Schatzung die bis hieher widrig gesinnten Stände vermöchten und bewegten, die weder die Einnehmung der Lüneburgischen Völker bewilligen, noch zu deren Unterhalt etwas contribuiren wollten ee). Insonderheit berief er

sich

---

ee) *Aitzema* l. c. p. 1415. 1416. Korte Déductie ende Waerachtig Verhael van de tegenwoordige Ooftvriefche Differentien, p. 5-8.

sich auf Ihr. Hochmög. den 8 Octob. St. N. an die Stände eben zu diesem Zweck abgelassenes Schreiben, und bat demselbigen fernern Nachdruck zu geben ff). Jetztgedachter Lintloo stund in Herrschaftlichen Ostfriesischen Diensten, und war an Baumbachs Stelle Drost in Esens geworden gg). Auf dessen Notification und Vorstellung erfolgte den 17 Nov. St. N. eine solche Resolution der Herren Staaten, daß an die Stände sollte geschrieben werden, sie möchten so lange aus der gemeinen Landes-Casse die Lüneburgischen Völker unterhalten, bis die Fürstl. und der Stände Abgeordnete in den Haag geschicket wären, und sich allda über die Unterhaltung dieser Völker verglichen hätten hh).

§. 7.

Die Ostfriesische Stände sind über die Einführung der Lüneburgischen Völker schwürig.

Die Ostfriesischen Land-Stände waren über die Einführung der Lüneburgischen Völker sehr mißvergnügt. Deren Agent Aitzema that im Haag sein bestes, den Unfug dessen Ihro Hoch-

---

ff) *Aitzema* l. c. p. 1416-1418. Korte Deductie &c. Document. lit. F. p. 37-39.
gg) *Aitzema.* l. c. p. 1420.
hh) Ibid. p. 1421. Korte Deductie &c. Docum. lit. G. p. 40. 41.

unter der Fürstlichen Regierung. 49

Hochmögende vorzustellen. Der Commendant in Embden Sirma sandte auf Begehren der Administratoren einige Soldaten aus, um zu Norden, Aurich, Gretsiel und Nesse der Comtoiren sich zu versichern. Gleichwie nun die Stände, wie auch die Stadt Emden, wider die Einnehmung der obbesagten Völker ihre Klagen führten: so feyreten hingegen nicht die Fürstin von Ostfrießland, dero Herr Vater der Herzog zu Würtemberg, und die Herzogen von Braunschweig und Lüneburg, als hohe Vormünder, bey den Herren Staaten die Sache zu treiben, daß sie den Unterhalt für die Völker, und die deswegen auszuschreibende Schatzungen, bestmöglichst befördern möchten ii).

Im übrigen liessen sie noch mehr Volk ins Land rücken, so daß vorerst mehr denn 800 Mann zusammen waren. Wie der Herr Honstett, als Capitain, seine Compagnie, die er unter diesen Völkern hatte, nach Bingum führen, und daselbst auf Herrschaftliche Order das Quartier nehmen wollte, setzte sich der Commendant auf Leer-Ort dagegen, und wollte sie des Ortes nicht wissen, sondern brannte mit grobem Geschütz auf sie los. Ja er hielt sie nicht allein von Leer und Bingum samt der Bingumer Gaste zurück, sondern befreyete auch noch mehr andere Dörfer, als

Hoge-

ii) *Aitzema* Hist. 11 Deel. vol. 2. lib. 41. p. 1418-1425.

D

Hogegaste, Borgerdruven, und Echtelum von der Einquartierung. Sein Vorwand war, daß er niemand so nahe unter das Geschütze dulden wollte, und dazu von Ihro Hochmög. Order hätte kk).

Die Herren Staaten indeß hatten bereits im Anfang November und abermal im Anfang December, an die Fürstin und den Herrn Grafen geschrieben, daß sie einige Abgeordnete übersenden möchten, die nebst den Deputirten der Stände, die Sache wegen der Unterhaltung der Besatzungs-Völker überlegten, und durch gütige Vermittelung sich darüber vereinigten. Von den Ständen waren zwar einige hingesandt: die Fürstl. Frau Wittwe aber ließ sich den $\frac{11}{21}$ December durch dero Residenten de Groot entschuldigen, daß sie nicht wol jemand überschicken könnte, ehe sie von den übrigen hohen Herren Mitvormündern die Beystimmung erhalten hätte ll).

§. 8.
Die Fürstin entschuldiget sich, daß sie niemand senden kann.

Anno 1666 den $\frac{10}{20}$ Jan. erschien Drost Lintloo im Haag, und stellte vor, welchergestalt Ihro Fürstl. Gn. die verwittwete Fürstin zu Ostfrieß-

---

kk) Id. Hist. 12. Decl. lib. 46. p. 868. 869.
ll) Ibid. p. 867.

b: unter der Fürstlichen Regierung. 51

frießland, sich ohne Vorbewust der hohen Mitvormünder nicht dürfte mit den Ostfriesischen Ständen in einige Tractaten einlassen. Indem sie aber täglich, ja stündlich, deroselben Gutachten erwartete, wie auch die Confirmation der Vormundschaft, so hätte sie das gute Vertrauen, Ihro Hochmög. würden bis dahin zum Präjudicio ihres jungen Prinzen nichts resolviren. Sie klagte auch über vorerzähltes Unternehmen des Commendanten Sigers auf dem Hause Leer-Ort, welcher die Lüneburgischen Völker nicht dulden wollen, da doch die Herren von Braunschweig und Lüneburg Alliirte von Ihro Hochmög. wären; imgleichen daß derselbe die Münsterschen Unterthanen übel tractirte, worüber Ostfrießland leichtlich die Neutralität verlieren könnte. Es kamen bald darauf Briefe in den Haag, sowol von der Fürstin, als dem Herren Grafen, worin sie auf der Herren Staaten Schreiben vom 4 Jan. St. N. antworteten, in welchem hochgemeldete Herren Staaten sich herausgelassen, daß sie die Stände zur Unterhaltung der Lüneburgischen Völker und Aufbringung der gesuchten Capital-Schatzungen nicht constringiren, noch auch, daß solches von andern geschähe, zugeben könnten. Die Ostfriesische Herrschaft hielt in ihren Briefen an, daß einige Commissarii aus dem Haag möchten gesandt werden, welche die streitige Sachen in Ostfrießland beylegten. Den $\frac{1}{11}$ Febr. kamen der

D 2 Stände

Stände Abgeordnete, **Beninga, Wenckebach, Westendorph** und **Tjaden** in den Haag zur Audienz, und hielten um die Erledigung von den Lüneburgischen Völkern an, die wider der Stände Consens eingenommen wären. Die Herren Staaten resolvirten des folgenden Tages, einige aus ihren Mitteln in Ostfrießland zu senden, welches denn auch nach einigen Tagen an die verwittwete Fürstin notificiret ward, mit beygehender Erinnerung, daß sie inzwischen keine Execu- tiones wegen der einquartirten Völker möchte ergehen lassen. Denn weil die Stände keine Schatzungen einwilligen wollten, so ließ die Ost- friesische Herrschaft de facto Contributions-Gel- der eintreiben. Und wollten die Administrato- res die Schatzung einfodern lassen, so ward es ihnen verwehret, wie denn auch ein Pachtdiener darüber erschossen ward mm).

§. 9.

Uneinigkeit der Herrschaft und Unterthanen in Ostfrießland.

Sonsten sahe es im Lande bey diesen Zeiten verwirret aus. Die Landstände wollten die vormündliche Regierung der verwittweten Fürstin nicht erkennen, noch die Ausschreibung ihrer Landtage respectiren, daher erging von Kai- serl.

---

mm) *Aitzema* Hist. 12. Deel lib. 46. p. 868-871.

serl. Majestät Befehl, sich darin anders zu betragen, und sie als eine rechtmäßige Regentin und confirmirte Vormünderin anzusehen, und deroselben allen Gehorsam zu leisten nn). Die Fürstin hingegen verließ sich auf die hohen Mitvormünder, und was sie mit Güte nicht haben konnte, das that sie mit Gewalt, und brauchte dazu die Lüneburgischen Völker. Wollten die Stände sich zu keiner oft gesuchten Capital-Schatzung verstehen, so ließ sie hin und wieder die Schatzungen durch die Lüneburger eintreiben. Doch musten diese sich hüten, daß sie den Staatischen Völkern auf ihren Besatzungs-Orten nicht zu nahe kamen: denn diese meinten die ältesten Briefe zu haben, und wollten jene unter ihrem Kanonenschuß nicht leiden. Ueberdem so liefen solche Händel vor, worüber man genugsam besorget seyn muste, daß der Bischof von Münster neue Gelegenheit ergriff, mit seinen Völkern in Ostfrießland einzurücken. Denn erstlich liessen die Commendanten zu Leer-Ort und auf der Dyler-Schanze ihre Soldaten zuweilen einen Streif ins Münsterland thun, und einige Bischöfl. Unterthanen gefangen mit sich bringen, die sich dann wieder loskaufen musten. Welches sowol der

Herr

nn) Korte Deductie ende waerachtig Verhael van de tegenwoordige Ooftfr. Differenten p. 14-17. Document. lit. H. p. 42-44. Ostfrieß. Hist. Tom. II. lib. 5. n. 4. p. 924. 925.

Herrschaft als den Ständen mißgefiel. Nächstdem so hatten die Stände die eingewilligte Römer-Monaten oder Türken-Steuer, die sich für Ostfrießland 5000 Rthlr. betrug, auf vielfältigen Gegenspruch des Herrn Baron von Knip hausen nicht bezahlet, ohngeachtet der Freyherr von Hohenfeld, Reichs-Pfenningmeister, verschiedene Anmahnung gethan hatte. Daher derselbe warnen ließ, daß im Nichtzahlungsfall die Execution an den Bischof von Münster würde übergeben werden oo).

§. 10.
Die Commissarii der Staaten kommen in Ostfrießland.

Den 1 Martii kam der Herr Florentz Cant, einer von den Staatischen Herren Commissariis, in Embden an. Er ward unter Losbrennung der Kanonen durch die Deputirte von der Ritterschaft, Städte und dritten Stand bewillkommet, und mit verschiedenen Karossen in sein Logement begleitet. Darauf kamen der Drost und Amtmann zu Embden, und nöthigten ihn im Namen der Herrschaft nach Aurich zu kommen. Den 2ten schrieb er an die Fürstin, daß er des folgenden Tages sich einfinden würde. Wann aber eben desselbigen Tages die
Prin-

oo) *Aiczem.* Hist. 12. Decl. lib. 46. p. 870-872.

Prinzeßin Juliana Charlotte, die nunmehro ein Jahr und 8 Monat alt war, mit Tode abging, deutete zur Abendzeit der Drost solches an, mit dem Ersuchen der gnädigsten Herrschaft, daß er die Ueberreise bis nach der Begräbniß aufschieben wollte pp). Die Leiche blieb nicht lange stehen, sondern ward den 5ten dieses in dem Hochfürstl. Erbbegräbniß zu Aurich beygesetzet qq).

Den 6ten Martii kamen die Herren Commissarii, Florentz Cant, Epeus von Glinstra, und Johannes Drews, auf weiteres Ansuchen der Fürstin, in Aurich an. Denn die beyden letztern hatten sich auch unterdessen zu Embden eingefunden. Sobald sie die gewöhnliche Curialia abgeleget, traten sie mit den Fürstl. Räthen in Conferenz, um wegen des auszuschreibenden Landtages, und was sonst zum Besten dienen könnte, vorher mit ihnen abzusprechen. Den 8ten gingen sie wieder nach Embden, auch allda die Gemüther gegen den bevorstehenden Landtag zur Vereinigung zu bequemen. Insonderheit stellten sie an Bürgermeister und Rath die Nothwendigkeit der Fortificirung des Hauses Gretsiel vor.

Den 13ten Martii ward der Landtag zu Aurich gehalten, da dann des folgenden Tages sich

---

pp) *Aitzem.* Hist. 12. Decl. lib. 46. p. 873.
qq) *M. Volkmari* Leichen-Protocol.

sich die Herren Commissarii auch nach Aurich erhuben. Den 15ten legten sie die Curialia bey der Fürstin ab, und wollten auch ein gleiches thun bey dem Herrn Grafen, wie sie dann zu dem Ende ihren Secretarium nach Sandhorst hinausschickten: es kam aber der Herr Graf ihnen zuvor, und bewillkommete sie zu Aurich. Darauf nahmen die Landtags-Disputen ihren Anfang rr).

§. II.

Die Ostfriesischen Stände finden sich beschwert über die Mitvormundschaft fremder Potentaten.

Ehe die Landstände zur Versammlung wollten, sandten sie zuförderst zu den Fürstl. Räthen ihren Secretarium, und begehrten 1) eine Copey von der Käiserlichen Confirmation über die Vormundschaft der Fürstin und übrigen hohen Vormünder, 2) daß die Lüneburgischen Völker, die in und um Aurich herumlagen, möchten abgeführet, und anders wohin verleget werden. In beyden ward von Fürstl. Seiten gewillfahret. Wie nun den 16ten die Landtags-Proposition angehen sollte, weigerten sich die Stände solches anzuhören. Sie funden sich beschwert, daß fremde Potentaten (als die Herzöge zu Würtemberg und Braunschweig) unter dem Namen der Vormünder zur Ostfriesischen Landesregierung soll-

rr) *Aitzew.* l. c. p. 873. 874.

sollten zugelassen werden, welches allerdings wider die Gewohnheit und Verträge dieses Landes wäre; hofften auch von Ihro Hochmög. hierwider geschützet zu werden. Ferner wollten sie lieber zu Leer ihre Versammlung haben in Form von Continuation des vorigen Landtags daselbst, als hier zu Aurich. Die Erklärung, welche die Herren Commissarii den 17ten darauf ertheilten, war diese: Daß der Landtag auf Begehren aller dreyen Stände zu Aurich wäre ausgeschrieben, und also nicht zu verändern stünde; wegen der vormündlichen Regierung würden die Stände sich bey Ihro Hochmög. anzugeben haben, weil sie dieserhalben nichts in Commissis hätten.

Endlich, nachdem nun die Stände sich lange bearbeitet ein Mittel auszufinden, die fremde Herrschaften von der Regierung dieses Landes abzuhalten, fiel der Schluß dahin, daß, wenn die Fürstin, und der Herr Graf die Landtags-Proposition ohne Erwähnung der andern Herren Vormünder beliebten zu unterschreiben, sie alsdann willig wären die Proposition anzuhören. Die Stände schickten einige aus ihrem Mittel an den Herrn Grafen **Edzard Ferdinand**, ihn dazu zu bereden: er aber gab zur Antwort, daß er es bey der Unterzeichnung der Fürstin, so wie sie jetzt läge, beruhen ließ. Darauf thaten die Stände den Vorschlag, daß sie damit zufrieden seyn wollten, daß die Fürstin allein

allein unterschrieb, wenn sie den Zusatz: **und im Namen der Mitvormünder,** auslassen würde. Die Fürstin aber wollte zur Ausschließung ihres Herrn Vaters, der von Kaiserl. Majestät zum Vormund confirmiret war, sich nicht dazu verstehen. Da nun die Tage hierüber vergeblich zugebracht wurden, entschlossen sich die Herren Commissarii den 19 Martii, nicht länger zu verweilen, sondern des folgenden Tages wegzureisen.

Als die Stände dieses sahen, bequemten sich dieselbe zur Anhörung der Landtags-Proposition, jedoch unter dem Beding, de non præjudicando. Bey der Anhörung protestireten sie alsobald dawider, und gaben den 21sten bey den Herren Commissariis eine Schrift ein, worin sie ihre Gravamina wider die gethane Proposition vorbrachten, gleichwol zur Hauptsache zu treten sich erboten, und wegen der Sicherheit des Landes zu rathschlagen, im Fall die Fürstl. Räthe in Ernst und Aufrichtigkeit die Sache mit ihnen treiben wollten ff).

§. 12.
Die Fürstl. Räthe treten mit den Ständen in Handlung.

Nachdem nun die Präliminaria in so weit beygelegt, war man geflissen, die Hauptsache vor-

ff) *Aitzema* Hist. 12. Decl. lib. 46. p. 874-880.

vorzunehmen. Die Herren Commissarii säumten nicht die Fürstin dahin zu bewegen, daß sie einige Räthe beorderte, in Handlung zu treten: imgleichen suchten sie die Stände zu gütigen Entschliessungen zu bereden. Den 23sten Martii sandten die Fürstin und der Herr Graf zur Conferenz ihre Räthe Baron von Croneck und Bucho Wiarda. Den ersten aber wollten die Stände nicht admittiren, weil er sich bemühet hatte, das Lüneburgische Volk ins Land zu bringen, worüber anitzo die meiste Streitigkeit war. Die Herrschaft sandte folgendes Tages an dessen Stelle Jodocum Ammersbeeck nebst dem Herrn Wiarda. Die Hauptpuncten, worüber nun tractiret wurde, waren: 1) Von der Landessicherheit, wie solche in guten Stand zu bringen, insonderheit wie Gretsiel und andere Pässe zu fortificiren. 2) Von Abführung der Lüneburgischen Völker, entweder gänzlich, oder in solcher Anzahl, als worüber man sich vergleichen würde. 3) Von Unterhaltung der übrigen Kriegsvölker, welche man gedächte im Lande zu behalten. Sonsten kam auch in Vorschlag, daß 4) die behörige und verlangte Türkensteuer möchte aufgebracht werden. Und weil nun 5) oftmalige Ansuchung geschehen von dem Herrn Joost Hane zu Upgant und dem Herrn Freytag zu Gödens, daß ihnen ihre Ao. 1661 vorgeschossene Legationskosten möchten wieder erstatstätiet werden, daß also die Stände auch hierauf Reflexion nehmen möchten. Die Stände erklärten sich über den ersten Punkt, daß ob zwar billig die Gravamina zuerst müsten abgethan werden, so wolten sie dennoch sich nicht entziehen, mit den Fürstlichen Räthen sich wegen der Landes-Sicherheit in Conferenz einzulassen. Auf den 2ten und 3ten Punct liessen sie sich vernehmen, daß, im Fall sie könnten versichert werden, daß die Lüneburgischen Völker gänzlich sollten ausziehen, sie als dann über die Bezahlung derselben sich näher erklären wolten. Was die Türkensteuer anlangte, so wären sie schlüßig, die dazu erforderte 5000 Rthlr. aufzubringen. Was sonsten sich finden möchte, wären sie erbötig, auch darüber mit den Fürstlichen Räthen zu conferiren, und alles gütlich abzuhandeln tt).

§. 13.

Die Commissarii der Staaten sind geflissen, zur Landes-Defension die Gemüther zu vereinigen.

Wie nun die Herren Commissarii es so weit gebracht hatten, daß zwischen der Herrschaft und den Ständen die Conferenzen gehalten wurden, thaten sie auf beiden Seiten ihr Bestes, die Gemüther also zu lenken, daß sie einhelligen Schluß faßten, wie viel Volks im Lande bleiben, und wie viel wiederum abziehen solten; wie die im Lande blei-

tt) *Aitzema* Hist. 12. Decl. lib. 46. p. 880-882.

unter der Fürstlichen Regierung. 61

bleibende Truppen sollten unterhalten werden; welche Oerter damit nothwendig zu besetzen wären. Es reiseten auch den 31 März die Herren Commissarii nebst einigen Fürstlichen Räthen und Deputirten von den Ständen nach Gretsiel, um den Ort in Augenschein zu nehmen, wie er bestens könnte fortificiret werden. Sie hatten auch den Ingenieur Rusting aus Gröningen, den Fürstlichen Ingenieur Johann von Honard, und noch einen aus Embden dahin kommen lassen, welche einen Abriß machten, und die Kosten auf 8044 Gulden anschlugen. Das ärgste war, daß, wie es recht zum Stück kam, die Fürstlichen Räthe und die Landstände in ihren Meinungen sich nicht vereinigen könnten. Jene wolten vorerst 1000 Mann zur Besatzung halten: diese aber nur 600. Und da sie endlich über dieser letzten Zahl sich zu vereinigen schienen, war das schwereste noch übrig: wer nemlich über die Völker das Obercommando führen, die Bediente oder Officier bestellen, und wie alles eingerichtet seyn sollte? Die Stände gaben ihr Bedenken schriftlich ein; die Fürstlichen antworteten darauf; die Herren Commissarii thaten darauf einen Vorschlag, der auch in Schrift gestellet war: allein es war noch immer etwas zu erinnern, welches die Einigkeit verhinderte. Endlich that die Ostfriesische Herrschaft den 8 April ihre letzte Erklärung, womit sich, wie

sie

sie hoffte, die Landstände vereinbahren würden, und diese war: daß die Ausgebung der benöthigten Order und Bestellung der Ober-Officire sollten bey der Herrschaft bleiben; den Eid der Treue aber solten sie und ihre Untergebene der Herrschaft und Ständen beiderseits leisten, und zwar auf die Accorden und Landes-Verträge; gleich wie denn auch die Herrschaft keinen Ober-Officier annehmen wolte als mit Vorbewust und Zuziehung der Stände. Es waren aber besagte Stände auch hiemit nicht zufrieden.

Weil nun also die Herren Commissarii nicht sahen, daß etwas weiter auszurichten, so faßten sie den Schluß von Aurich wieder wegzureisen. Ehe und bevor aber sie Abschied nahmen, ersuchten sie die Ostfriesische Herrschaft, gegen den 25 April St. V. einige Räthe nach dem Haag zusenden, die allda mit den Abgeordneten der Stände alles gütlich endigten; inzwischen sollten die Stände etwa 5 oder 6000 Rthlr. zum Unterhalt der Völker aufbringen; und wären die Herren Committirte der guten Hofnung, Sr. Hochfürstl. Durchl. zu Zelle, würden auf das Anschreiben der Fürstin und des Herrn Grafen (welches sie verheissen gehabt) ihre Völker mit nechstem abführen lassen.

Ferner weil nach dem Absterben des in Gott ruhenden Fürsten und Herrn, Herrn Georg Christian, die Landstände dem Hofgerichte ein neues

neues Siegel anzunehmen, verboten, und zeithero in Ostfrießland keine Justitz administriret worden, worüber die Unterthanen sich sehr beschwerten: so brachtens die Herren Commissarii dahin, daß dieses aufgehoben, und von dem Hofgericht das neue Siegel auf dem Nahmen des jungen Prinzen und Herrn Christian Eberhard zur grossen Freude der streitenden Parteyen, deren Processe bisher still gelegen, angenommen ward.

Hierauf namen sie Abschied von der Fürstin und dem Herrn Grafen, und fuhren wieder nach Embden. Allhier gaben die Stände ihre Resolution wegen der Reisekosten der beiden Herren Hane und Freytag ein, die noch bis Dato nicht zu günstig war. Und nachdem sie mit den Ständen, was nöthig war, insonderheit von der gewissen Absendung einiger Deputirten nach dem Haag, verabredet, reiseten sie von Embden mit gewöhnlichen Ehrenbezeigungen wieder fort. Sie wurden von einigen Abgeordneten sowol von der Herrschaft als von den Ständen bis gen Gröningen begleitet, und freygehalten. Herr Johannes Drews blieb daselbst. Herr Epcus von Glinstra ging nach Lewarden. Herr Florenz Cant setzte seine Reise fort nach dem Haag, allwo er den 15 April ankam uu).

§. 14.

uu) *Aitzem*, Hist, 12. Deel, lib, 46. p. 882-892.

§. 14.

Zwischen den Bischof von Münster und den Staaten wird Friede.

Den 8 April dieses 1666ten Jahres ward durch allerhöchste und hohe Vermittelung des Kaysers, Königs in Frankreich, auch unterschiedlicher Chur- und Fürsten, zu Cleve der Friede geschlossen zwischen dem Bischof von Münster Christoph Bernhard von Galen und den Generalstaaten der vereinigten Niederlanden. Sie gaben ihm eine Summe Geldes, wofür er alle bisher von ihm eingenommenen Oerter wieder einräumte, und alle Prätensiones auf Borckeloh fallen ließ. Denn die Wegnehmung von Borckeloh und Austreibung aus der Dyler-Schanze, waren die Ursachen zu diesem Kriege gewesen. Also hatte nun Ostfriesland sich dessen mit zu erfreuen, daß dieser Friede geschlossen war, und man nicht mehr in Sorgen stehen dürfte, daß um der Staaten willen aus Münsterland einige Unruhe zu erwarten xx).

Den 16 April, so da war der Ostermontag, fand ein Hausmann, Omme Folckers genannt, zu Grotsander, im Kirchspiel Lengen gehörig, im Amt Stickhausen, auf einem wüsten Acker bey dem verfallenen Herrnhause daselbst in einem

xx) *Aitzem.* Hist. 12. Deel; lib. 26. p. 744-800.

einem groſſen Maulwurfshaufen einen goldnen Pitſchafts-Ring von 4 Loth, mit dem alten Oſtfrieſiſchen Wapen, und drüber V. G. T. O. (Ulrich Graf to Oſtfreßland) welcher Ring nun über 200 Jahr alt war, zumahlen derweil hochgebohrne Graf und Herr Ulrich, der erſte dieſes Nahmens, auch erſter Graf in Oſtfrieß-land, Ao. 1466 geſtorben yy). Joachimus Rachelius, zu der Zeit Rector in Norden, ein gelehrter Mann und ein ſehr guter Poet, welcher ſich ſonderlich in ſatyriſchen Gedichten hervorgethan, und der erſte iſt, der in hochdeutſcher Sprache dieſe Schreibart gebrauchet, und darin den lateiniſchen Kunſtdichtern (Juvenali vornemlich und Perſio) zz) nachgeahmet hat, ſchrieb in einem Gedicht an den jungen Erbprinzen, Herrn Chriſtian Eberhard, von der unvermuthlichen Wiederfindung dieſes Ringes folgendermaßen:

Ein Schatz der nicht gegraben,
Auch nicht geſuchet iſt, wird plötzlich aufgehaben,
Und

yy) Dn. *Buchonis Wiarda* ſcripta Relatio de hoc Annulo Conf. *Harckenroths* Ooſtfr. Oorſprongkelyckheeden. p. 144. 145.

zz) Vid. *Rachelii* Teutſche Satyriſche Gedichte neu auffgelegt zu Oldenb. Ao. 1677 in Octav. it. zu Bremen Ao. 1700 in Duodec.

Und fort Euch zugestellt. Seht hier ein
     Wunderding:
Es wird Euch auf das neu durch einen
    güldnen Ring
Ostfrießland wie vermählt. Dis Pittschaft
     hat geführet
Die Hand, so allererst die Friesen hat regieret
 Der erste Graf und Herr. Der Buch-
    stab macht es wahr,
Der nunmehr älter ist als zweymahl hun-
    dert Jahr.
So lang hat dieser Ring gelegen in der Erden,
Und muß nun wiederum herausgewühlet werden,
 Durch eine blinde Moll. Doch aber
    grosses Kind,
Der Gott, der dieses wirkt, der ist für-
    wahr nicht blind.
Der Euern Groß-Anherrn allhier hat ein-
    gesetzet,
Der hat Euch seines Erbs und höhers werth
    geschätzet,
Dis macht uns auf das neu nicht einen
    schlechten Muth.
Wir hoffen, alles soll nun wieder wer-
    den gut.
Der Himmel wolle selbst der Deutung Nach-
    druck geben,
Den Unterthanen Ruh, dem Prinzen langes
    Leben,

       Daß

unter der Fürstlichen Regierung. 67

Daß alle Furcht und Noth, des Hofes
    Trauer und Leid
Sich gar verändern mag in eine güldne
    Zeit aaa).

Wie vorgedachter Hausmann im Uplenger Kirchspiel den Ring gefunden hatte, brachte er ihn an den Fürstl. Rath Bucho Wiarda, welcher denselbigen eigenhändig der Herrschaft überreichte, und deswegen mit einem silbern Becher beschenket ward bbb). Hierauf machte Rachelius folgenden Lateinischen und Teutschen Vers:

Annulus, Harpyiæ veteris memorabile
    Signum,
Redditur infigni post Duo Secla fide.
Gratia nec Domini tarda est; argenteus Aurum
    Confeqvitur, precio non feqviore, calix.
Quin etiam argentum laudes Tibi cantat;
    in illo
Candoris Color est, inclyte BUCHO, Tui.

Der lang verborgne Ring von solcher hohen
    Hand
Ist, edler Wiarda, durch euren Fleiß erkannt

aaa) *Rachelii* Carmen über den gefundenen Pitschaft Ring; unter desselben Glaubens-Gespräch zwischen Vater und Sohn, welches zu der Zeit schon 4 mahl aufgeleget war.
bbb) *Buch. Wiarda* Relatio.

Drum hat der zarte Fürst dis Silber euch
verehrt.
Die reine Redlichkeit ist reines Silbers werth.

Einer von denen vorhin gemeldeten Herren Abgesandten, Herr Florentius Cant, ein guter lateinischer Poet, wie ihm die Findung dieses Ringes zu Ohren kam, sandte darüber folgende poetische Gedanken ein:

Terrâ bis Centum clausus fuit Annulus annos
    ULRICI Comitis: Sorte repertus Hic est.
Sors fuit in Cœca Talpa, fodiente cubile:
    Et sic è terris Annulus eruitur.
Res miranda satis, si solâ Sorte repertus
    Esset, vel Talpâ, non operante Deo.
Sed Deus Omnipotens, Talpâ mediante,
    reclusit.
    Gratia non Talpæ, sed referenda Deo est.

Die Rachelius also verteutschete:

Den lang verlohrnen Ring von zweymal hundert Jahren
Muß endlich unverhoft ein Maulwurf offenbahren
So spielt das blinde Glück: schaft, daß ein blindes Thier
Den theuren Finger Reif bringt wiederum herfür.

Doch

unter der Fürstlichen Regierung. 69

Doch weder Glück allein noch blinder Erden-
						gräber
Hat dieses Zufalls Schuld. Des Lichtes Uhr-
						anheber,
	Selbst Gott, der alles sieht, verhenget
						diese That
	Der Maulwurf und das Glück vollbringen
						Gottes Rath.

Es wird dieser Ring annoch in dem Fürst-
lichen Cabinet als etwas rares verwahret ccc).
Die Gestalt und Größe des darauf befindlichen
Siegels ist folgende

(U.G
 T.O)

§. 15.

Die Urtheile über Nachtigal und dessen
	Mitgefangene.

Demnach nunmehro, wie vorhin erzehlet, auf
	fleißige Vermittelung der osterwehnten
Herren Abgesandten aus dem Haag, das Ostfriesische Hofgericht mit Belieben der Stände
das neue Siegel des jungen Prinzen angenommen, und die bishero still gelegene Processe ih-
					E 3					ren

---

ccc) *Cantii* et *Rachelii* Carmina tunc temporis typis
	expressa. Conf. etiam Harkenroths Oostfr. Ood-
	spronk. p. 145-148.

ren behörigen Lauf genommen, ward auch den 26 April über Hinrich Jacob Nachtigal und seine Consorten, die Warfsleute zu Wehner und Holthausen, das Urtheil gesprochen, welche Ao. 1660 wegen des Aufstandes, worin der Drost von Aylua und andere den 21 April umgekommen, gefänglich eingezogen waren. Dieser Nachtigal hätte gar wol wegkommen können, weil ihm zuweilen die Freyheit gegönnet auf dem Hofplaz und vor der Wache herum zu gehen: weil er aber auf seine vermeinte gerechte Sache sich verlassen, hat er solches nicht verlanget, sondern ist wol selbst, wann sich einiger Mangel an den Fußhelden eräugnet, die er an dem einen Fuß getragen, auf der Burg zur Hofschmiede gegangen, und hat dieselbe erneuern lassen. Wann etwas gutes seinentwegen von aussen einkam, war er damit nicht zufrieden, sondern schmeichelte sich mit der Hofnung für seine Einziehung, und daß er ein Auge im Scharmützel verlohren, noch einige Satisfaction zu erhalten. Endlich ist auf der Universität Straßburg Ao. 1665 den 23 May folgendes Urtheil über ihn und die anderen Mitgefangene und sämtliche Consorten ausgesprochen, daß wegen des geschehenen Friedenbruchs, Aufruhrs und daher entstandenen Ermordung des Hochfürstl. Ostfr. Drosten zu Leer-Ort, Herrn Aylua, Freyherrn und Obersten zur wolverdienten Strafe. 1) Er Hinrich Ja-

Jacob Nachtigal mit dem Schwerdt vom Leben zum Tode gebracht, 2) Mencke Lauwerts und Hermann Wirtkens des Ostfriesischen Fürstenthums auf ewig verwiesen werden. 3) Die übrigen Consorten aber samt und sonders, benannte und unbenannte, Mann, Weib und Kinder schuldig seyn sollten, Ihro Hochfürstl. Durchl. durch gewisse Abgeordnete (denen hiezu sicher Geleit zu geben). Fußfällige Abbitte in Schriften zu thun, und schuldigen Gehorsam zu geloben; wegen verursachter Gerichtskosten aber dem Hochfürstl. Fisco 1000 Rthlr. Brüche zu erlegen; jedoch mit Vorbehalt ihres Rechtens, welches sie sowol wider ihre Advocaten (die ihrer Meinung nach sie mißgeleitet) als auch wider ihre Gegner in petitorio hinkünftig gebührendes Orts auszuführen hätten. Die Advocati, so diesen Leuten bedienet gewesen, waren um deswillen, daß sie dieselbe zu dem Aufstand sollten animiret haben, sonsten auch ihre Sache bisher aufs eifrigste vertreten, des Rechtens in diesem Ostfriesischen Fürstenthum und angehörigen Landen zu advociren verlustig erkläret. Diese Urtheile waren wegen des Absterbens des regierenden Herrn und eingefallenen Streits wegen Annehmung des neuen Siegels bis hiezu stille gelegen, nunmehro aber am obgemeldeten Dato publiciret worden. Hierauf geschah die Execution, und ward darauf gemeldeter Nachtigal auf

auf dem Markt zu Aurich gerichtet, welcher mit Singen geistlicher Lieder und sonderbarer Freudigkeit zum Tode ging ddd).

§. 16.

Die Staaten wollen Völker in Ostfriesland senden, weil die Schweden im Bremischen sich verstärken.

Bey diesen Zeiten fingen die Schwedischen Truppen an im Stift Bremen sich zu verstärken. Die Herren Generalstaaten schöpften hieraus einen Argwohn, und fasseten den Schluß mit dem ehasten 12 bis 1300 Mann nach Ostfriesland zu senden, damit sie dieses Fürstenthums halber einigermassen gesichert seyn möchten. Diese ihre Meinung schrieben sie an die verwittwete Fürstin von Ostfriesland, Frau Christina Charlotte, wie auch an den Herrn Grafen, Herrn Edzard Ferdinand, mit dem Begehren, daß gegen den ⅖ May einige Fürstl. Abgeordnete möchten übersandt werden, um mit Ihro Hochmögenden die Sache wegen der Bezahlung solcher Völker zu überlegen. Ehe noch Antwort einkam, sandten die Herren Staaten den ⅖ May noch ein Schreiben ab, worin sie die Ostfriesischen Herrschaft ermahneten, Sorge zu

ddd) Copeyen der Urtheile 1. wider Nachtigal et Consorten, 2. wider deren Advocaten. Publicae. d. 26 April 1666.

zu tragen für die Besetzung der Landes-Grentzen;
zumahlen das Gerücht lief, daß die Engelländer
vorhätten mit einigen 1000 eine Landung in Ostfrießland vorzunehmen, und daher wol von nöthen wäre, daß aufs eiligste wegen der vorbesagten Völker gehandelt würde.

Auf beide Schreiben antwortete hochgedachte Fürstinn den 9. und 11 May, und suchte
die Uebersendung der vorgeschlagenen Völker ab-
zuwenden. Sie erinnerte, wie solche Annehmung
der Holländischen Truppen leichtlich könnte als
eine wider die Neutralität laufende Sache von
andern Potentaten angesehen werden, und ihrem
Hause, wie auch dem gantzen Ostfrießland, allerhand Unheils über den Hals ziehen; wie sie
überdem in dieser Sache ohne Vorbewust der
hohen Mit-Vormünder nichts vornehmen könnte;
wie sie endlich keine Gefahr vermuthete, weil der
Friede mit Münster geschlossen, sie auch nicht
hofte, daß die Landstände mehr Volk, und zwar
ohne Consens der Herrschaft würden verlanget
haben, da man noch keine völlige Einigkeit über
die Unterhaltung der Lüneburgischen Völker hätte.
Sr. Hochgräfl. Gn. Graf Edzard Ferdinand
sandten eine Antwort von gleichem Einhalt. Die
Landstände und der Magistrat zu Emden hatten
auch Briefe aus dem Haag erhalten, die aber
ebenmäßig sich entschuldigten, und es nicht für
rath-

rathsam achteten, daß Ihro Hochmögenden neue Völker herüber sendeten eee).

§. 17.

Es kommen noch mehr Lüneburgische Völker in Ostfrießland.

Die Durchlauchtigste Fürstinn säumete nicht das Anmuthen der Herren Staaten aufs eiligste nach Zelle und an die übrigen Herren Vormünder zu berichten: Darüber sandte der Herzog von Zell noch 1000 Mann zu Fuß und 400 Mann zu Pferde, ehe man es vermuthete, in Ostfrießland, nachdem vorhin schon 1000 Menschen zu Fuß in dem OstFriesischen lagen. Der Streit über die vorigen Völker war noch nicht ausgemachet; als nun diese dazu kamen, gab es bey den Landständen eine neue Bestürzung, und vergrösserte den vorhingefaßten Widerwillen. Sie nahmen dieses um desto mehr zu Herzen, weil ihnen von Herrschaftlicher Seite auf Vermittelung der Staatischen Abgesandten die Abführung der Völker zugesaget war; sie aber geschäftig waren, durch Aufbringung einiger eingewilligten Schatzungs-Gelder selbige fortzu-

hel-

---

eee) Aitzem. Hist. 12 Deel lib. 46. p. 892-895. Korte-Deductie ende waerachtig Verhael etc. Ao. 1666. p. 6. 7.

helfen sss) Der gewesene Drost zu Esens Herr Baumbach hielt sich bey dieser Zeit in Ostfriesland unter dem Titul eines Würtembergischen Raths auf, hatte auch selbsten mit vorgedachten Herrn Commissariis aus dem Haag der Lüneburgischen Völker wegen gesprochen ttt). Diesem, weil er nicht gar zu gut Ostfriesisch gesinnet war, gab man die Schuld, daß er das gute vorhabende Werk umgestossen, und gemacht hätte, daß nicht allein die ersten Lüneburgischen Völker nicht abgeführet, sondern auch noch neue dazu angenommen worden. Bald nach der Abreise der Herren Commissarien hatte er sich von Aurich nach Zell begeben und bey seiner Rückreise den Herrn Cram und Secret. Backmeister von dort her mit sich gebracht. Hierauf hatte er zwar endlich seinen völligen Abschied von Hofe genommen: es blieben aber die andern beiden zu Aurich, welche als Fürstlich-Lüneburgische Bediente mit dem Baron Croneck und Hofmeister Oinhausen (ohne Zuziehung der gelehrten Räthe, wie man sagte) die Sache also schmiedeten, daß

viel

sss) *Aitzem.* Hist. 12 Deel lib. 46. p. 896. Korte Deductie ende waerachtig Verhael van de tegenwoordige Oostvriesche Differenten. p. 7. 8. Winckelmanns Oldenb. Hist. 5. Theil cap. 1. p. 537.

ttt) *Aitzema* l. c. p. 889.

viel lieber mehr neue Völker ins Land gebracht, als die vorigen abgeführet worden ꜩu).

§. 18.

Die neuen Lüneburgischen Völker werden hin und wieder auf dem Lande verlegt.

Sobald die neuen Lüneburgischen Völker angekommen waren, so wurden dieselbe hin und wieder im Lande verlegt. Die Fürstinn schrieb den 17ten wie auch den 24 May an den Magistrat zu Embden, und verlangte, daß ein Theil der angekommenen Völker in den Embdischen Herrlichkeiten ihr Quartier haben möchten. Zwo Compagnien Reuter waren schon nach Hinte gesandt. Einige nahmen ihr Quartier zu Harßweg, nahe bey Embden und unter der Stadt Geschütz liegend. Auch wurden von den Lüneb. Völkern einige zu Larrelt einquartiret. Man sagte, daß die Durchl. Fürstinn mit dem Herzog Georg Wilhelm eine solche Capitulation eingegangen, daß hochgedachter Herzog die 400 Mann zu Pferde selbst besolden, und ihnen Ostfrießland nichts als Servis und Futter geben sollte:

ꜩu) Cop. Schreibens der Ostfries. Landstände vom 26 Maji A. 1666 an die Durchl. Fürstinn und Frau, Frau Christine Charlotte, verwittibte Fürstinn zu Ostfrießland, wie auch an den Hochgeb. Grafen und Herrn, Herrn Edzard Ferdinand etc. etc. lit. A. ij.

unter der Fürstlichen Regierung. 77

sollte. Die Fuß-Völker aber, sowol die vorige als neugeschickte, sollten die Landstände bezahlen.

Die Embder antworteten den 26 May, und baten sie mit dem Ansinnen zu verschonen, weil sie in ihrer Herrlichkeit Oldersum schon Besatzung liegen hätten, die übrigen Herrlichkeiten aber unter den Stadtwällen und Kanonen lägen, und also keiner Besatzung bedürften. Sie beschwereten sich auch, daß die Lüneburgischen Reuter so nahe unter das Stadt Geschütz das Quartier genommen. Sonsten meldeten sie auch, daß sowol die vorige als itzund neue Einnehmung fremder Völker schnurstracks wider die Accorden und Landes-Verträge liefe. Hierauf ward den Embdern nichts geantwortet, sondern es rückten eine Partey der Lüneburger in die Herrlichkeit Oldersum ein.

Die Landstände (die nicht geneigt waren die Staatischen Völker einzunehmen, deswegen auch den 16ten dieses nach dem Haag geschrieben hatten) waren voritzo in Embden versammlet, und schrieben ebenmäßig den 26 May an die regierende Fürstinn und den Herrn Grafen, und beklagten sich, daß, da sie gehoffet, die ersten Völker würden abgeführet werden, nunmehro neue dazu gekommen, welches den Accorden zuwider, den Unterthanen beschwerlich, dem Lande verderblich, im übrigen ganz unnöthig wäre. Denn was vorgegeben würde, daß solches zur

Defen-

Defension wider die Krone Engelland und Schweden dienen sollte, so wäre solches nur ein vergeblicher Schein, indem die Situation dieses Landes also beschaffen, daß sich Engelland wol hüten würde, mit einer Schiffsflotte in den Embs-Strom zu gehen, nachdem die Tonnen und Baaken, wornach man segeln muß, bey denen Inseln, woselbst sie einfahren müsten, weggenommen wären, und also die grossen Schiffe in Gefahr künden zu stranden; gesetzt aber, daß sie sich herein wageten, so würden sie in desto grösserer Gefahr seyn wieder herauszukommen, weil solches nur mit dem Ostwind geschehen könnte, der unterweilen in einigen Monaten nicht wehete; da denn die Holländer nicht feyren würden, der feindlichen Flotte auf dem Dienst zu passen, und selbige, weil sie gleich wie in einem Sack eingeschlossen, zu ruiniren, bevorab da Münster mit Holland Friede gemacht, und die Engelländer also keinen Rückhalter hätten. So viel aber die Schweden anlangte, so wär ja diese Krone mit Niederland in keinem Mißverständniß, und daher nichts zu besorgen; es wäre dann, daß wenn der Schwedische Feldherr erfahren sollte, daß wider ihn und seine Völker die Lüneburgischen Truppen eingenommen, er daher Gelegenheit nehmen möchte, Ostfrießland zu beunruhigen. Und also baten die Stände, daß die fremden Völker wieder abge-

abgeführet werden möchten. Hierauf nun erfolgte nichts, als daß die Lüneburger (wie gesagt) in Oldersum und Larrelt, und andern Orten einquartiret wurden, welche die Contributionen einfoderten, der Stadt Einkünfte antasteten, und die Landleute ziemlich plagten, gleich wie dann sich die Embder den 4 Junii darüber schriftlich beschwereten xxx).

§. 19.
Die Staaten sind mit der Einnehmung der Lüneburgischen Völker auch nicht wol
zu frieden.

Die Herren Staaten, bey welchen die Fürstinn von Ostfrießland die geschehene Einnehmung der Lüneburgischen Völker bestermassen entschuldigte, fingen auch an schwürig zu werden, und schrieben dieserwegen den $\frac{11}{21}$ Junii sowol an hochgedachte Fürstinn als an den Herzog von Würtemberg mit dem Begehren, daß oftbesagte Völker möchten abgeführet, und die Einfoderung der Conttributionen wieder eingestellet werden. Die Herzogen von Braunschweig-Lüneburg Georg Wilhelm und Ernst Augustus schrieben

xxx) *Aitzem.* Hist. 12 Deel lib. 46. p. 896-901. Copey der Briefe an die Fürstinn und den Herrn Grafen von den Ostfr. Landständen, wie auch von Bürgerm. und Rath der Stadt Embden datiret d. 26. Maji und 4 Junii Ao. 1666.

ben auch an die Herren Staaten von wegen der übergelassenen Völker, und zeigten an, wie sie die ersten auf Ihro Hochmögenden Gutbefinden, die letzten aber ebenmäßig aus keiner andern Absicht als zum gemeinen Besten, und Ostfrießland in Sicherheit zu erhalten, geschicket und übergelassen hätten. Ueber diese Sache nun ward im Haag mit dem Lüneburgischen Abgesandten Herrn Müller gehandelt, der nicht undeutlich zu verstehen gab, daß, weil die Herzogen ihre Truppen zum Dienst und Hülfe der Herren Staaten mit unterhielten, und deren Unterhaltung grosse Unkosten erforderten, es denenselben noch einige Erleichterung wäre, daß die oftberührten Völker in Ostfrießland ihr Quartier hätten, welches doch ohne dem mit einer genugsamen Mannschaft hätte müssen besetzet werden. Den 7/17 Augusti, nachdem dieserwegen oftmahlige Conferentien gehalten worden, trug der Abgesandte Müller vor, daß innerhalb 14 Tagen die Reuterey aus Ostfrießland abziehen sollte. Wegen der Fuß-Völker würde man zu Aurich Handlung pflegen können yyy).

Den 28 August des Morgens ein wenig vor 6 Uhr, ward dem Hochgeb. Grafen und Herrn, Herrn Edzard Ferdinand, Grafen zu Ostfrießland ꝛc. von seiner Frau Gemahlinn Anna Dorothea, gebohrnen Gräfinn zu Criechingen

yyy) *Hitsums* Hist. 12 Deel lib. 46. p. 899-905.

chingen und Püttingen, ein junges Herrlein gebohren, welches noch am selbigen Tage zur
Abendzeit etwa um 7 Uhr von Mag. **Georg
Volckmaro** Past. primario der Stadt Aurich,
getaufet, und **Edzard Eberhard Wilhelm**
genannt ward. Zu Gevattern wurden die Herzogen zu Braunschweig **Ernst August** und
Georg Wilhelm, wie auch Herzog **Johann
Friedrich** zu Hannover, die Herren Generalstaaten, die Herzogen zu Würtemberg **Eberhard**
mit seiner Frau Gemahlinn, und **Ulrich**, die
beyden Fürstlichen Wittwen in Ostfrießland,
Fürstinn **Sophia** zu Oettingen, Graf **Anton
Günther** zu Oldenburg, Rheingraf **Friedrich
von Criechingen**, nebst der alten Frau Rhein-
gräfinn, imgleichen die Ostfriesischen Herren
Stände ernennet zzz).

§. 20.

Von den Staaten werden auf inständiges Begehren
in Ostfrießland Commissarii gesandt.

Den $\frac{11}{21}$ September schrieben die Herren Staaten an die verwittwete Regentinn in Ostfrießland, daß sie nicht gezweifelt hätten, es
wür-

---

zzz) M. *Georg Volcmari* Tauff-Prot. it. *Engelb.*
Hoyers P. Nord. LeichPr über weil. Herrn Ed-
zard Ferdinand, Graf zu Ostfrießland in den
Personalien.

F

würden Ihro Durchlaucht einige Abgeordnete herüberschicken; nachdem sie aber hingegen verlanget hätten, daß im Gegentheil einige Commissarii aus dem Haag nach Ostfrießland gesandt würden, gäben sie hiemit deutlich zu verstehen, daß aus bewegenden Ursachen niemand würde gesandt werden. Die Fürstinn antwortete hierauf mit solchen Gründen, daß die Herren Staaten auf andere Gedanken fielen, nnd sich zu einer Sendung nach Ostfrießland erklärten. Zu Commissarien wurden benennet die Herren **Floris Cant, Wilhelm von Haren** und **Tiard Gerlacius**, welche im Anfang des Novembers ihre Reise antraten. Ehe sie noch abreiseten hatte die Fürstinn geklaget, daß die Embder ihre Bürger und Eingesessene von der Augspurgischen Confeßion behinderten ihren Gottesdienst in einer alten Capelle zu Hartsweg ohnweit von der Stadt zu halten: Der Embdische Abgeordnete Herr D. Andreä hatte dawider eingebracht, daß unter solchem Vorwand die Lüneburgischen Soldaten sich unter der Stadtgeschütze naheten. Sonsten liessen auch die Emder klagen, daß der Lüneburgische Oberste **Praiß** der Stadt und deren Herrlichkeiten mit weit aussehenden Worten und Briefen gedrohet hätte aaaa).

Als nun wolgemeldete Herren Commissarii in Ostfrießland ankamen, funden sie

alles

aaaa) *Aitzema* Hist. 12 Deell lib. 46. p. 905-908.

alles in einem verwirrten und mißvergnügten Zustande.

Die Ostfriesische Herrschaft hatte schon im Anfang dieses Jahres die Sache wegen der Lüneburgischen Völker und Verweigerung ihres Unterhalts, hauptsächlich aber, daß man ihre Regierung nicht erkennen wolte, an den Kayser Leopold gelangen lassen, und darüber ein Rescriptum sub dato d. 5 Febr. erhalten, welches aber erst den 3 Junii in den Pfingst-Tagen von den Canzeln publiciret worden. Die Emder hatten sofort den 4 Junii eine schriftliche Copey dieses Rescripti begehret. Mit diesem Rescripto ward nun zwar vorerst den Landständen und in specie der Stadt Embden, nur anbefohlen, die Vormündliche Regierung der verwittweten Fürstinn und übrigen hohen Mit-Vormünder zu erkennen, und sich gehorsam und unterthänig zu bezeigen bbbb), nunmehro aber war auf oftererwehnte Klagen den 11 Oct. Styl. nov. ein Kayserl. Decret ergangen, daß die Landstände sich auf vorgebrachte Klag-Punkten der Fürstl. Frau Wittwe einlassen sollten, und innerhalb zween Monaten einen Procuratorem ad acta bestellen cccc). Ja man versicherte endlich, daß Her-

---

bbbb) Copey Briefes an die Durchl. Fürstinn von der Stadt Emden Ao. 1666. d. 4 Juny. korte Deductie etc. Docum lit. H. Rescriptum Cæsareum p. 42-44.

cccc) Ibid. Docum lit. K. p. 47. 48.

zog Eberhard von Würtemberg bereits eine Kayserl. Commißion, die Sachen in Ostfrießland vorzunehmen, erhalten. Dieses kam den Herren Commissariis sehr fremd vor; noch fremder aber, daß seit ihrer Anwesenheit die Fürstl. Räthe Drost Lintloo und Johann Henrich Stammler nach dem Haag gereiset, dddd) und daselbst im Ausgang November eine kurze Deduction und wahrhaftige Erzählung von den gegenwärtigen Ostfriesischen Streitigkeiten überreichet hatten, mit Bitte, daß die Sachen dort möchten abgethan werden eeee).

In dem Haag arbeitete Leo von Aitzema der Ostfriesischen Herrrn Stände Agent hiewider, und legte dieses Ansuchen als eine spöttliche Zernichtung der Ostfriesischen Handlungen und der itzigen Gesandschaft aus, anerwogen die Abgeordnete von den Ständen den ganzen Sommer über in dem Haag die Fürstlichen Räthe erwartet, und dieselbe nicht erhalten können, vielmehr hätten die Fürstlichen auf eine Gesandschaft und Uebersendung der Herren Commissarien gedrungen; nun aber solche vor sich gegangen, wolten sie im Haag die Sachen abgethan wissen. Im übrigen aber bemüheten sich die Herren Commissarii,

---

dddd) *Aitzema* l. c. p. 910.
eeee) Tit. *Korte Deductie ende Waerachtig Verbael in Jure et facto gefondeert, van de tegenwoordige Oostvriesche Differentien.*

sarii, so viel möglich, die Gemüther sowol der Herrschaft als Unterthanen dahin zu bewegen, daß die Lüneburgischen Völker weggeschaffet, zu ihrem Abzug benöthigtes Geld aufgebracht, und vereinigte Rathschläge zur eigenen Landes-Defension gefasset würden. Unter solchen Berathschlagungen lief dieses Jahr dahin ffff).

§. 21.
Allerhand Berathschlagungen wegen der Lüneburgischen Völker.

Das 1667te Jahr setzte gleich bey seinem Anfang die vorschwebenden Berathschlagungen fort. Denn die Herren Commissarii wolten gerne den Streit geendigt wissen. Sie hatten zwar die Order, im Fall der Noth auch die Schärfe zu versuchen, und waren ihnen so viel Völker zu ihrer Disposition zugeordnet, daß sie die Lüneburger leichtlich hätten ausjagen können: gggg) allein sie brauchten lieber den glimpflichsten Weg, bevorab daselbst die Herzogen zu Braunschweig und Lüneburg dieserwegen eine freundliche Erklärung gethan, daß sie bey den itzigen Conjuncturen die gute Freundschaft der Herren Staaten höher hielten als ihr eigen Interesse, und wegen der Völker in Ostfrießland die gute Vertraulichkeit nicht trennen würden

ffff) *Aitzema* l. c. p. 910-915.
gggg) *Aitzema* Hist. 13 Decl lib. 47. p. 761.

den hhhh). Die Puncte, worüber vornemlich die Tractaten fortgesetzet wurden, waren diese: 1) Ob alle Lüneburgische Völker auszuschaffen? 2) Wer ihnen die Besoldung zu geben schuldig wäre? So viel den ersten Punct anlanget, so waren die ersten Völker mit Consens der Herren Staaten eingenommen, die letztern aber nicht: daher denn auch zweytens die Herren Commissarii in der Meinung waren, daß die letzten dem Hochfürstlichen Hause zur Last dienen müsten, wiewol sie ihr Bestes thaten die Ostfriesischen Landstände zu überreden. daß besagte Völker aus den gemeinen Mitteln möchten bezahlet werden. Die Fürstinn war auf die Gedanken gebracht, daß sie zwar zugeben wolte, daß die ersten 1000 Mann abgedanket würden, die letzten aber wolte sie gerne im Lande behalten, verließ sich hiebey auf eine Kayserliche, Dänische und Brandenburgesche Schutzleistung. Der Lüneburgische Vorschlag war, daß die Ostfriesischen Grenzfestungen mit drey Compagnien Staatischen und drey Compagnien Lüneburgischen Völkern sollte besetzet werden. Dieses aber gefiel weder denen Herren Commissarien noch den Herren Ständen. Endlich erklärte sich die Fürstinn mit Gutbefinden der Herren Abgesandten von Lüneburg und Würtemberg, daß sie den Abzug der gesamten Lüneburgischen Truppen zustehen, auch des

Durch-

hhhh) Ibid. p. 722. 723.

unter der Fürstlichen Regierung 87

Durchzugs wegen an den Herrn Grafen von Oldenburg schreiben wolte iiii).

Sobald die Antwort einlief, brachen die Lüneburgischen Völker auf, und gingen vorerst den 10 Januar drey Compagnien über Bockhorn. Den 7 Februar führete der Oberste Preiß sein Regiment über die Ape, jedoch nur Compagnienweise. Und also machten sich alle Lüneburgische aus Ostfrießland hinweg. Der Graf von Oldenburg Anton Günther ließ sie durchs Land begleiten bis über Harpstätt, und mit Essen, Trinken und Wagenfuhren wol versehen. Wegen des grossen Gewässers und der gar üblen Wege fiel der Zug durchs Oldenburgische ihnen am aller unbequemsten kkkk).

§. 22.
Der Staaten Commissarii reisen wieder heim.

Wie es nun andem war, daß die Abführung der vorbesagten Völker bewilligt worden, schritten die Herren Commissarii auch zu dem nothwendigen Punct von der Landes-Sicherheit, und andern Puncten, die sie in ihrer Instruction hatten. Weil aber die Fürstinn in den Puncten von der Landes-Sicherheit, sodann auch Regiminis vel Tutelæ, imgleichen der Gravaminum

F 4 sich)

iiii) Jbid, p. 761. 762.
kkkk) Winckelmann Oldenb. Hist. 5. Theil cap. 1. p. 523.

sich einzulassen Bedenken trug, anerwogen bey dem Kayserlichen Reichshofrath wegen der Vormündlichen Regierung geklaget, gehandelt, und bereits ein oder anders derselben zum Besten erkannt worden: so hielten wolgemeldete Herren Commissarii es für vergeblich länger in Ostfriesland zu bleiben, und nahmen damit nach Ende des Abzugs der Lüneburgischen Völker im Ausgang des Monats Februarii ihren Abschied. Denn so lange hatten sie sich vorgenommen zu bleiben, bis gedachte Völker völlig abgeführet worden llll).

So viel den Punct von Bezahlung der Völker anlanget, hatte die Fürstinn bey der Kayserl. Majestät angehalten, daß sie bemächtiget seyn möchte, die Schatzungen auszuschreiben, so viel zu solchem Zweck von nöthen wäre (massen sie auch ein vieles aus ihren eigenen Mitteln dazu vorgeschossen) und hatte auch darin Erhörung gefunden. Dahingegen hielten die Ostfriesischen Stände bey den Herren Staaten an, den Commendanten von Embden, Leer-Ort, Langen-Acker und Dieler-Schantz anzubefehlen, aller Ausschreibung der Schatzungen, die ohne Consens der Stände geschehen würde, mit Macht zu wehren. Wegen Besoldung derjenigen Völker, welche die Herren Staaten im vorigen Jahr nach Embden hingesandt, nemlich 800 Mann,

was-

────────

llll) *Aitzem.* Hist. 13 Decl lib. 47. p. 762-776

waren die Stadt Embden, und die übrigen Stände auch nicht eins. Die Embder wolten gerne, daß sie aus den gemeinen Mitteln bezahlet würden: die übrigen Stände aber wolten sich dazu nicht verstehen, weil sie ohne ihren Consens eingenommen, und das Land ohnedem wegen der Lüneburgischen Völker genugsam zu bezahlen hatte. Diesemnächst fiel auch vor, daß in Norden von der Fürstinn ein Secretarius bestellet ward, und der Bürgermeister **Rikena** sich wegerte bey der Introduction zu seyn, daher er von seinem Bürgermeisterdienst abgesetzet ward. Dis gab ein neues Gravamen wider die Herrschaft. Auch schwebte die alte Foderung der Herren **von Hane** und **Freytag** noch vor, welche ihre ehmahlige Reisekosten wiederforderten. Diese und andere Sachen würden im Haag durch die Agenten getrieben, und von Ihro Hochmög. in Deliberation gezogen, auch darüber allerhand Resolutionen abgefasset, Dieses währete bis an den Sommer mmmm).

§. 23.

Flor. Cantens Gedicht auf Seine Durchlaucht.

Ehe der Herr **Florentius Cant** einer von denen Herren Commissariis committirter Rath wegen der Provinzen Holland und Westfrießland, und ältester Bürgermeister der Stadt

mmmm) Korte Deductie etc. pag. 11.

Stadt Gouda, von Embden abreisete, übersandte er den 17 Februar nachfolgendes Carmen, worin er seine Hochachtung gegen den jungen Ostfriesischen Prinzen und zugleich gegen das Hochfürstliche Haus bezeigte, und solches gleichsam als ein Denkmahl hinterließ:

Ad
Jllustrissimum Dominum,
D. CHRISTIANUM EBERHARDUM,
Frisiæ Orientalis Principem Posthumum
Brevis Allocutio.

Posthumus es natus gravidâ de PRINCIPE
  PRINCEPS,
Si me non fallunt dogmata, Magnus eris.
Tu Frisiæ Columen, Tu Spes eris inclita Gentis,
 Gloria Tu Patris, Præsidiumque Domus,
Macte igitur, Quorum es, Genus exprime,
  Jmagine Vitam,
Doctrinam Jngenio, Relligione Fidem.
Et Te legitimum ratione per omnia Vitæ
 Principis Hæredem Sangvinis esse proba.
Huc Animi totos, huc Corporis exere nervos,
 Vester in hoc studii pulvere certet eqvus.
Mos fuit antiqvis cœlata Quiritibus auro
 Ferre Patrum incisis nomina et ora notis.
Non auro ut pictos, non ære numismata, Vultus
 Perque fora ostentent, perque theatra
  trahant.
       Sed

Sed magis, ut Quorum es, jactabunt Stem-
mata Eorum
Si Virtute pares moribus esse probent.
Sic patrem virtute Leo, sic nobilis altâ
Magnanimum soboles indole reddit
Eqvum.
Adde, qvod imbellem Volucris Regina
columbam
Non generat, foetus ambitiosa sui.
Degener, obliqvo refugit qvi lumine Solem,
Atque Hyperioniæ cedit ab igne rotæ.
Sed Tu, SOL FRISIÆ, felicibus editus astris,
Illustris Generis Stemmate dignus
eris. nnnn).

§. 24.

Herzog Rudolph August hatte Kayserl. Commißion, die Streitigkeiten in Ostfrießland
zu untersuchen und zu heben.

Im Anfang Junii schrieb der Herzog Rudolph
August zu Braunschweig und Lüneburg
an die Ostfriesischen Landstände, und zeigte an,
wie Kayserl. Majestät ihn zum Commissario verordnet hätte, die Mißverständnisse in Ostfrießland
zu

nnnn) unten stund: Gratulabundus accinuit Emdæ
XIII. Calend. Martii CIↃ IↃC LXVII.
FLOKENTIUS KANT
Præpos. Ord. Belgii Fœderati
p. t. in Ostfriesia Legatus.

zu untersuchen, und so viel möglich zu heben, widrigenfalls deren Beschaffenheit an allerhöchstgedachte Kayserl. Majestät zu hinterbringen. Wann nun Sr. Hochfürstl. Durchl. entschlossen wären, zu solchem Ende einige Subdelegatos in Ostfriesland zu senden, die den 18 Julii die Sache zu Aurich sollten vornehmen, also möchten die Stände gegen solche Zeit in Aurich sich einfinden, und ihre habende Gravamina alsdann gebührend vorbringen. Die Ostfriesischen Stände, welche dafür hielten, daß, weil ihre Streitigkeiten nach den Accorden und Landes-Verträgen müsten beurtheilet werden, die Untersuchung und Entscheidung auch also denen zukäme, die von so vielen Jahren her die Maintenue über die Accorden gehabt, nemlich den Herren Staaten, berichteten diese Sache nach dem Haag oooo).

Die Herren Staaten mahneten die Stände ab, sich in keine Tractaten einzulassen, und verhiessen ihnen Schutz und Beystand. Auch schrieben sie deswegen an die Fürstin, und erinnerten, daß sie zur Abhandlung der vorschwebenden Streitigkeiten niemand frembdes gebrauchen möchten: sintemahl die Beurtheilung der Ostfriesischen Streit-Sachen zwischen Haupt und Glieder von langen Jahren her bey ihnen gestanden, sie auch gewillet wären, Ihro Hochfürstl. Durchl. und Dero jungen Prinzen bey den Accorden zu schützen.

oooo) *Aitzema* Hist. 13 Deel lib. 47. p. 677. 771.

zen. Hochgedachte Fürstinn entschuldigte sich, und zeigte an, wie sie nicht wol anders könnte als der Kayserlichen Verordnung gehorsamen. Freylich könnte sie nicht wol anders, denn auf Ihre Veranlassung und abgelassene Schreiben hatte Kayserl. Majestät den 3 Februar dieses laufenden Jahres hochgedachtem Herzog diese Commißion aufgetragen, und selbige den 4 April wiederholet. pppp).

§. 25.

Bey angehender Kayserl. Commißion erscheinen zwar die Ostfriesischen Stände, wollen aber mit dem Canzler Höpffner sich nicht einlassen.

Als nun die Ostfriesischen Stände den 18 Julii zum Respect der Kayserlichen Commißion in Aurich erschienen, und ohnedem nicht gewillet waren, sich in eine Conferenz einzulassen, funden sie dennoch eine schöne Gelegenheit und Ursache sich weigerlich zu stellen. Unter denen Subdelegirten war mit herübergesandt Hermannus Höpffner J. U. D., welcher vor wenig Jahren in Ostfriesland Canzler gewesen, und zu der Zeit,

da

pppp) Abdruck sichern an die Röm. Kayf. Majest. von Jhr. Fürstl. Gn. der Fürstl. Fr. Wittiben zu Ostfrießl. sub dato 18 Decembr. 1666. abgelassene, und d. 25 Jun. 1667. übergebenen Schreibens, samt beygefügten Annotationen eines aufrichtigen Patrioten. Ostfrief. Hist. Tom. II. lib. 5. n. 5. p. 925. 926.

da weil. Fürſt Georg Chriſtian mit den Stånden ſich verglichen, auf deroſelben Anhalten ſeines Dienſtes erlaſſen war. Voritzo war er des hochgedachten Herzogen Canzler. Das annoch friſche Gedåchtniß des vorigen Widerſinns, welchen er und die Oſtfrieſiſchen Stånde gegen einander gehabt, machte, daß ſie ihm nichtes Gutes zutraueten. Daher entſchuldigten ſie ſich ſofort, daß ſie ſeiner Perſon halber ſich nicht einlaſſen könnten. Der Canzler Höpffner ließ ſich dis nicht anfechten, ſondern drang darauf als ein Kayſerl. Abgeordneter oder Subdelegatus, daß ſie der Kayſerlichen Commißion geziemenden Gehorſam leiſten ſollten. Ein gleiches thaten die übrigen Fürſtlichen Råthe. Wie nun die Stånde ſich nicht bereden laſſen wolten, fuhr der Canzler fort, und ließ mit Beyſtimmung der übrigen Subdelegirten, welche die Vormunds-Råthe genennet wurden im ganzen Lande ein weitläuftiges Placat anſchlagen, und von den Canzeln ableſen, in Form einer Ausſchreibung des Landtages. Die Embder wolten nicht zugeben, daß in ihrer Stadt die Placaten angeſchlagen wurden.

Den 5 Auguſt kamen die Stånde zur Landtags-Verſammlung in Aurich wieder bey einander, nicht etwa in der Meinung der Commißion ſich zu unterwerfen, ſondern vielmehr ihre Gravamina dawider fortzuſetzen, bevorab weil ſie wider das Placat vieles einzuwenden hatten.

Höpff-

Höpffner wolte selbst über die Ursachen ihrer Verweigerung das Urtheil fällen und sie als nichtig verwerfen: Die Stände wolten ihm aber solches nicht zustehen. So wol er, als die übrigen Herren Subdelegirte berieffen sich auf die Kayserliche Majestät und deren allerhöchste Verordnung, welcher hiemit widerstrebet würde. Es schien bey dieser Zeit die Fürstinn von Ostfrießland eine gar schöne Gelegenheit zu finden, die Accorden wieder über den Haufen zu werfen, als welche vor Zeiten den Ostfriesischen Herrschaften durch Hülfe der Herren Staaten per vim et metum abgedrungen und ausgepresset worden, wie sich die Fürstl. Räthe solches klärlich zu beweisen und darzuthun erboten qqqq).

Den

qqqq) *Aitzema* Hist. 13 Deel lib. 47. p. 776-786; Warhaftig und ausführl. Bericht, was bey Unwesenheit der Kayserl. Herren Subdelegirten in Ostfrießland vorgegangen, und warum Ihro Durchl. zu Braunschw. und Lüneburg Herrn Canzler D. Hermann Höpffner als membrum Subdelegationis die löbl. Ostfr. Ständen recusiren müssen mit Beylag A. B. C. biß K. gebr. zu Emden Ao. 1667. Warhafft. Bericht, nebens angeführten Ursachen, warum Herren Bürgerm. und Rath der Stadt Embden sicheres von den Fürstl. Bedienten unter den Nahmen der Röm. Kays. Majst. Herren Subdelegirten d. 29. und 30 Julii 1667 angeschlagenes Placat wiederum einziehen müssen. Gebr. zu Embden.

Den 8 August gaben die Stände an die Durchl. Fürstin eine Schrift ein, worin sie sich beklagten, daß hochgemeldete Fürstin durch die böse Rathschläge der ausländischen Räthe sich verleiten ließ, Ihro Kayserl. Majestät mit denen Dingen zu bemühen, die leichtlich in Ostfrießland könnten abgethan werden. Sie erboten sich auch darin (wie sie bereits vorhin gethan) Ihro Fürstl. Gnaden und Sr. Hochgräfl. Gnaden Grafen Edzard Ferdinands Vormündliche Regierung zu erkennen, wann sie die Accorden und Privilegia der Stände zu confirmiren geliebten. Die Antwort, so hierauf von der Fürstin erfolgte, war diese, daß sie alles Ihro Kayserl. Majestät allerhöchsten Beurtheilung anheimstellte. Sr. Hochgräfl. Gnaden, der Herr Graf Edzard Ferdinand, welchem mit keiner Weitläuftigkeit gedienet war, und wol gerne bey dieser Zeit den Ständen gewilfahret hätte, schrieb den 9 August an die Herren Staaten, und entschuldigte sich für seine Person. Die Stände aber schrieben den 11 August an die Herren Staaten, berichteten alles was vorgefallen, und weil sie besorgten, der Canzler Höpffner möchte alles verkehrt und übel bey Kayserl. Majestät referiren, so baten sie eine kräftige Beschirmung. Die Herren Subdelegati, da sie sahen, daß nichts auszurichten war, reisten den 13ten dieses wiederum weg. Die Stände sowol als der Magistrat zu

Emb-

Embden liessen bald darauf im öffentlichen Druck
herausgehen, was bey dieser Gesandschaft und
Subdelegation vorgefallen, und warum man den
Cantzler Höpffner nicht admittiren können rrrr).

§. 26.

Der Præcedentz-Streit zwischen den Fürstl.
Häusern Ostfriesland und Fürstenberg.

Den 26 August (5 Sept. St. N.) ward zu
Regensburg von wegen des vorschwebenden Præcedentz-Streites zwischen dem Fürstl.
Hause Ostfriesland und zwischen dem Hause
Fürstenberg auf der Reichs-Versammlung ein
solcher Vergleich getroffen, daß bey der Seßion
und dem Votiren dem Hause Ostfriesland zweymahl nacheinander, dem Hause Fürstenberg aber
(aus welchem Anno 1664. die Herren Gebrüder Frantz Egon Bischof zu Straßburg, Wilhelm Egon und Hermann Egon, Grafen
von Fürstenberg in den Reichs-Fürstenstand erhoben) das drittemahl die Præcedentz gegönnet,
und solche Abwechselung hinfort beständig gehalten werden sollte. Auf Seiten des Ostfriesischen
Hauses und der itzigen Vormundlichen Regierung

rrrr) Allerunterth. Informations-Schreiben, so an
die Röm. Kayf. Majest. die Stände von Ostfriesland cum Documentis abgehen lassen. Gedr.
zu Embden d. 20. Febr. 1667.

rung waren daselbst als Abgesandte von den Herzogen von Braunschweig Ernst August und Georg Wilhelm Otto von Manderoda von dem Herzog Eberhard von Würtemberg Georg Wilhelm von Beydembach, und von der Fürstin von Ostfrießland und der Rath Joachim Hagemeyer Licent. auf Seiten des Hauses Fürstenberg aber Joh. Christoph. Aldenhoven Churfürstl. Cöllnischer geheimer Rath und Jacob Christoph. Roßler von Gammersdorf, Fürstl. Constantzischer wie auch des Reichs-Gräflichen Collegii in Schwaben Rath. mm).

§. 27.
Die Fürstin nimt der Stände vorgedachte Erklärung nicht an.

Die Ostfriesischen Landstände hatten sowol vorhin als nach der Abreise der Herren Subdelegaten sich dahin erkläret, daß wann Ihro Fürstl. Gnaden die verwittwete Fürstin sie bey ihren Accorden und Privilegien gedächte

zu

mm) Lüntzs Teutschen Reichs Archiv Part. Special. Contin. II. 3te Fortsetzung 4te Abtheilung. p. 609. 610. *In Conventibus Imperii Princeps Ostfrisia cum Fürstenbergico alternat, ira tamen, ut illi jus praedriae bis absque interruptione, huic verò tertià demum vice competat.* Imhofii notitia Procerum Imper. Rom. Germ. lib. 5. c. 8. p. 259. Electa Jurispubl. der vornehmsten Staats-Affairen in Europa 10ter Tomus p. 521-534. gedr. 1717.

zu schützen, sie alsdann in Unterthänigkeit sie und den Herrn Grafen Edzard Ferdinand als regierende Vormünder erkennen wolten. Hochgemeldete Fürstin aber erwiederte hierauf: Sie liesse alles der Kayserl. Majestät Judicatur anheimgestellt seyn, könnte hingegen sie auch nicht für rechtmäßige Stände erkennen. Und also war keine Vereinigung unter Haupt und Glieder zu hoffen. Daher liessen sich Ihro Hochmög. durch die Ostfriesischen Stände bewegen, daß sie der Sachen sich ferner annahmen, und den 10 Sept. St. V. sich erklärten eine Gesandschaft nach Ostfrießland zu senden. Sie berichteten solches auch an Ihro Kayserl. Majestät mit dem Ersuchen, daß, nachdem von altersher die Decision der Streitigkeiten zwischen der Herrschaft und den Ständen in Ostfrießland, bevorab der Stadt Embden, bey Ihro Hochmögenden gestanden, es also Ihro Kayserl. Majestät dabey wolten bewenden lassen, und sich der Ostfriesischen Streitsachen nicht weiter annehmen, anerwogen Ihro Hochmögenden habendes Recht zur besagten Decision in den Ostfriesischen Accorden und Verträgen selbst gegründet wäre. Diejenigen nun, welche von Ihro Kayserl. Majestät die Entscheidung suchten, gingen damit um, daß sie die Ostfriesischen Accorden und Landes-Verträge entkräften möchten. Damit aber auch Ihro Hochmögenden den gefaßten Vorsatz ins

Werk richteten, so beorderten sie zu solcher Gesandschaft die Herren Floris Cant, Bonifacius von Freybergen, Henricus Schotanus à Storringa, Eberhard von Bentheim und Andreas Ludolphi, welche mit dem Ausgang des September-Monats aus Holland über Gröningen und Delfsiel nach Embden reiseten tttt).

§. 28.
Ankunft der Staatischen Abgeschickten.

Den 6 October brachte der Secretair Westendorf, welchen die Herren Stände nach Delfsiel gesandt, die Staatischen Herren Abgesandte daselbst zu empfangen, solche früh Morgens glücklich in Embden ein, woselbst sie unter Losbrennung des groben Geschützes und andern Ehrenbezeigungen empfangen, und durch einige aus der Ritterschaft, Stadt Embden und dem dritten Stand Abgeordnete mit verschiedenen Carossen in ihre Herberge begleitet wurden. Bald nach ihrer Ankunft sandten die Herren Abgesandten ihren Secretarium nach Aurich, und liessen der verwittweten Fürstin ihr Daseyn melden, mit dem Ersuchen, daß Ihro Fürstl. Gnaden eine beliebige Zeit zur Audienz bestimmen wolten, massen sie von Ihro Hochmögenden ausgesandt wären, den Frieden und die Vereinigung unter

Haupt

tttt) *Aitzem.* Hist. 13. Deel lib. 47. p. 768-790.

Haupt und Gliedern zu befördern. Hochgedachte Fürstin bezeugte, daß die glückliche Ankunft der Herren Abgesandten ihr lieb und angenehm wäre, stellte sich aber bey dem Hauptzweck ihrer Ueberkunft etwas fremde, jedennoch ließ sie die Herren Abgesandte in Embden durch Dero Drosten und Amtmann bewillkommen, welche sie auch mit nach Aurich begleiteten.

Zur Kipe wurden sie in zwo Carossen von zween Fürstl. Räthen empfangen, und also zur Residenzstadt Aurich eingeholet, woselbst bey ihrer Ankunft auf dem Fürstl. Hause das grobe Geschütz gelöset ward. Es war den 12 October als sie in Aurich ankamen. Ihr Quartier funden sie auf der Fürstl. Burg. Des folgenden Tages, nachdem die Curialia abgeleget waren, begehrten sie, daß einige Fürstl. Räthe committiret werden möchten, mit welchen sie in Conferenz treten könnten, welches denn auch geschehen, und einige Tage unter ihnen continuiret worden.

Den 18 October erhuben die Staatischen Herren Abgesandten sich nach Norden zu Sr. Hochgräfl. Gnaden Grafen Edzard Ferdinand, und thaten auch bey demselbigen nach Ueberlieferung ihrer Credentialen von ihrer Commißion den Vortrag. Der Herr Graf bedankte sich aufs höflichste für die gute Intention und Fürsorge Ihro Hochmögenden, erbot sich, alles
wol

wol bey sich zu überlegen, und ohngeachtet er sehr unpäßlich war, und das Bette hüten muste, dennoch so bald möglich, seine Antwort und Erklärung zu Aurich einzuschicken. Sonsten aber beklagte er sich wegen der vorschwebenden Differentien zwischen ihm und dem Hochfürstlichen Hause, indem die verwittwete Fürstin damit umginge, daß sie die Vormündliche Regierung allein an sich ziehen, ihn aber als proximum agnatum et successorem in feuda gänzlich ausschliessen wolte. Die Schuld dessen legte er vornemlich auf die damahligen Fürstlichen Räthe, welche Ihro Fürstl. Gnaden solche Gedanken beygebracht, und darunter nichts als ihren eigenen Vortheil suchten. Nachdem nun also hochgemeldete Herren Abgesandten mit Sr. Hochgräfl. Gnaden Unterredung gepflogen, kehreten sie wieder nach Aurich uuuu).

§. 29.

Flor. Cant Carmen auf den Gebuhrtstag der Durchlauchtigsten Fürstin und Frau Christine Charlotte.

Den 21 October war der Geburtstag der der Durchl. Fürstin Christina Charlotte, verwittweten Regentinn und Vormünderinn in Ostfrießland. Der eine von den Herren Abgesandten, Herr Floris Cant, ein gelehr-

uuuu) Aitzem. Hist. 13. Deel lib. 47. p. 790-792.

lehrter und höflicher Mann, und dabey ein guter Lateinischer Poet, überreichte Deroselben zur wolgemeinten Glückwünschung folgendes Carmen:

Maxima Progenies, Genere Illustrissima
    Princeps,
  Nec virtute minus clarificante Genus:
Hæc est illa Dies, quâ cuncta altariâ fumant,
  Quâque studet qvisqvis sacrificare Deo.
(NamTu semper eris cunctisque vocabereDiva)
  Plena ô Lætitiæ jam celebranda dies.
Hâc violas spargunt nuptæ, innuptaque puella;
  Hæc corylos nectit, colligit illa Rosas.
Illic Phœbeâ satagunt Tua Tempora lauro
  Velare; hîc votum nuncupat illa suum.
Molior ipse meum Divæ persolvere votum;
  Sed tenui in numeros vena liqvore fuit.
Mens tamen interior (pictæ tectoria lingvæ
  Absint) optatis prosperiora vovet.
Ut svavis sit Vita Tibi florentibus annis;
  Inflectant sensus Juno Venusque Tuos.
Et furgat Regale Tuo de Germine Germen!
Hæc mea Natali vota fuere die
    Florentius Cant,
  Præpot, Ord. Belgii Fœderati
  p. t. in Ostfrisiâ Legatus xxxx).

xxx) Die Ueberschrift war: *Natalitia Illustrissimæ Dominæ, Dæ CHRISTINA CHARLOTTÆ, Natæ*

§. 30.

Auf dem Landtag zu Aurich wird gehandelt über die Vormündliche Regierung.

Um diese Zeit nam der Landtag zu Aurich seinen Anfang. Sr. Hochgräfl. Gnaden Graf Edzard Ferdinand sandte als seinen Bevollmächtigten dahin den Freyherrn Gerhard von Closter, Herrn zu Dornum, um die Gräflichen Sachen auf dem Landtage wahrzunehmen, zu welchem Ende derselbige auch seine Credenz-Briefe den 23 October an die Herren Abgesandte überreichte. Wie es nun zur völligen Handlung gehen sollte, und es insonderheit auf den Punkt der Vormündlichen Regierung kam, überreichten den 28 October die Fürstl. Räthe Bucho Wiarda, Jodocus Ammersbeck und Joh. Henrich Stammler eine Schrift, worin Ihro Fürstl. Gnaden sich deutlich erklärte, daß sie über die Vormündliche Regierung sich ohne Vorbewust und Gutbefinden der andern hohen Vormünder in keine Tractaten einlassen könnte, auch nicht gerne dieser bey dem Kayserl. Hofgericht anhängigen Sache, worüber sie täglich den Ausspruch erwartete, einigen Abbruch thun wolte.

Die

Natæ Ducis Wurtembergi et Tekkæ, Illustrissimi Domini, D. GEORGII CHRISTIANI, Frisiæ Orientalis Principis Dignissimæ Viduæ, Celebrata Aurici die 21. Octobr. CIƆIƆCLXVII.

Die Staatischen Herren Abgesandte im Gegentheil liessen sich gegen die Fürstl. Räthe vernehmen, daß im Fall die Fürstin hierauf würde beharren, sie alsdann Order hätten, mit dem Herrn Grafen besonders zu handeln, und ihn in die Vormündliche Regierung zu introduciren. Auch ward den Fürstl. Räthen vorgeworfen, wie bey der Kayserl. Majestät verschiedene Dinge vorgebracht und begehret, so wider die Accorden und Billigkeit wären, z. Ey. daß von Kayserl. Majestät den Landständen per Decretum möchte werden aufgedrungen, wider ihren Willen ein frembdes Kriegesvolk im Lande zu halten und zu besolden; imgleichen daß Ihro Kayserl. Majestät die Landstände in specie aber die Stadt Embden und den Hofrichter Carl Friedrich von Kniephausen, möchten ihres Ungehorsams wegen in die Acht erklären. Hierauf wurden wolbesagte Räthe gar ernstlich ermahnet, Ihro Fürstl. Gnaden dahin zu bewegen, daß Sie mit dem Herrn Grafen die Vormündliche Regierung annehmen möchte, und der übrigen hohen Vormünder, so viel die Ostfriesische Regierung anlanget, sich entschlagen möchte yyyy).

Einige Tage hernach gab der Herr von Dornum eine Schrift über, worin der Herr Graf anwieß, wie die Exempla, worauf die Fürstin sich berief und daraus beweisen wolte, daß ihr

die

yyyy) *Aitzema* Hist. 13. Deel lib. 47. p. 792-794.

die Vormündliche Regierung allein zukäme, nicht zulänglich wären, solches zu bestärken. Was über die Fürstl. Räthe vorhin zu Norden mündlich geklaget war, das ward hier schriftlich erwiesen, und ihnen alle Schuld der Uneinigkeit gegeben. Die Fürstl. Räthe hingegen klagten, daß der Herr Graf von einigen unter den Ständen aufgehetzet würde zzzz).

§. 31.

Kayserl. Rescripta, in Sachen die Ostfriesische Streitigkeiten betreffend.

Indem dieses alles in Ostfrießland vor sich ging, ward den 4 November (St. n. d. 14) in dem Kayserl. Hofgericht zu Wien verschiedenes über die Ostfriesischen Streitigkeiten decretiret und verabschiedet, worüber folgende Rescripta sollten ausgefertiget werden: 1) an den Herzog Rudolph August zu Braunschweig, daß er die aufgetragene Commißion in Ostfrießland fortsetzen, den Landständen einen neuen terminum ad comparendum in der Stadt Aurich ansetzen, die Güte tentiren, und da selbige nicht verfangen wolte, alsdann mit Publication der Decreten, in puncto Regiminis Tutelaris, Subsidiorum militarium, Comitiorum, auch Mandati de non revocando seu trahendo causam

zzzz) Jbid. p. 794. 795. Schrifftl. Copey des an die Herren Commissarios eingerichten Schreibens.

unter der Fürstlichen Regierung. 107

sam ad exteros (wie solche hiebey gingen) fortzfahren, und sich daran kein Einreden hindern lassen sollte. 2) An die Fürstl. Frau Vormünderinn, daß ihr diese anderweitige Commißion notificiret, dabey aber angefüget werden sollte, daß sie bey der Kayserlichen Commißion auf die von dem einen Contutore Graf Edzard Ferdinand wider die Administration geführte Gravamina zugleich ihren Bericht abzustatten hätte. 3) An Graf Edzard Ferdinand, daß er zu der übrigen Vormundschaft treten, und da er ein oder anders der Administration wegen zu klagen hätte, solches bey der vorseynden Kayserlichen Commißion vorbringen, übrigens bey der aufgetragenen Vormundschaft seine schuldige Pflicht beobachten sollte. 4) An die sämtlichen Landstände, daß sie, alles fernern Einwendens ungehindert, der Commißion sich submittiren, und bey derselben ihre Streitigkeiten entweder durch einigen gütlichen Vergleich, oder aber durch rechtlichen Ausspruch abthun, im übrigen sich alles Recours in diesen Sachen an die Ausländische enthalten sollten. 5) An die Stadt Embden eben dasselbige. 6) An den Freyherrn Carl Friedrich von Kniephausen, daß er seines theils der Commißion allen schuldigen Respect und Gehorsam erweisen, sich alles Recurrirens ad exteros äussern, die Stände weiter

ter von der Commißion nicht abwendig machen, noch zu anderwertigem Einsehen gegen seine Person Ursach geben sollte. Die Decreta, welche zugleich von dem Kayserl. Reichshofrath erkannt, und wie gemeldet, an Herzog Rudolph August abgeschicket wurden, sind folgende: 1) Jn puncto Regiminis Tutelaris, daß die Ostfriesischen Stände bey pön von 100 Mark löthigen Goldes die Fürstl. Wittwe als Vormünderinn ehren, und alles Einwendens ungehindert ihrer Vormündlichen Regierung sich entwerfen sollten. 2) Jn puncto Subsidiorum militarium, daß die Landstände der Fürstl. Frau Vormünderinn zu Beseß- und Unterhaltung der Festungen, Pläße und Garnisonen mit hülflichem Beytrag an die Hand gehen, auch des Quanti und der Zahlungs-Terminen halber innerhalb 8 Tagen sich vergleichen sollten. 3) Jn puncto Comitiorum, daß die Stände des angemaßten prorogirenden Landtages und anderer dergleichen Zusammenkünften sich gänzlich enthalten, und ohne Vorwissen und Einwilligung der Vormündlichen Herrschaft solche anzustellen keinesweges unterstehen sollten, bey pön von 100 Mark löthiges Goldes. Diese im Reichshofrath ausgesprochene Decreta sollten bey der Commißion publiciret werden, im Fall die Ostfriesischen Stände sich nicht zum gütlichen Vergleiche verstehen wür-

den

den a). Indem nun die Fürstlich-Ostfriesischen Sachen an dem Kayserlichen Hofe so gut stunden, und die Fürstliche Frau Wittwe in täglicher Hoffnung stund solche Decreta zu erhalten, die für sie vortheilhaft wären, so war es kein Wunder, daß die Fürstin sich nicht gerne über dem Punkt der Vormündlichen Regierung mit den Staatischen Herren Abgesandten einlassen wolte, sondern die Sachen lieber auf die lange Bank spielte.

Eben an diesem Tage, da zu Wien solche favorable Bescheide für sie gesprochen wurden, gab sie durch ihre Räthe Wiarda und Stammler ihre Final-Resolution an die Herren Abgesandten über, welch darin bestand: daß sie in Sachen die Vormündliche Regierung betreffend ohne Beystimmung der übrigen hohen Herren Vormünder sich unmöglich könnte einlassen, daher auch mit nichten die Accorden und Verträge confirmiren; sie hätte aber gestriges Tages einen Expressen nach Braunschweig gesandt, wie auch nach Würtemberg, von dannen sie innerhalb 3 Wochen Antwort erwartete. Die Herren Abgesandte erwiederten, daß sie die Fürstin nicht überschnellen, sondern diese Zeit abwarten wolten: sollte aber immittelst etwas an dem Kayserlichen Hofe decretiret und ausgesprochen werden,

so

---

a) Anweisung der Landes-Fürstl. Ostfries. Territorial-Superiorität. Beylag. Num. 21. p. 112-115. gedr. A. 1687.

so sollte es als ungeschehen gehalten werden. Auf dis letztere wolten die Fürstl. Räthe sich nicht einlassen, sondern nahmen es an, der Fürstin zu referiren b).

§. 32.
Die Staattschen Abgeordnete Cant und Benthem reisen nach dem Haag um ferner Order zu holen.

Bey so bewandten Sachen deuchte es die Staatischen Herren Abgesandten nöthig zu seyn, daß ein Paar aus ihren Mitteln wiederum nach dem Haag reisten, von allem völlige Relation abstatteten, und von Ihro Hochmögenden ferner Order einholten, was nun weiter zu thun seyn würde. Und also nahmen die Herren Floris Cant und Eberhard von Benthem die Reise auf sich. Inzwischen ward nichts sonderliches gehandelt, als daß die übrigen Herren gelegentlich suchten, die Fürstl. Räthe zu bewegen, daß sie die Fürstin auf andere Gedanken brächten; die Fürstin sich wie zuvor entschuldigte; Graf Edzard Ferdinand aber sich immer näher erklärte in Tractaten sich einzulassen, und die Vormündliche Regierung anzunehmen c).

Gleich-

a) *Aitzem.* Hist. 13. Deel lib. 47. p. 795.
c) *Aitzem.* Hist. 13. Deel lib. 47. p. 795. 796.

Gleichwie aber vorbesagte Herren nach dem Haag daselbst zu berichten was vorgegangen, sich verfüget: so berichtete hingegen die Fürstin an den Kayser und dessen Reichshofrath, wie die Sachen in Ostfriesland stünden. Sie klagte, wie daß die Landstände abermahl die Generalstaaten mit ins Spiel gebracht, welche gesonnen, die Vormündliche Regierung nach ihrem Gutdünken anzuordnen, und die bey dem Reichshofrath vorschwebende Processe aufzuheben; ferner daß Graf Edzard Ferdinand sich bewegen lassen, Ihro die zuständige Direction der Vormündlichen Landes-Regierung zu disputiren, auch die übrigen hohen Herren Mit-Vormünder auszuschliessen. Indem nun dieses an dem Kayserlichen Hofe sehr hoch empfunden ward, daß die Generalstaaten in dieser Sache die Jurisdiction ganz an sich ziehen, Vormünder ab- und aufsetzen, und die Landesherrliche Regierung nach ihrem Gefallen in Ostfriesland einrichten wolten, so erging deswegen in dem Reichshofrath den 21. November der Bescheid, daß an den Herzog von Braunschweig, Herrn Rudolph August, sollte geschrieben werden, daß er die vorseynde Commißion beschleunigte d).

§. 33.

---

d) Anweisung der Landes-Fürstl. Ostfriesisch. Territorial-Superiorät Beylag Num. 21. p. 116.

§. 33.
Die beiden Abgeordnete kommen wieder aus dem Haag.

Die beiden Herren Abgesandten, welche sich den 5 November nach dem Haag begeben, kamen den 29sten dieses wieder in Aurich, und brachten völlige Order mit von Ihro Hochmögenden, wie sie wegen Anordnung der Vormündlichen Regierung sich verhalten sollten. Nachdem nun Ihro Fürstl. Gnaden die verwittwete Fürstin, auf keinerley Weise sich bereden lassen wolte, mit dem Herrn Grafen Edzard Ferdinand eine gemeinsame Verwaltung der Vormundschaft auf sich zu nehmen, ob gleich die Herren Abgesandten bey den Fürstl. Räthen darwider allerhand Remonstrationes thaten, so gedieh die Sache endlich dahin, daß wolgemeldete Abgesandten in einer öffentlichen Audienz bey der Fürstin, wobey alle Räthe zugegen waren, ihren Abschied nahmen, und rund aus zu verstehen gaben, daß sie sich nach Norden verfügen, und dem Herrn Grafen die Vormündliche Regierung auftragen wolten, zumahlen sie nicht länger zur Kleinachtung der Commißion von Ihro Hochmögenden verbleiben könnten. Solch ihr Vorhaben machten sie auch an die Landstände nachmals kannt, und sandten einen Expressen nach Emden, daß der Commandeur 200 Mann fertig hal-

halten sollte, sich im Nothfall derer zu ihrer Sicherheit zu bedienen.

Da nun die Ostfriesische Fürstin den Ernst merkte, trug sie nach ihrem hohen Verstande billig Bedenken, es aufs äußerste ankommen zu lassen, und sich in große Weitläuftigkeit zu setzen, ohngeachtet Ihro Kayserl. Majestät und von Deroselben bestellte hohe Vormünder die hülfliche Hand bieten könnten; also ließ sie den Herren Abgesandten durch ihre Räthe wissen, daß sie nach reifer Ueberlegung endlich entschlossen wäre, die Vormündliche Regierung mit dem Herrn Grafen Edzard Ferdinand zugleich anzutreten, und gemeinschaftlich zu führen, im Fall Ihro Hochmögenden sie bey ihrer Fürstlichen Hoheit zu schützen gedächten, gleich wie sie dann auch ihren Prinzen Dero Protection hiemit wolte anbefohlen haben. Die abgeordnete Herren sagten solches einmüthig zu, brachten es auch dahin, daß hochgedachte Fürstin den Proceß bey dem Kayserl. Reichshofrath in Puncto der Vormündlichen Regierung fallen ließ. Hierauf waren nun die Herren Abgesandten geschäftig alles völlig in guten Stand zu bringen, eine gute Einigkeit zwischen der Fürstin und dem Herrn Grafen zu stiften, und als zu besorgen, daß beyde hochgedachte Personen als Vormünder die Accorden und Landes-Verträge confirmiren, hingegen auf Seiten der Stände præstanda præstiret werden möchten.

H   Und

Und weil zu solchem Zweck eine Landtags=Versammlung von Nöthen war, so ward die Zeit davon auf den 2 Januar des herannahenden 1668ſten Jahres beſtimmt und ausgeſchrieben e).

§. 34.
Graf Edzard Ferdinand ſtirbt.

Wie nun aber Gottes und der Menſchen Gedanken nicht übereinſtimmen, ſo ließ ſich ſolches auch bey dieſem Geſchäfte bemerken. Denn an dem 1 Januar des 1668ſten Jahres, etwa des Abends um 6 Uhr, nahm der Allerhöchſte den hochgebohrnen Grafen und Herrn, Herrn Edzard Ferdinand, Grafen zu Oſtfrießland ꝛc. in dem 32ſten Jahr ſeines Alters aus dieſer Zeitlichkeit hinweg, nachdem er vorher eine geraume Zeit bettlägerich geweſen war. Und alſo fiel die gemeinſame Vormündliche Regierung auf einmahl hinweg, und fand ihr Ende, ehe ſie noch angefangen.

Etwa 22 Stunden vorher, nemlich des vorigen Abends um 8 Uhr, erfreute ihn Gott mit einem jungen Sohn, der bey der heil. Taufe Friedrich Ulrich genennet ward. Die Geburt war glücklich; die Freude vergnüglich; dieſer erfolgte Todesfall aber höchſt traurig. Das Abſterben des Herrn Grafen ward einige Tage

vor

---

e) *Aitzem.* Hiſt. 13. Deel lib. 47. p 796-800.

vor der Frau Gräfin verhelet, damit nicht etwa Schrecken und Betrübniß ihr als einer solchen Kind-Vetterin, die erst niedergekommen war, einen Unfall bringen möchte. Den 21 Februar ward die Hochgräfliche Leiche von Norden weggeführet und nach Aurich gebracht, allwo sie in der Stadtkirchen in dem Hochfürstl. Erbbegräbniß beygesetzet ward f).

Nicht lange vor seinem Tode, nemlich den 20 November des vorigen Jahres, hatte der Herr Graf christl. Gedächtniß, ein Testament gemacht, worin er Ihro Hochmögenden die Herren Generalstaaten, wie auch die Ostfriesischen Landstände, zu Vormündern über seine zu hinterlassende Kinder gesetzet hatte g). Noch vor der Beerdigung, und zwar den 11 Januar ließ die Hochgräfl. Frau Wittwe einen von ihren adelichen Bedienten nach Aurich gehen, und nebst einem Notifications-Schreiben an die Herren Abgesandten den traurigen Tod des hochsel. Herrn Grafen anzeigen. In dem Schreiben war zugleich der Extract aus dem Testament ein-

f) Auzem. Hist. 13 Deel lib. 47. p. 800. Er gelb. Höyers Past. Nord. LeichPr. über H. Gr. Edjard Ferdinand in Personal. Gedr. Ao. 1668.

g) Gründl. Gegen-Deduction in puncto des sogenannten Apanagii, weil. H. Gr. Friedr. Ulrichs Beylag Num. 6. p. 27-29. Gedr. Ao. 1710.

geschlossen, worin die Herren Vormünder benennet worden, insonderheit aber die Generalstaaten als einige Executores des Testaments erbeten worden. Die Herren Abgesandten schickten des folgenden Tages eine Antwort mit demselben Edelmann wieder zurück, worin sie ihr sämtliches Beyleid bezeigten h). Nach der Beerdigung schickte die verwittwete Frau Gräfin im Monat April Herrn **Mauritium Bonerum** in den Haag, um bey Ihro Hochmögenden anzuhalten, daß sie geruhten diese Vormundschaft auf sich zu nehmen, die dann nach der Zeit, da sie das Testament empfangen und durchgesehen, selbige auf sich genommen i). Jedennoch haben sie an ihrer Statt substituiret den Freyherrn **Gerhard von Closter**, Herrn zu Dornum, die Sachen wahrzunehmen, mit der ausdrücklichen Versprechung, Ihm in wichtigen Sachen die Hand zu bieten k).

§. 35.

Die Fürstin Christina Charlotta erhält nun allein die Vornimbliche Regierung.

Das Absterben des in Gott seligen Grafen und Herrn veränderte hie den ganzen Zustand, und fiel die Vormündliche Regierung nun-

---

h) *Aitzema* l. c. p. 802.
i) Id. Hist. 14 Deel. lib. 48. p. 1231-1238.
k) Id. ibid. p. 1246. 1247.

nunmehro einzig und allein auf die Fürstl. Frau Wittwe. Die Staatischen Herren Abgesandten waren geschäftig, die Reversalien zwischen der Herrschaft und Ständen recht einzurichten, und einige Gravamina abzuthun. Die Fürstin gelobte von allen bey dem Kayserl. Hofe angesponnenen Processen, sowol wider die Stände insgemein, als in specie wider die Stadt Embden, gänzlich abzustehen; auch an den Herzog zu Braunschweig Herrn Rudolph August zu schreiben, daß die Ostfriesischen Streitigkeiten nunmehro beygeleget und geendiget wären.

Wie nun die Herren Abgesandten meinten alles in guten Stand gebracht zu haben, und es nunmehro zum Schluß gehen sollte, kamen die Stände mit einer Liste von eilf Personen ein, die in Fürstl. Bedienung stunden, welche sie wolten abgedanket wissen, theils weil sie keine Eingebohrne wären, theils weil einige zu der Einführung der Lüneburgischen Völker, wie auch zu dem Proceß bey dem Kayserl. Reichshofrath den Anschlag gegeben hätten. Solche waren nun nahmentlich folgende Herren: Der Baron Aitua Drost zu Lehr-Ort, Baron Hilfried von und zu Croneck Drost zu Friedeburg, Casper Erich von Stechow Drost zu Aurich, Johann Melchior Oinhausen Rath und Hofmeister zu Aurich, Michael Eck Drost zu Stickhausen, D. Jodocus Ammersbeck, D. Johann

hann Henrich Stammler Fürstl. Räthe, D. Anton Pauli Amtsverwalter zu Norden, Johann Volrad Freytag Amtmann zu Berum, Johann Adolph Freytag Amtmann zu Gretsiel und D. Epen Landrichter.

Die Herren Abgesandten waren hiemit nicht gar wol zufrieden. Denn nachdem die Fürstin sich ganz gnädig heraus gelassen, und in allen bequemet hatte, urtheilten sie es zu hart zu seyn, daß man nun noch auf die Abdankung ihrer Bedienten dringen wolte, zudem so war den Herren Abgesandten nicht unbekannt, daß die Städte Norden und Aurich sich dieser Resolution nicht theilhaft gemacht, der dritte Stand aber, wie dieser Schluß gefasset, gar nicht zugegen gewesen. Also thaten sie ihr Bestes, die Stände auf einen andern Sinn zu bringen. Nachdem sie aber mit allen ihren Vorstellungen nichts ausrichteten, brachen sie in Unmuth den 29 Januar von Aurich auf, und gingen nach Embden, mit dem Vorsatz wieder heimzureisen 1).

§. 36.

Endlich bringen es die Staatischen Abgeordnete zum Vergleich.

Der Magistrat in Embden, wie er den Ernst merkte, daß die Herren Abgesandten fortreisen

1) *Aitzema.* Hist. 13. Decl lib. 47. p. 800-804.

reisen wolten, hielt aufs inständigste an, noch
ein paar Tage zu verweilen, bevorab weil
die Landstände ihnen gefolget waren. Um alle
Maaße voll zu messen, thaten die Herren Abgesandten aufs neue einen Versuch. Die Stände
aber erklärten sich nunmehro endlich dahin, daß
1) sie zufrieden wären, daß beyderseitige Reversalien über die Vormündliche Regierung, sowol
der Herrschaft als der Stände, ohne weitere
Einrede, Restriction, Reservation und dergleichen, gegen einander ausgehändiget würden. 2)
Die Prätension wegen gelittenen Schadens durch
die Lüneburgische Einquartierung; imgleichen wegen 3 Obligationen sich erstreckend auf 16000
Rthlr. sollte hinfallen und caßiret seyn: wann
hingegen Ihro Fürstl. Gnaden alle bey dem Kayserlichen Reichshofrath jetzund vorschwebende Processen zugesagter massen würde aufheben und
schwinden lassen. 3) Die Gravamina der
Städte Norden und Aurich, und wie man sich
darüber verglichen, sollten auf Herrschaftlicher
und Ständischer Seiten unterzeichnet und aus-
geliefert werden. 4) Endlich wann die Fürstin
einige von ihren Räthen würde abdanken, so
wolten die Stände bey dem bevorstehenden Landtag dafür mit einem Real-Compliment dank-
bar seyn.

Nachdem die Stände sich nun so weit her-
ausliessen, deuchte es die Herren Abgesandte raht-
sam

sam zu seyn, daß jemand aus ihrem Mittel wieder nach Aurich zurückkehrte, und mit der Fürstin deswegen redete. Herr Floris Cant nahm diese Mühe auf sich, brachte es auch bey der Fürstin dahin, daß sie ihn mit einer angenehmen Antwort wieder von sich ließ. Sobald er solche überbrachte, waren sie allesamt vergnügt. Und ob zwar Ihro Fürstl. Gnaden auf den vierten Punct von der Beurlaubung einiger Bedienten nicht eben eine deutliche Antwort gegeben, sondern mit einer höflichen Erbietung gesaget hatte: Sie wolte in diesem Fall thun und veranstalten, was die Ruhe des Landes und Ihre Fürstliche Hoheit erheischen würde, hoffte also, daß die Stände es bey solcher Erklärung würden bewenden lassen; so liessen sich dennoch die Landstände vor diesesmal mit solcher Antwort befriedigen, und wolten weiter keine Instantien machen. Auf solche Weise kam es denn dazu, daß die Reversalien wieauch die Ratification des Vergleichs über die Gravamina wegen Norden und Aurich ausgewechselt wurden m).

§. 37.

Der Ostfriesischen Landstände Revers.

Der Revers, den die Ostfriesischen Landstände von sich gaben, lautet also:

Wir.

m) *Aitzem.* Hist. 13 Deel lib. 47. p. 804. 805. Statische Decision de A̓o. 1668 d. 29 Jan. in der Ostfries. Hist. Tom. II. lib. 5. n. 14. p. 943-952.

Wir Ritterschafft, Städte und dritter Stand, repräsentirende die Stände von Ostfrießland, geloben und versprechen, die Durchlauchtige Fürstin und Frau, Frau **Christina Charlotta**, verwittwete Fürstin zu Ostfrießland, gebohrne Herzogin zu Würtemberg und Teeck, Gräfin zu Mömpelgard, Frau zu Heidenheim, Esens, Stedesdorf und Wittmund ꝛc. als von der Römisch Kayserl. Majestät confirmirte, und einzige Vormünderin deß auch Durchlauchtigen Fürsten und Herrn, Herrn **Christian Eberhards**, Fürsten zu Ostfrießland, Herrn zu Esens, Stedesdorf und Wittmund ꝛc. unsers gnädigen Fürstin und Herrn, zu erkennen, zu respectiren und zu gehorsamen, auch Deroselben in solcher Qualität getreu und hold zu seyn; alles nach Einhalt der Accorden, bey wahrem Worten, Treu und Glauben, anstatt eines solemnellen körperlichen Eides, ohne einige Exception und Einrede. Uhrkundlich unserer eigenhändigen Unterschrift. So geschehen auf allgemeinem Landtage. Den 29 Januar 1668.

Carel Friedrich Freyherr von Inn- und Kniephausen.
J. W. Freitag von Gödens.
Dietrich Arnold Hane.
Boyung Beninga.
B. Riperda.

Wegen der Stadt Norden.
Ludovicus Wenckebach Dr.
Wegen der Stadt Aurich.
Jacobus Timens.
Johann Heinen.
Wegen des dritten Standes.
Gerriet Tjaden Adm.
Enno Eben.
Coop van Rheden.
Eberh. ter Braeck.
Behne Hemmen.
Oncke Folckers.
Henr. Nolling n).

§. 38.

Die Staatischen Abgeordnete geben auch in der Herren von Hane und Freytag Schuld-foderung einen Ausspruch.

Sonsten hatten die Herren Abgesandten auch vermöge ihrer Instruction in der Schuldfoderung einen Ausspruch gethan, welche Herr Jost van Hane und Herr Johann Wilhelm von Freytag an die Landstände hatten, wegen der Ao. 1660 gethanen Reisen und darauf verschossenen Reise- und anderer Kosten, wie droben

---

n) Siehe diesen Revers, wie auch der Stadt Embden Huldigungs-Reversales, it. der Fürstin Reversal, an die Stände in der Ostfries. Hist. Tom. II. lib. 5. n. 16. 17. 18. p. 952-955.

unter der Fürſtlichen Regierung. 123

ben gemeldet worden. Die Landſtände zwar
hatten ſich bis hieher noch beſtändig geweigert,
dieſe Schuldfoderung wieder zu erſtatten: allein
die Herren Abgeſandte griffen endlich zum Werk,
und moderirten dieſe Prätenſionen, welche ſie
ſo vielen Jahren her gefordert hatten. Dem
Herrn von Hane erkannten ſie an ſtatt der ge-
foderten 10667 Gl. würklich zu eine Summe
von 4600 Gulden 2 Sch. 10 Witt; dem
Herrn von Freytag aber an ſtatt der gefo-
derten 8266 Gl. eine Summe von 4959 Gl.
6 Sch. Solches war geſchehen zu Aurich den
24 Januar 1668. Nachdem nun alles zum
guten Stande gebracht war, reiſeten die Herren
Abgeſandten unter gewöhnlichen Ehrenbezeigungen von Embden wieder fort, und kamen den
9 Februar in den Haag. Die Fürſtin von Oſtfrießland aber führete nun hinfort die Vormündliche Regierung einzig und allein o).

(Ende des Vierzehnden Buchs.)

o) *Aitzema* Hiſt. 13 Decl lib. 47. p. 805. 806.
807.

Der Aurticher Chronick
Funfzehendes Buch.

Von den Geschichten unter der Fürstlichen Vormündlichen Regierung der verwittweten Fürstin und Frau, Frau Christinen Charlotten bis zur Majorennität ihres Herrn Sohns Christian Eberhard Fürsten zu Ostfrießland.

§. I.

Fürstin Christina Charlotte führet ein kluges Regiment.

Wie nunmehro die verwittwete Ostfriesische Fürstin Christine Charlotte die Vormündliche Regierung allein zu verwalten hatte, ließ sich alles zur vergnügten Stille an. Ihr hoher Verstand, womit der Allerhöchste sie begabet hatte, war durch die vorigen Zeiten und Streitigkeiten ziemlich geschärfet. Und je mehr Ihr nun die Regierungs-Last ans Herze lag, je genauere Acht hatte sie auf alles. Denn Dero

Abse-

Absehen war, als eine getreue Mutter und Vormünderin ihres Herrn Sohnes des annoch jungen und zarten Prinzen Fürstliche Hoheit und Recht zu bewahren. Wiewol die Ostfriesischen Landstände mit der Zeit auf die Gedanken geriethen, daß sie solch ihr Vorhaben zu hoch trieb, verleitet durch Anrathen einiger, die dem Lande nicht wol wolten. Jedoch von diesem allen wird künftig ein mehreres zu vernehmen seyn, wann die Ordnung der Zeiten dasjenige, was seit währender Vormündlichen Regierung sich begeben, uns entdecken wird. Voritzo mache ich nur den Anfang zu erzehlen, was in diesem 1668 Jahr wegen der denen Herren von Hane und Freytag zuerkannten Legations-Kosten weiter paßiret sey.

Die Herren Administratores machten allerhand Schwürigkeiten und Hinderungen, um die Bezahlung an beyde gedachte Herren, wo nicht gänzlich zu hintertreiben, dennoch aufzuhalten. Und ob gleich Ihro Hochmögenden die Erinnerung thaten, den Abtrag zu thun, gleich wie es Dero Abgesandten ihnen zuerkannt hatten, so erfolgte doch nichts darauf. Da nun die Güte nicht helfen wolte, erging aus dem Haag ein Befehl an den Commendanten in Emden Tjalling von Sirxma, solche Gelder beyzutreiben, welcher auch den 11 Julii einen Sergeanten mit einigen Soldaten in die Norderklufft
zu

zu den Comtoiren ausschickte, und die zuerkannte Summen nebst der Executions-Gebühr einfodern ließ a).

§. 2.

Zwo Glocken in Aurich gegossen. Damahliger Rath und Prediger in Aurich. Die Hochfürstl. Bedienten zu Hofe und an der Canzeley. Die Glieder des Hofgerichts.

Anno 1669 ließen die Auricher zwo Glocken gießen. Die eine war groß, und führete diese Ueberschrift:

M. D. C. LXIX. IN DEI UNIUS HONO-REM, AD USUM ÆDIS S. LAMBERTI: IL-LUSTRISSIMO PRINCIPE AC DOMINO CHRI-STIAN: EBERHARDO, PRINCIPE HÆRE-DITARIO FR. OR. DNO. ES. S. ET W. SUB TUTELA SERENISSIMÆ MATRIS SUÆ, DNÆ. CHRISTINÆ CHARLOTTÆ, NATÆ DUCISSÆ WÜRTEMB. ET TECC. ADHUC VIVENTE. S. P. L. AURICANUS ET PA-ROCHIANI IBIDEM ME FUNDI CURARUNT. FRANCISCUS DE LA PAIX ME FECIT.

Die andere war klein, und hänget in der Spitze des Thurms, zum Gebrauch des Schlaguhrs worauf geschrieben:

ANNO DOMINI M. DC. LXIX. AD USUM PIUM ECCLESIÆ AURICANÆ ET UTILITA-TEM

a) *Aitzem.* Hist. 14 Deel lib. 48. p. 1238-1243

TEM PUBLICAM, S. P. C. AURICANUS FIERI
ME FECIT.

Zu dieser Zeit waren Bürgermeistere in Aurich Wolffgang von Speulda J. U. D. und Friedrich Fiffen; Rathsherren Gerd Arens und Johannes Welms; der Stadt Secretarius Matthias Fabricius. Die Prediger aber waren M. Georgius Volckmarus und Laurentius Ellingrodt. Indem ich aber die Erwehnung thue, aus was für Personen zu der Zeit der Rath und das Ministerium in Aurich bestanden, nehme ich Gelegenheit hier zugleich mit zu berichten, was für Personen dazumahl die Fürstl. Hof- und Canzelley-Affairen, wie auch das Hofgericht verwaltet haben.

Zu Hofe begunte sich schon zu insinuiren und in Rathschläge der Regierung mit einzuflechten, der Generalmajor Gustav Adolph von Baudissen Königlicher Dänischer Gouverneur in Oldenburg und Delmenhorst, als welcher den Ostfriesischen Hof oft begunte zu besuchen: allein diesen können wir nicht mit zu Register setzen. Diejenigen, welche sonsten zu Hofe viel galten, waren der Baron Haro Burchard von Gödens, Hillfried von Croneck, Herr auf Maßberg und Himmelau, Rath und Drost zu Friedeburg, Johann Melchior Oinhausen, geheimer Rath und Hofmeister. Die übrigen geheimen Räthe waren Bucho Wiarda, Jodocus Ammersbeeck

beeck J. U. D. und **Johann Henrich Stammler** J. U. D. Der Hofprediger und Inspector
über die Kirchen Augspurgischer Confeßion war
Samuel Voßius SS. Th. Licent.; ein Meck-
lenburgischer von Adel, welchem, weil er im
folgenden Jahr von dem Herzog von Mecklen-
burg Herrn **Gustav Adolph** berufen ward zu
einem Superintendenten über den Rostockischen
Kreiß, nachmahls so bald succedirte **Matthias
Cadovius** SS. Th. D., damahliger General-
Superintendent über die Grafschaft Oldenburg
und Delmenhorst. Den Drosten-Dienst zu
Aurich bekleidete annoch **Caspar Erich von
Stechow.** Sonsten waren zu Hofe der Stall-
meister **Gerhard von Specht** und der Jäger-
meister **Niclas Christoph von Kettenburg.**
Leibmedicus war D. **Simon Wolff**, der Ober-
rentmeister **Rudolph Brenneisen**, der Can-
zelley-Secretarius **Justus Georg Schleiff**,
der Cammer-Secretair **Henricus Rüssel**, der
Rentmeister **Christian Behmer.**

So viel das Hochfürstl. Ostfriesische Hofgericht anbelangte, so waren der Hofrichter **Carl
Friedrich Freyherr von Inn- und Kniephausen**, Edler Herr zu Lützburg, Bergum und
West-Eckelbuhr, wie auch zu Visquart Hauptling, die beyden adelichen Assessores **Joost von
Hane** und **Johann Wilhelm von Freytag**;
der Vice-Hofrichter **Gerhardus Alting** J. U. D.

J die

die gelehrten Assessores Johannes Rüssel J. U. D. Johannes Wittkopff J. U. D., Henricus Stürenburg J. U. D., Christianus Hake J. U. D., Ajoldus Tammena J. U. D. Der Vice-Secretair Bernhardus Blancke.

§. 3.

Verstoß zwischen dem Bischof von Münster und Ostfrießland über gefodertem Zoll bey der Dyler-Schanze.

In dem Martio dieses Jahres hatte der Bischof von Münster, Herr Christoph Bernhard von Galen, eine Menge Haber in Ostfrießland einkaufen und zu Schiffe bringen lassen. Als nun die Schiffe auf dem Embsstrom die Dyler-Schanz vorbey segeln wolten, ward der Zoll gefodert. Indem sie aber sich dessen weigerten, grif die in der Schanz liegende Staatische Garnison zu, und hielt das eine Schiff an, setzte auch den andern dreyen, so schon vorbeygefahren, mit Ernst nach, und nöthigten sie mit gewehrter Hand, nach der Schanz wieder zurück zu kehren. Hochgedachter Bischof nam dis sehr übel, und ließ nicht allein dem Herrn Freytag, nemlich Herrn Haro Burchard von Freytag Freyherrn zu Gödens, welcher eben in Münster war, den Arrest ankündigen, sondern ließ auch die Sache an Kayserl. Majestät gelangen, und beklagte sich höchlich, daß in einer Schanze, die

auf

auf seinem Grund und Boden läge, ein ungewöhnlicher Zoll angeleget wäre; hat also, daß der Fürstin von Ostfrießland nebst den Landständen von Kayserl. Majestät injungiret werden möchte, ihm nicht allein den rechten Werth der Schiffe und Haber, nebst allen Kosten und Schaden, unverzüglich zu entrichten, sondern auch für allen zugefügten Schimpf und Violirung des Territorii Satisfaction und Assecuration zu verschaffen, wie denn solches alles den 2 Junii (St. nov. d. 9 Julii) bey dem Kayserlichen Reichshofrath gesuchet ward.

Die verwittwete Fürstin von Ostfrießland hingegen beschwerte sich bey der Kayserl. Majest. über hochgemeldeten Bischof, daß er obgedachten Herrn Baron von Gödens in der Stadt Münster in Arrest genommen, und demselbigen eine Caution und Bürgschaft abgedrungen, ja gar mit einer Execution drohete: hat derowegen ein Rescriptum Jnhibitorium pœnale de non offendendo neque invadendo, et respectivè cassandis repressaliis, arrestis et pignorationibus, nec non restituenda nulliter extorta Cautione allergnädigst zu erkennen; sodann auch Rescripta Conservatoria an Chur-Brandenburg, den Herzogen Georg Wilhelm und Ernst August Herzogen zu Braunschweig und Bischofen zu Osnabrück für Ostfrießland ergehen zu lassen.

Der Fürstin Supplication ward dem Bischof von Münster zugesandt, und zugleich demselbigen bedeutet, daß die Herren Generalstaaten sich erkläret hätten, dem Herrn Bischof wegen des abgenommenen Habers Satisfaction geben zu lassen. Daher Kayserl. Majestät verhoften, der Bischof würde auf der Execution gegen den Freytag oder Ostfrießland zu beharren nicht gemeinet seyn, noch zu einigen Weitläuftigkeiten Ursache geben. Im übrigen hätten Ihro Kayserl. Majestät an Dero Residenten im Haag Johannem Kramprig, die gnädigste Order ertheilet, bey den Generalstaaten mit Fleiß daran zu seyn, damit nicht allein dem Herrn Bischof die Indemnisation geleistet, sondern auch der Zoll auf des Reichsboden zusamt allen daher zu besorgenden Beschwerungen abgeschaffet würde. Ueber diese Sache lief also das ganze Jahr dahin, und nahm das folgende seinen Anfang b). Weil man nun endlich wegen des Bischofen besorget seyn muste, wurden den 14 Jan. Ao. 1671 auf Hochfürstl. Begehren 45 Soldaten aus Embden nach der Vestung Stickhausen gesandt, um die Garnison daselbst zu verstärken. Im itztbenannten Jahr empfing die Fürstin von Ostfrießland eine angenehme Visite von ihren

Herrn

---

b) Extract. Kayserl. Resolution zu Wien Martis d. 14 Jan. 1673. Theatri Europæi XI. Th. pag. 11.

unter der Fürstlichen Regierung 133

Herrn Brüdern Friedrich Carol und Wilhelm Ludowig, Herzogen von Würtemberg und Teck, Grafen zu Mömpelgard ꝛc. mit welchen sie auch im Sept. sich nach Embden erhub, und daselbst prächtig eingeholet ward c).

§. 4.

Der Bischof von Münster kündiget den Staaten den Krieg an.

Anno 1672 gerieth es endlich dahin, daß der Bischof von Münster Christoph Bernhard von Galen den Generalstaaten im Monat May durch ein öffentliches Manifest den Krieg ankündigte, und darin sie gar beschuldigte, daß sie ihm nach dem Leben stünden, deßfalls seine Bediente bestochen, und seine Unterthanen wider ihn aufgewiegelt hätten. Diese Zeit deuchte ihn eben die bequemste zu seyn, mit den Staaten zu brechen, indem Frankreich und Engelland ihnen auch den Krieg angekündiget hatte, und beyde Kronen eine mächtige Flotte zur See hielten. Die Englische Flotte allein bestand aus 70 Kriegesschiffen und 18 Brennern. Die Staaten hatten zu ihrem Capitain-General erkohren den Prinzen Wilhelm Henrich von Oranien, welcher ihnen den 15 Februar das juramentum fidelitatis prästiret hatte. Ihre Allianz hatten sie mit der Krone Spanien und Chur-Brandenburg
gemacht.

c) Kleine Ostfries. Chron. gebr. zu Embden.

gemacht. Den 28 May geriethen die Engli=
sche, Französische und Holländische Kriegesflot=
ten an einander, da denn von des Morgens um
8 Uhr an bis in die späteste Nacht ein solch er=
schreckliches und blutiges See-Gefechte war, daß
desgleichen, so lang die Welt gestanden nie er=
höret worden. Beyde Parteyen eigneten sich
den Sieg zu, jedoch ist gewiß, daß die Engel=
länder und Franzosen den Holländern die See
gelassen, und sich wiederum nach den Englischen
Küsten begeben haben. Der Bischof von Mün=
ster aber, gleich wie er den Krieg angekündiget
hatte, so machte er auch den Anfang zu den
Thätlichkeiten, fiel derowegen in die Twente ein,
und hatte auch daselbst ziemliche Progressen. Zu=
förderst bemächtigte er sich der kleinen Städte
Ottmarschen, Almeloo, Enschede, Goor und
Delden. Drauf ging er nach Groll Hoernberg,
und Borckeloh, Ueberkam auch ganz Oberyssel d).

§. 5.

Die Ostfriesische Herrschaft und Stände vereini=
gen sich wegen der Landes=Defension.

Den 1 Julii vereinigten sich die Fürstl. Räthe
auf Gutbefinden der abwesenden Fürstin
mit

---

d) *Matth. Meriani* Theatr. Europæum XI. Theil
p. 8. seqq. *is.* p. 115. 125-205. Historisch.
Kern oder Chronica der Merckwürdigst. Welt=
und Wunder-Geschichte Ao. 1672. p. 3-20.

mit den Ostfriesischen Landständen auf öffentlichem Landtag zu Aurich, daß nach Gutdünken Ihro Hochmögenden das Defensionswerk zur Hand genommen, und das Land auf ein Jahr in Sicherheit gestellet werden möchte. Es gaben nicht allein damahls die Herzogin und Stände, sondern auch nachmahls (den 18 Julii) die Staaten einen Revers von sich de non præjudicando, neque in exemplum et consequentiam trahendo, und daß nach Jahresfrist alles wieder sollte erloschen seyn e).

An eben diesem Tage, da das Fürstliche Haus und die Stände sich vereinigten, nemlich den 1 Julii bekam der Bischof die berühmte Vestung Coeverden ein, ohne daß er einen einzigen Mann davor verlohren. Wie nun alles so glücklich von statten ging, wolte er auch sein Heil an Gröningen versuchen. Also machte er mit seinem Kriegesheer sich dahin, foderte die Stadt auf, und da der Gouverneur Carol Rabenhaupt, wie auch der Commendant Herzog

Bern-

e) Tegenbericht op een also onrecht genaemt Grondelyck Bericht en Antwort over seekere Bondige Allegatien &c. nopende de Hoochnootwendige en onvermydelyke Besettinge van Oost-Vriesland, onder Directie en Autoriteyt van den Erff-Prince p. 5. 6. Docum. num. 8. 9. gebr. Ao. 1681. Conf. m. den Project des Vergleiches vom 14. Febr. und die Fürstl. Approbation in der Ostfr. Hist. Tom. II. lib. 5. n. 20. 21. p. 956-959.

Bernhard von Holstein-Plöhn zusamt der ganzen Bürgerschaft sich erklärten, daß sie bis aufs äusserste sich gedächten zu wehren, belagerte er die Stadt mit 22000 Mann. Er muste aber nach einigen Wochen unverrichteter Sachen wieder abziehen, nachdem er seit dem 9 Julii den Anfang zur Belagerung gemachet hatte. Den 17 August hub er die Belagerung wieder auf. Seit wehrender Belagerung ward zu Gröningen Capitain Hausmann gehenket, weil er die alte Schanze verlassen; Lieutenant von Berge enthauptet, weil er die neue Schanze verwahrloset; und dem Capitain Oland der Degen vor dem Knie entzwey gebrochen, weil er mit an der liederlichen Uebergabe der Vestung Coeverden Schuld war. Man wil vor gewiß sagen, daß bey 7000 Mann vor der Stadt Gröningen geblieben, und über 6000 Mann wegen Mangel an Lebensmitteln davon gelaufen seyn f).

§. 6.

Die Münsterschen Völker incommodiren Rheider-Land.

Demnach aber bey diesen Kriegesläuften die Münsterschen Völker durchs Reiderland nach

---

f.) *Meriani* Theatr. Europæum XI. Th. p. 207-210. 259-269. Hist. Kern der Merkwürdigsten Welt- und Wunder-Geschichte in Ao. 1672. p. 23. 24. 32. 33.

nach eignem Gefallen ihre Durchzüge hielten oder sich einquartirten; auch der Obercommissarius Martels nebst einigen andern Münsterschen Officiren Proviant ausschrieben, Executionen verrichten liessen, und andere Insolentien verübten, schrieb die Durchl. Fürstin von Ostfrießland den 4ten und 12 Sept. an den Bischof, und bat denselben Order zu stellen, daß ihre Unterthanen in Ostfrießland mit dergleichen Durchzügen und Beschwerungen verschonet, das Abgenommene wieder restituiret, und aller zugefügter Schade ersetzet werden möchte, in Betrachtung, wie das unternommene Verfahren wider die wegen der Durchzüge verordnete Reichs-Constitutionen wäre. Der Herr Bischof antwortete den 30 Sept. und entschuldigte sich, daß er von den Insolentien seiner Völker nichts erfahren, auch ja keinen Befehl dazu gegeben hätte, nebst angefügter Verheissung dasjenige, was seine Soldaten genossen, wieder zu ersetzen; bat aber dabey, so viel die Durchzüge anlangete, daß die Fürstin es nicht übel nehmen möchte, wenn er seine Truppen durchs Reiderland marschiren ließ, weil kein ander Weg zum Westerwoldingerland ihm offen stünde, seine Leute sollten gute Order halten, und wolte er bey solchen und andern unvermeidlichen Fällen es gerne also wieder verstatten g).

J 5   Den

g) Copeyen der Geschriebenen Briefe.

Den 3 November kam Friedrich Casimir Prinz von Churland mit einigen Auxiliar-Truppen in Ostfrießland an. Die Anzahl bestand aus 2500 Mann zu Pferde, welche sich zu Leer niederliessen, um ferner ihren Weg nach Gröningen zu nehmen. Dis erweckte einen Schreck in der Dyler-Schanze, worin yoritzo die Münsterschen lagen. Wie aber solche den Münsterschen in die Hände gerathen, wil ich mit kurzem erzehlen h).

Als die Siegreichen Waffen des Herrn Bischofs von ganz Oberyssel Meister geworden, und Frießlandt in Furcht stund, auch angefallen zu werden, waren die zu Lewarden geschäftig, mit Genehmhaltung Ihro Hochmögenden unter dem Herrn Generallieutenant Aylua eine kleine Armee zur Nothwehr aufzurichten, zu dem Ende ließ man einen Aufbot des Ausschusses an alle umliegende Oerter ergehen. Man nahm aus der Dyler-Schanze 3 Compagnien mit allem Krieges- und Lebensvorrath, und aus der neuen und lang Ackers-Schanz gleichfalls 2 Compagnien, zusamt dem Commendanten, massen alle diese in ihrer Besoldung waren. Auch schickte man nach Leer-Ott um ebenmäßig 2 Frießländische Compagnien von dannen zu ziehen. Allein der Commendant Siger weigerte sich, ohne ausdrückliche Order der Generalität zu gehorsamen, und

h) Histor. Kern 2c. Ao. 1672. p. 43.

und eine so importante Vestung zu entblössen, worauf überall nur 500 Mann lagen. Vielmehr war er geschäftig diesen Posten an Fortification und Mannschaft zu verstärken i). Dn nun die Münsterschen ihren Zug nach Coeverden thaten, um solches zu belagern, bemeisterten sie sich zuvor der Dyler-Schanze, der neuen Schanze (als welche schlecht besetzet waren) des Winschoter-Siels, des Hauses zur Wedde, zusamt dem ganzen Wester-Quartier. In der neuen Schanzen nahm des Bischofs General-Kriegscommissarius Martels sein Quartier, und schrieb von dannen die Contributionen aus k). Nunmehro aber da die Churländischen Auxiliar-Völker ankamen, ward die Dyler-Schanz von den Münsterschen wieder verlassen. Sie ist aber bald darauf von ihnen geschleifet worden l).

Immittelst vernahm der Prinz von Churland, daß der Bischof von Münster einige Feldstücken pflanzen lassen, damit den Durchzug zu verhindern, daher fiel er mit seiner Leibgarde von 100 Reutern darauf an, trieb die Münsterschen zurück und nahm 25 gefangen. Auf dem Fortzug fielen die Münsterschen den Prinzen wieder an, sie wurden aber dergestalt abgewiesen, daß über 120 Mann von ihnen auf dem Wahlplatz
blie-

i) Theatri Europæi XI. Theil p. 205. 206.
k) Ibid. p. 207.
l) Ibid. p. 271.

blieben, wiewol auch nicht ohne Verlust der Churländer. Also setzten die Auxiliar-Truppen ihren Zug nach Gröningen ferner ungehindert und glücklich fort m).

§. 7.

Des Prinzen Wilhelm Henrich von Oranien Erhöhung ist der Witten Fall.

Itziger Krieg war des Prinzen von Oranien Wilhelm Henrichs Durchl. Erhöhung, und der beyden Gebrüder Johann und Cornelius von Witten Fall und Untergang. Denn sogleich bey erstem Anfang dieses Krieges ward hochgedachter Prinz zu einem Capitain-General erkohren, und von Ihm den 15 Februar der Eid der Treue geleistet n). Den 23 Junii caßirte man im Haag das ewige Edict, so etliche Jahr vorher wegen Mortification der Stadthalterschaft publiciret und beschworen worden, und ward allen Provinzen frey gegeben nach ihrem Belieben einen Stadthalter zu erwehlen, welche dann einmüthig Sr. Hoheit den Prinzen von Oranien dazu ernenneten, einsetzten und confirmirten. Also ward er nunmehro zum Statthalter, zum Capitain-General und Admiral über die Kriegesmacht zu Wasser und Lande erkläret, und mit allen

Wür=

m) Hist. Kern 1c. p. 43. 44.
n) Theatr. Europ. XI. Theil p. 127-130. Historisch. Kern Ao. 1672. p. 7.

Würden und Hoheiten, die seine Vorältern hochlöblicher Gedächtniß gehabt, beschenket o). Die Witten hingegen kamen in die grösseste Verachtung, Schande und Trübsal. Den Cornelium de Witte, ältesten Bürgermeister der Stadt Dordrecht und Kurward (oder Drost) von Pütten, liessen die Generalstaaten zu Dordrecht in Arrest nehmen, und gefänglich nach dem Haag bringen, weil er beschuldiget ward, daß er den Prinzen von Oranien mit Gift hinrichten wollen, auch Schuld daran wäre, daß bey letzter See-Schlacht die Feindliche Flotte nicht härter verfolget worden. Wie er nun also den 14 Julii in Verhaft genommen ward, so erging den 10 August im Justitzhofe die Sentenz über ihn, daß er aller seiner Ehren entsetzet, und aus Holland und Westfrießland verbannet ward. Sein Bruder Johann de Witt, Rathpensionarius von Holland und Westfrießland, welcher etwa 14 Tage zuvor von freyen Stücken seine Ehren-Aemter niedergeleget hatte, wolte die Brüderliche Liebe erweisen, und ihn in einer Carosse abholen. Der rasende Pöbel aber fiel auf sie beyde los, und brachten sie erbärmlich ums Leben, schleppten sie an den Gerichtplatz, hingen sie daselbsten auf, und trieben an ihren Cörpern allerhand Muthwillen, wie solches weltbekannt und in vielen Geschichtbüchern zu lesen. Diß geschah eben zu

der

o) Theatr. Europ. p. 235. 236. Hist. Kern p. 22.

der Zeit, da die Münsterschen einen Anfang gemachet hatten, die Stadt Gröningen zu belagern p).

Im folgenden 1674ten den 23 Jan. hat die Provinz Holland und Westfrießland Sr. Hoheit dem Prinzen von Oranien die Stadthalter- und Capitain-Generalschaft, nebst allen daran hangenden Dignitäten, Präelminentien, Prärogativen und Gerechtigkeiten, als erblich aufgetragen und bestätiget. Eine gleiche Resolution haben auch die Provinzen Seeland, Friesland und Gröningen genommen q). Bey diesem ganzen Krieg, welcher an die zwey Jahr dauerte, und worin verschiedene merkliche Seeschlachten und Feldzüge geschahen, ließ es sich zwar anfangs an, als wolte das Glück dem Bischof von Münster und seinen Bundsverwandten allein zu Dienste stehen. Allein es dauerte nicht lange, da begunte es auch der Staatischen Partey sich günstig zu erzeigen r). Endlich kam es mit Engelland zum Frieden s). Und weil der Bischof sah, daß ihm dieser Krieg mehr Schaden als Vortheil bringen möchte, ward den 11 April des gemeldeten

---

p) Theatr. Europ. p. 252-259. Hist. Kern p. 28-31.
q) Theatr. Europ. p. 678. 679. Hist. Kern p. 7.
r) Theatr. Europ. in Ann. 1672. 1673. 1674. it. Histor. Kern in Annis iisdem.
s) Theatr. Europ. p. 677. Hist. Kern Ao. 1674 p. 9.

deten 1674ten Jahres zwischen den Staaten und ihm ein Vertrag gemachet zu Cölln in des Baron de Jhola Haus, worin die vornehmsten Puncten waren: 1) Aller Zeit wehrenden Krieges paßirten Feindseligkeiten und Schmachs zu vergessen; 2) Hergegen gute nachbarliche Freundschaft zu halten. 3) Alles was einer dem andern abgenommen, zu restituiren. 4) Beyderseits Unterthanen ihre Güter wieder abzutreten. 5) Den in Ao. 1666 gemachten Tractat aufs neue zu befestigen. 6) Den Grafen von Benthem in die Amnestie mit einzuschliessen; und 7) die Münsterschen Truppen zu Ihro Kayserl. Majestät Diensten zu überlassen t).

§. 8.
Der Reformirte Prediger zu Lützeburg gibt einen Historischen Bericht heraus vom Anfang und Fortgang der Reformirten Gemeine in Norden.

Im Anbeginn des 1674ten Jahres gab der Reformirte Prediger auf dem Hause Lützburg Michael Rückert ein Büchlein im Druck heraus, worin er einen Historischen Bericht abstatten wolte von dem Anfang und Fortgang der Reformirten Gemeine in der Stadt Norden, die itzund zu Lützburg ihren

Got-

t) Theatr. Europ. p. 685. 687. Hist. Kern Ao. 1674. p. 17.

Gottesdienst verrichtet. Weil nun sein Absehen war das Vorrecht zu erhärten, das billig die Reformirte vor den Lutheranern hätten an der Stadt Norden; u) so machten sich die Lutherschen und ordentlichen Prediger zu Norden auf, und verfertigten eine Antwort im Nahmen der Gemeine unveränderten Augspurgischen Confeßion in Norden, worin sie die Unrichtigkeit des gegentheiligen Berichts an den Tag legen, und daß die Stadt Norden vom ersten Anfang der Reformation an Lutherisch gesinnet gewesen, erweisen wollen. Zu welchem Ende sie dann auch ein Register der Prediger zu Norden von Lutheri Zeiten an bis hieher beygeleget haben. So wie es schien, wolte der Prediger zu Lützburg mit diesem Tractätlein denen Reformirten zu Norden, die ihren Gottesdienst zu halten nunmehro viel Jahre her nach Lützburg gegangen, eine Anfrischung thun, bey der Ostfriesischen Herrschaft um einen freyen Kirchenbau und Gottesdienst anzuhalten x). Denn auch
die

u) Gründl. Warhafftig. Bericht vom Anfang und Fortgang der Reformirten Gemeine J. C. in der Stadt Norden in Ostfrießlandt, jetzund zu Lützburg ihren Gottesdienst verrichtend, aufgesetzet von *Michaël Rückers* V. D. Minist. Ao. 1674.
x) Abgenöthigte Antwort der Gemeine Christi Unveränd. Augsp. Bekäntnuß der Stadt Norden in Ostfrießl., wider den unzeitigen Lützburgischen Bericht. Ao. 1675.

die in Leer wohnende Lutheraner, welche ihren
Gottesdienst zu treiben, auf der Nachbarschaft
nach Loog-Berum gehen müssen, bey diesen Zeiten eine freye Religionsübung suchten. Den
20 December erhielten itztgemeldete Lutheraner
zu Leer, was sie bisher gesucht hätten. Die
Durchl. Fürstin ertheilte ihnen nicht nur die Freyheit allda ihre öffentliche Lehr-Versammlung zu
halten, sondern auch eine Kirche zum Gebrauch
ihres Gottesdienstes aufzubauen. Der erste Prediger, den also die Evangelisch-Luthersche Gemeine annahm den heil. Dienst zu verwalten, war
Herr Christianus Bussius y).

§. 9.
*Der Anfang zur Lutherischen Kirche in Leer
wird gemachet.*

So bald nun vorgedachte Lutheraner in Leer
von gnädigster Herrschaft die Freyheit erhalten eine eigene Kirche zu bauen, waren sie
bemühet, gelegentlich die Materialien dazu an-
zuschaffen. Die Durchl. Fürstin schenkte ihnen
auch zu dem bevorstehenden Bau die Steine von
dem alten Thedinger-Closter. Nun kam es so
weit, daß den 2 Junii des 1675ten Jahres der
Bau seinen Anfang nehmen sollte. Daher sandte
hoch-

---

y) Henr. Küsters S. C. Aut. Notar. Publ. Instru-
ment. Reqvisit. ad hunc actum.

hochgedachte Fürstin ihren Erbprinzen dahin, den Durchl. Fürsten und Herrn **Christian Eberhard**, welcher dazumahl etwa zehntehalb Jahr alt war, auf daß er bey dem Kirchenbau den ersten Stein legte. Etwa um 10 Uhr Vormittags fuhr Sr. Fürstl. Durchl. aus des Amtmanns Herrn **Ulrici Wiarda** Behausung mit Dero Comitat nach dem Ort, wo die Kirche stehen sollte, welcher mit einer grossen Menge Steins, Holtz und andern Materialien, wie auch Arbeitsleuten und dazu gehörigen Werkzeugen versehen war. Allda ward zuerst der öffentliche Gottesdienst gehalten. Der Fürstl. Generalsuperintendente Herr **Matthias Cadovius** hielt eine Predigt, welche mit einem Gebet beschlossen ward, so auf den anzulegenden Bau gerichtet war. Nach geschehenem Gebet ward Se. Durchl. der Erbprinz von Dero Hofmeister Herrn **Christian Ernst von Bardeleben** zu der Stelle geführet, wo das Chor abgestochen war. Allda gingen sie in das ausgegrabene Fundament zur Ober-Mittel-Ecke hinter dem Chor. Der Mauermeister **Eilerd Rencken** præsentirte dem Prinzen eine silberne Trueffel mit Kalck, die derselbe annahm und in Gegenwart unzählparer Menschen, männliches und weibliches Geschlechts, Jungen und Alten, Bürgern und Hausleuten, welche zuschaueten, an statt des ersten Steins eine vierkantige zinnerne Plate

in

unter der Fürstlichen Regierung. 147

in den Grund legte, worauf angegraben war: D. J. D. II. Junii An. M. D C. LXXV. Posuit Sereniss. Frist. Orient. Princeps Christina Charlotta N. Dux Württ. tutorio nomine primum hujus Templi lapidem per Fil. Princ: Christ. Eberh. das ist: Vermittelst göttlicher Hülfe hat den 2 Junii im Jahr 1675 die Durchlauchtige Fürstin von Ostfrießland CHRISTINA CHARLOTTE, gebohrne Herzogin zu Würtemberg als Vormünderin den ersten Stein dieser Kirchen geleget durch ihren Sohn den Prinzen CHRISTIAN EBERHARD. Darauf gingen sie auch zur Unter-Erde, und langte der Meister, die zweyte silberne Kelle mit Kalk, Da legte hochgedachter Prinz eine andere gleichförmige sinnerne Plate dahin, mit dieser Aufschrift: D. J. D. II. Junii An. M. DC. LXXV. Posuit Sereniss. Friſ. Orient. Princeps CHRISTIAN EBERHARD, Sereniss. Matrem secutus, fecundum hujus Templi lapidem, das ist: Vermittelst göttlicher Hülfe hat den 2 Junii im Jahr 1675 der Durchlaucht: Prinz von Ostfrießland CHRISTIAN EBERHARD, Sr. Frau Mutter Durchl. folgende, den zweyten Stein dieser Kirche geleget. Nachdem dieses verrichtet, ging hochgedachter Prinz mit seinem Hofmeister und übrigen Bedienten aus dem gegrabnen Ort zum Fundament wieder heraus. Der Generalsuperin-

K 2 tendent

tendent that wieder ein Gebet, und ward der
ganze Actus und Gottesdienst mit einem Gesang
und Sprechung des Segens beschlossen. Der
Erbprinz fuhr unter Begleitung verschiedener Gut-
schen wieder nach des Amtmanns Hause, und
nach eingenommenen Mittagsmahl erhub er sich
noch desselbigen Tages wieder nach Aurich z).

§. 10.

Die Reformirten in Leer sind mit dem Bau
der Lutherschen Kirche nicht zufrieden.

Die Reformirten zu Leer waren in etwas schwürig darüber, daß die Lutheraner allda ihren eigenen Gottesdienst und Kirche haben sollten, gestallt dann einer Wigleff Wilms bereits
den 29 May bey dem Ostfriesischen Hofgericht
dawider eingekommen, und ein oder anderes prätendiret hatte; wovon aber, nachdem ein oder
andere Decreta ergangen, der Fürstliche Procurator Generalis an den Käyserl. Reichshofrath
appelliret, und der Lutherischen Gemeine Kirch-
vögte Johann Jürgens Ameling und Jürgen Robers inhäriret hatten: doch war bey
erzehl-

z) *Henr. Küsters* S. C. Aul. Notar. Publ. Instru-
ment. Reqvisition. ad hunc actum. Harkenroths
Emdens Herderstaf p. 47.

erzehlten Actu des anzufangenden Bauwesens, der also in hoher Gegenwart des Erbprinzen geschah, nicht die geringste Bewegung, sondern es ging alles friedlich zu. Nur kam den 9 Junii, als das Fundament bereit geleget, und die Hand der Arbeiter im vollen Werk begriffen war, Notarius Hajunga aus Embden, und protestirte wider diesen fortgesetzten Bau im Nahmen der Pastoren, Aeltesten und Gemeinen der Reformirten Kirchen in Leer, bevorab weil ein Gerüchte entstanden, daß die regierende Fürstin entschlossen wäre, entweder die gesamte oder zum wenigsten einen sichern Antheil von den Intraden der Wage dieses Fleckens von der Reformirten Kirchen, imgleichen ein sichers Capital von deren Schule abzunehmen, und der neuen Lutherschen Kirchen beyzulegen, welches alles doch unwahr, und nur ausgesprenget worden, die Gemüther zu verbittern, und an einander zu hetzen bb). Immittelst ward das Werk mit solchem Eyfer fortgesetzet, daß den 20 September der Hochfürstl. Generalsuperintendent und Hofprediger schon darin die Einweyhungspredigt halten könnte bb). Ueber der Kirchthür ward in einem Stein diese Nachricht eingegraben:

K 3   D.

aa) *Henr. Küsters* N. Publ. Instrum. Reqvisit.
bb) Kleine Ostfr. Chron.

D. T. O. M. A.
Anno poſt Chriſt. nat.
M. DC. LXXV. die 14. Jun.
poſuit
Hujus Templi lapid. Angulares
Sub
Auſpiciis et Regim.
Dn. Matris CHRISTINÆ CHARLOTTÆ
natæ Ducis Würtenb. et Teccæ
Subditis ſuis Lehranis deſideratum
hactenus diu Evangel. invar.
Auguſtanæ confeſſionis exercitium
gratioſè concedentis,
CHRISTIAN EBERHARD
Princeps Friſ. Orient.
Dn. Eſenæ, Stedesd.
et Witm. cc).

§. II.

Wegen Beſetzung der Grenzfeſtungen entſtehen neue Mißhelligkeiten.

Wegen Beſetzung der Landesfeſtungen und da-zu benöthigten Subſidien-Geldern waren die Durchlauchtige Fürſtin und Dero Stände in

c) M. *Joh. Schnedermanns* Paſt. Leerani, Carm. Funebre in Sereniſſ. Princip., Dn. Chriſtin. Charlott., Princip. Viduam Friſ. Orient. B. M. Ao. 1699. *Harkenrohts* Ooſtfr. Oorſprongkelykheden p. 82.

in Oſtfrießland nunmehr eine geraume Zeit her von neuen ſtreitig geweſen. Denn nachdem der Ao. 1672 gemachte Vergleich, welcher auf eine darin limitirete Jahresfriſt eingegangen, verloſchen war, wolten die Stände, daß auf ſelbigem Fuß die fernere Defenſion des Landes ſollte eingerichtet bleiben: Die Fürſtin aber wär damit nicht zufrieden, anerwogen ſie dafür hielt, daß in itzterwehntem Vergleich denen einer hohen Obrigkeit und Fürſtlichen Landesherrſchaft competirenden Regalien in etwas zu nahe getreten wäre dd).

Weil ſie nun ſolches bey dem Reichshofrath geklaget, und derſelbe wider die Landſtände ein Mandatum erkannt; imgleichen auch den Herzögen von Braunſchweig-Lüneburg Herrn Georg Wilhelm und Herrn Ernſt Auguſt zu erkennen gegeben, ließen dieſelbige an die Oſtfrieſiſchen Stände folgendes Schreiben ergehen unter Dato Bruchhauſen den 24 April laufenden 1675ten Jahres:

---

dd) Abbruck des von dem Hochwürdigſt., Durchleuchtigſten Fürſten und Herren, Herren Georg Wilhelm und Hrn. Ernſt Auguſten, respective Biſchoffen zu Oſnabrüg, Herzogen zu Braunſw. und Lüneburg, unterm dato Bruchhauſen den 24. April lauffenden 1675ten Jahres abgelaſſenen, FürſtVormundlichen Schreibens, an die Fürſtl. Oſtfrieſiſche Landſtände.

Georg Wilhelm, Ernst Augustus ꝛc.

Wolgebohrne, Edle, Hochgelahrte und Erbahre, Liebe Besondere;

Wir mögen euch hiemit nicht verhalten, was gestalten Uns, Unser freundlich geliebten Frau Muhme und Gevatterin **Christina Charlotta**, verwittwete Fürstin und Vormünderin zu Ostfrießland, gebohrne Herzogin zu Würtenberg und Teck ꝛc. bey Dero Anwesenheit allhier freundmuhmlich zu erkennen gegeben, daß aus unterthänigen Respect ihr euch in Neulichkeit zwar erkläret, die zwischen Deroselben und euch, wegen Besetzung der Land-Vestungen, und Frontiren, auch darzu erforderende Geld-Subsidien entstandene Streitigkeiten, auf den bevorstehenden Landtag in der Güte beyzulegen, jedoch dabey der Meinung wäret, daß diese vorhabende Defension, nach dem im Monat Februar 1672 auf eine darinnen limitirte Jahrsfrist eingegangenen vorlängst aufgehörten Provisional-Vergleich in substantialibus eingerichtet werden müste;

Wann dann wir, kraft der von Kayserl. Majestät uns mit aufgetragener Vormundschaft, nicht entübriget sein können, Hochgemeldter Ihr. Edl. unser Sentiment darüber zu eröfnen, und sothane Besatzungen des Landes, als den Reichs-Constitutionen Conform, allerdings nützlich und nöthig, auch zumahl bey gegenwärtigen höchstgefähr=

gefährlichen Conjuncturen, da sonst andere gewißlich prävenirer dürften, in convenabler Anzahl einiger Manuschaft, Ammunition und Proviants unnachläßig erachten, gleichwol aber, daß dieselbe nach dem Fuß berührten Vergleichs formiret, und also die gemeldte unsers Pupilli, des Fürsten zu Ostfrießland Edl. als euren angebohrnen Erb- und Landesherrn competirende Regalia, in Annehmen und Beendinge der Militz, Bestellunge der Officirer, sodann Subscription der Patenten, und was ferner davon dependiret, denen Landständen und Unterthanen gemein gemachet werden, keinesweges billigen, oder darin consentiren können, sondern vielmehr dafür halten müssen, daß sothane Postulata der annectirten Condition und Reservation, so gedachten vorlängst exspirirten Vergleich annectiret worden; insonderheit auch euren selbst eigenen, derowegen im Monat Julio des vormentionirten 1672ten Jahrs ausgestelten Revers; sodann den Ostfriesischen alten Concordatis, worinnen deutlich enthalten, daß den Landes-Fürstl. Hoheiten und Gerechtigkeiten von den Ständen einiger Eintracht nicht geschehen soll, wiederstreben.

Solchem nach erinnern und ermahnen wir euch aus geneigten und wol affectionirten Gemüthe, und Gesinnen, tragenden Mitvormündlichen Amtshalber gnädigst hiemit, daß ihr dannenhero, des Hauses und Fürstenthums Ostfrießland Ruhe-stand,

stand, hierunter mit aufrichtiger Liebe und Treue gehorsamlich beobachten, die Subsidia zu der nöthig befundenen Miliz Erhaltunge den üblichen Reichsherkommen und Constitutionen zuwider, eurer Landes-Obrigkeit ferner nicht vorenthalten, und von denen im Reich sonsten nicht hergebrachten Prätensionen abstehen wollet; allermassen wir uns dann gleichwol mit unser freundlich-geliebten Frau Muhmen Gdl darinnen confirmiren, daß die künftige Defensions- und Besatzungs-Völker (gestalt sie wieder die rechtmäßige hergebrachte Privilegia und Accorden nicht handeln sollen) zugleich beeydiget werden mögen. Versehen uns in obigen allem eurer geziemenden Wilfährigkeit; und verbleiben euch in solchen Vertrauen mit geneigten Willen wol beygethan. Geben Bruchhausen den 24 Tag Aprilis Anno 1675.

Noch erinnerten hochgedachte Hertzogen im Postscripto, daß die Ostfriesischen Stände sich nicht wegern möchten, ihr vermöge der Reichsschlüsse gebührendes Contingent zu Stellung der Mannschaft, auch zu deren Mundir- und Verpflegung benöthigte Geldmittel, der Vormundlichen Regentin zu Ostfrießland beyzutragen ee).

§. 12.

ee) Ostfries. Hist. Tom. II. lib 5. N. 22. pag. 959. 960.

§. 12.

Kurze Einquartirung der Dänischen Völker.

Indem nun der Sommer vorbeystrich, und der Herbst hereinbrach, erhielt die Ostfriesische Landes=Regentin ein Kayserliches Rescriptum, worin einigen Dänischen Völkern die Winter=Quartiere in Ostfriesland aßigniret wurden. Der Herr Generalmajor **Gustav Adolph von Baudiß**, nachdem er seine Völker fertig hatte, in Ostfrießland einzurücken, schrieb an die Ostfriesische Fürstin folgendermaaßen.

Durchlauchtigste Fürstin,
Gnädigste Frau.

Zufolge meinem an Ewr. Fürstl. Durchl. unterm 9ten nächstverwichenen Monats Novembris unterthänigst abgelaßenen Schreiben, komme bey Deroselben ich nunmehr gehorsamst wieder ein, mit unterthänigstem Bericht, deß zwey von denen von Ihro Königl. Majestät zu Dännemark, Norwegen ꝛc. meinem allergnädigsten König und Herrn, neugeworbenen Regimentern, eins zu Pferde und das andere zu Fuß, zu Beziehung der ihnen vermöge Ewr. Fürstl. Durchl. gehorsamst insinuireten allergnädigsten Kayserl. Rescripti in Dero Fürstenthum Ostfrießland aßignirten Quartiere zu Marsche und dahin einzurücken fertig stehen. Lebe derowegen der unterthänigsten Zuversicht,

verſicht, erſuche auch Ewr. Fürſtl. Durchl. ge=
horſamſt darum, dieſelbe ihres hohen Ortes die
gnädigſte Verordnung zu verfügen, geruhen
werden, daß vorgenannten zweyen Regimentern
nöthige Quartiere in Dero Fürſtenthum gemachet,
und dieſelbe zu Beförderung gemeiner Reichs
Wolfahrt daſelbſt mit gewöhnlicher Verpflegung
accommodiret werden mögen. Ewr. Fürſtl.
Durchl. unterthänigſt verſichernde, daß dabey alle
nur erſinnende Kriegs=Diſciplin obſerviret, und
alle Diſordres möglichſt verhütet werden ſollen.
Ewr. Fürſtl. Durchl. in ſolchen unterthänigſtem
Vertrauen dem mächtigſten Obſchutz des Höch=
ſten zu aller erdenklichen hohen Fürſtl. Proſperität
getreulichſt empfehlend; Dero beharrenden Fürſtl.
Gnaden aber mich mit tiefſter Submißion ein=
ſchlieſſende, bin und verbleibe.

Ewr. Fürſtl. Durchl.

Oldenburg   unterthäniger gehorſamer Knecht
d. 9. Dec. 1675.   G. A. Baudiß ff).

    Hierauf wurden die Däniſchen Völker im
Januar des folgenden 1676ten Jahres in Oſt=
frießland eingeführet und ins Quartier verleget.
Die Oſtfrieſiſchen Unterthanen hielten dis ganze
Werk für ein Anſtiften des Herrn General Bau=
diſſen. Die Stände des Landes aber wandten
allen

---

ff) Schrifftl. Copey des Briefes des G. Maj.
    Baudiſſen.

allen Fleiß an, dieser fremden Gäste wieder los zu werden, wie es denn auch dahin vermittelt ward, daß sie nur anderthalb Monat im Lande blieben. Sie selbst, die neu geworbenen Völkern, funden in Ostfrießland Gelegenheit, von selbsten sich davon zu machen. Daher als die beyden Regimenter wieder abgeführet und bey Aurich vor der Burgpforten gemustert wurden, ward eine ziemliche Anzahl der Entlaufenen gemisset gg).

§. 13.
Die Lüneburger kommen auch in Ostfrießland.

Die Abführung der Dänischen Regimenter könnte dem guten Ostfrießland wenig Nutzen schaffen. Denn sobald dieselbe aus dem Lande fort waren, funden sich im Monat März die Lüneburgische Völker ein, die doch aber durch angewandten Fleiß der Ostfriesischen Stände im May wiederum ausmarschirten. Allein auch diese Freude dauerte nicht lange hh). Denn nach einigen wenigen Monaten fielen die Münsterschen unter dem Generalmajor Grandvillier an die 3000 Mann in Ostfrießland ein, und fingen an sich der Grenzhäuser Greetsiel und Friedeburg zu bemächtigen, auch andere Oerter in Ostfrießland zu besetzen. Die Durchl. Fürstin Chri-

gg) Kleine Ostfr. Chron.
hh) Kleine Ostfr. Chronic.

Chriſtina Charlotte machte ſich eilends nach Stickhauſen, um durch ihre hohe Gegenwart ſolcher Veſtung einigen Schutz zu leiſten, wiewol ſie mit Pulver und andern nothwendigen Sachen nicht zuwol verſehen war, anerwogen man ſich dieſes Ueberfalls nicht verſehen hatte. Wie nun hochgedachte Fürſtin einen Abgeordneten an den Münſterſchen General ſchickte, und ihn fragen ließ, wie deſſen Procedere zu verſtehen, und ob er als Freund oder Feind käme? gab er zur Antwort: er hätte keine Order auf ſolche Fragen zu antworten, ſondern müſte thun was ihm befohlen. Worauf ſich dann die Fürſtin nach Möglichkeit in Poſitur ſtellte, und durch einen Expreſſen bey dem Herzog von Zell und den Herrn Generalſtaaten Hülfe begehrte. Auch ward den 11 Sept. deswegen ein Landtag in Leer gehalten. Gleich wie die Unterthanen in denen Gedanken ſtunden, daß die Einquartirung der Däniſchen und Lüneburgiſchen Völker dem Fürſtl. Hof beyzumeſſen: ſo ging hinwiederum die Muthmaßung, daß dieſer Einfall der Münſterſchen nicht ohne Vorbewuſt der Landſtände geſchehen ii).

Die Oſtfrieſiſche Regentin, als ſie merkte, daß dieſes Einlager der fremden Gäſte nicht zu ihrem Vortheil war, brauchte ſie einen Staatsgrif, und ſuchte Sr. Fürſtl. Gnaden den Herrn

Biſchof

ii) Ibid. *Meriani Theatr. Europ.* Tom. XI. p. 1003. 1004. Hiſt. Kern in Ao. 1676. p. 78.

Bischof von Münster auf ihre Seite zu ziehen, welches ihr auch glückte. Also machte sie mit dem Herrn Bischof einen Vergleich über die Prätension, die er an Ostfriesland suchte, und bezahlte ihm eine gewisse Summe Geldes, mit dem Beding, daß 800 Musquetier und 200 Dragoner so lang in diesem Lande bleiben sollten, bis alles zur Richtigkeit gebracht worden. Es sollten aber diese Völker in der Fürstin Eid und Pflichten stehen.

Ueber diesen Vergleich huben die Stände des Landes an, sich heftig zu beschweren, als welches wider ihre Privilegien wäre: und weil sie bey so bewandten Sachen sich weigerlich stelleten, einige Schatzung einzuwilligen zu der Münsterschen Unterhalt, brauchte die Fürstin die gewaffnete Hand, um benöthigte Contributionen einzutreiben. Dis mehrete dann nun den neu angeglüheten Widerwillen zwischen Haupt und Gliedern. Unter andern machten sich auch die Münsterschen Meister von der Herrlichkeit und dem Hause Oldersum, welches den Embdern zugehörig, und setzten es unter Contribution. Weil sie auch bis unters Geschütz von der Stadt Embden streiften, das Vieh wegzuholen, setzten sich die Embder in gute Defensions-Positur. Die Ursachen dieser Feindseligkeiten waren, daß die Embder sich weigerten, ihren sechsten Quotam der Schatzung beyzutragen. Es klagten aber die

die Stände, und insonderheit die Embder, diese Sache den Herrn Staaten durch diejenigen Abgeordnete, welche sie damahls in dem Haag hatten. Ihro Hochmögenden ermahnten hierauf die Fürstin von allen Feindseligkeiten abzustehen. Die Fürstin schickte einen Trompeter mit einem Schreiben an die Generalstaaten und den Prinzen von Oranien ab, verhieß ihren Premierminister den Herrn Baron von Gödens überzusenden, und entschuldigte sich, daß sie genöthiget worden einen solchen Vergleich mit dem Herrn Bischof einzugehen, damit nicht das Land mit einem schweren Winter-Quartier hätte mögen belästiget werden. Immittelst blieben die Münsterschen beynahe zwey Jahr in Ostfriesland kk).

§. 14.
Die Reformirte in Norden halten an um Freyheit eine Kirche zu bauen.

Wir wollen vorietzt die Bischöfliche Soldaten in ihren Quartiren lassen, und uns zu kirchlichen Sachen wenden. Die in der Stadt Norden lebende Reformirte, nachdem sie den glücklichen Kirchenbau der Lutherischen Gemeine zu Leer gesehen, hielten nicht minder an bey der regierenden Landesfürstin um eine Freyheit, in der Stadt oder nicht weit davon eine Kirche zu bauen,

kk) Theatr. Europ. p. 1114. Hist. Kern Ao. 1676 p. 88.

bauen, und ihre Religionsübung darin zu haben. Hochgedachte Durchl. Fürstin entschloß sich hierin zu wilfahren, und ertheilte ihnen folgendes Indultum:

Wir von Gottes Gnaden **Christina Charlotte**, verwittwete Fürstin zu Ostfrießland, gebohrne Herzogin zu Württenberg und Teck, Gräfin zu Mömpelgard, Frau zu Heydenheim, Esens, Stedesdorf und Wittmund ꝛc. Vormünderin.

Uhrkunden hiemit in Vormundschaft des Durchl. Fürsten und Herrn, Herrn **Christian Eberhard**, Fürsten zu Ostfrießland, Herrn zu Esens, Stedesdorf und Wittmund ꝛc. Unsers herzliebsten Sohnes Ed. Demnach die der Reformirten Religion zugethane Bürger und Einwohner Unserer Stadt Norden und der Ends, Uns unterthänigst zu erkennen gegeben, welchergestalt Sie bishero wären genothtrenget gewesen zu Verrichtung Ihres Kirchen- und Gottesdienstes an Sonn- und Fest-Tagen nach Lützeburg zu gehen, und Ihre Andacht allda zu halten. Da dann bey viel einfallenden Regen und andern ungestümen Gewittern es nicht allein auch wol jungen Leuten, sondern vielmehr denen unter ihrer Gemeine befindlichen hochbetagten, und theils über Siebenzig und Achtzigjährigen Personen, der so schlimme und weite Weg gar sauer und unmöglich fiele, auch vielmahls in 6 Wochen liegende Frauen, kranke und sterbende Menschen von ihrem Seelsorger in ihrem Letzten, ihrer Religion gemäß nicht bedienet werden könnten; mit unterthänigster Bitte, weil sie aus vorangezogenen andringenden Ursachen, und damit auch ihre Jugend in dero Religion unterrichtet werden möchte, Wir gnädigst geruhen wolten, ihnen das Exercitium Reformatæ Religionis gnädigst zu verstatten, und daßelbe in einer auf ihren Kosten zu obtinirenden Kirchen, ohne jemands Verhinderung, frey und öffentlich zu treiben, einen oder nach Nothwendigkeit mehr eigene Pastores samt einem Schul-Diener zu vociren, und Uns als hoher Landesobrigkeit zur Confirmation und Introduction, gleich andere Reformirte Kirchen dieses Fürstenthums, unterthänig zu präsentiren:

Daß wir darauf Tutorio nomine, als hohe Landesobrigkeit nunmehr aus sonderbahren bewegenden Ursachen in Gnaden consentiret; thun daßelbige, und consentiren auch nochmahlen dergestalt hiemit, daß besagte Reformirte Bürger und Unterthanen Unser Stadt Norden und der Endts, an einem derselben von dem hochgelahrten Unsern Rath und Amts-Verwaltern daselbst, auch lieben getreuen Antonio Pauli, der Rechten Doctore, anzuweisenden außerhalb jetztermehnter Unser Stadt Norden Jurisdiction

gele-

unter der Fürstlichen Regierung. 163

gelegenen bequemen Ort das Exercitium der sogenannten Reformirten Religion publice üben, Dero Behuf eine Kirche (wiewol ohne Thurm und Glocken) nebst einem Schulhause, zu Unterrichtung ihrer Jugend im Lesen, Beten und Schreiben, auf ihre Kosten aufbauen und einen Prediger, nach Art und Weise anderer in Unsern Aemtern befindlichen Reformirten Gemeinen vociren und zu geziemender Landes-Fürstlichen Confirmation und Introduction präsentiren, auch denselben nebst einem Schulmeister, wie erwähnet, aus ihren Mitteln salariſiren und halten mögen, jedoch daß dieselbe, in ihrem predigen und lehren sich friedlich und bescheidentlich verhalten, die von der Evangeliſchen unveränderten Augspurgiſchen Confeßion und deren Religion nicht lästern oder verdammen; im übrigen auch Uns und Hochermeldetes Unsers herzliebsten Sohns Ld. an denen Landes-Fürstl. Geistl. Rechten sodann der Kirchen, denen Predigern und Schuldienern Unser Stadt Norden in denen actibus Ministerialibus auch gewöhnlichen Einkommen und Gebührniß, sowol in dem Amte als der Stadt daselbst, nichts präjudiciret noch vorgegriffen, oder sonsten etwas abgehen solle.

Befehlen demnach euch erwehntem Unserm Rath und Amts-Verwaltern zu Norden, daß er oberwehnte der Reformirten Religion zugethane Bürger und Unterthanen Unser Stadt Norden

L 2 und

und der Endts, bey sothanen ihnen gnädigst verliehenem freyen Religions-Exercitio und sonsten, wie obgemeldt diesem Unserm Indulto gemäß, bis an Uns kräftiglich schützen und manuteniren solle. Zu Uhrkund dessen haben Wir dieses Indultum mit eigener Hand untergeschrieben, und mit unserm Fürst-Vormündlichen Cantzeley-Insiegel wissentlich befestigen lassen. So gegeben auf Unserm Residenzhause Aurich den 2 Augusti 1676. ll).

(L.S.)

Christine Charlotte.

§. 15.

Die Reformirte in Norden erwählen Michael Rückert zu ihrem Pastoren.

Da nun die Reformirte Gemeine zu Norden von der regierenden Fürstin zu Ostfriessland so viel Freyheit erlanget hatten, daß sie eine Kirche bauen, und einen Prediger und Schulmeister halten möchten, fuhren sie fort, und erwehlten sich den Sacellanum oder Saal-Prediger auf dem Hause Lützburg, Herrn Michael Rückert zu ihrem künftigen Pastoren, präsentirten auch der hochgedachten Fürstin denselbigen zur gnädigsten Confirmation. Aus diesem Erfolg war leicht die Absicht zu errathen, warum

ll) Schrifftl. Copey des Hochfürstl. Indulti vom 2. Aug. 1676.

um besagter Prediger des Hauses Lützburg vor etwa drittehalb Jahren den Lützburgischen Bericht von dem Anfang und Fortgang der Reformirten Religion zu Norden zum Druck befödert hatte. Denselbigen nun zu introduciren und der Gemeine vorzustellen, ertheilte die Durchl. Fürstin an Herrn Rath und Amts-Verwaltern Pauli folgende Order:

Christine Charlotte ꝛc.
Vormünderin.

Hochgeehrter Lieber Getreuer ꝛc.

Als Wir der Reformirten Gemeine zu Norden in Gnaden zugestanden, ausserhalb der Jurisdiction eine Kirche auf ihren Kosten zu bauen, und ihr freyes Religions-Exercitium zu treiben, auch nunmehr auf deren unterthänigstes Anhalten zu solchem Ende den Wolgelahrten Michael Rückert, bishero gewesenen Pastoren zu Lützburg zu ihrem Prediger confirmiret und bestätiget;

So befehlen Wir euch hiemit gnädigst und wollen, daß ihr Uns denselben pflichtbar machet, auf dem in Unsern gnädigst ertheilten Indulto gesetzten Ort und darauf zu bauenden Kirchen introduciret und der Gemeine vorstellet, auch darauf diese Unsere Confirmation einhändiget. Daran ꝛc. Aurich den 17 August 1676.

Pro vera Copia
Joh. C. Crato.

Indem aber die Bürger und Gemeine der Stadt Norden, so der ungeänderten Augspurgischen Confeßion zugethan, dafür hielten, daß durch solche Religions-Freyheit der wenigen Reformirten daselbst ihren Parochial-Rechten würde Abbruch geschehen, waren sie nicht wol zufrieden, und wandten allen Fleiß an, den vorseynden Kirchenbau zu verhindern, gestalt sie auch denselbigen, wie nachgehends erscheinen wird, auf einige Jahr zurück gehalten haben nim).

§. 16.
Herr Dodo von Lützburg verändert den Ort der Reformirten Kirch-Versammlung.

Wann nun das vorseynde Werck nicht seinen ungehinderten Lauf erhielt, so war man doch auf Wege und Mittel bedacht, den vorhabenden Zweck, so viel thunlich, zu erreichen. Der Herr Hofrichter Dodo von Jnn- und Kniephausen Freyherr, nachdem er durch gnädige Beyhülfe der Durchl. Landes-Fürstin nach dem tödtlichen Hintritt Herrn Carol Friedrichs, gewesenen Hofrichters, die Immißion in das Haus und die Herrlichkeit Lützeburg als nächster Erbe erhalten, fing Ao. 1677 im Monat April an, den bisherigen Gottesdienst, welchen die

vor-

---

nm) Copey Befehl-Schreibens an HErrn Rath und Amts-Verwaltere Pauli zu Norden ⚜. 17. Aug. 1676.

unter der Fürstlichen Regierung. 167

vorigen Freyherrn auf ihrem Hause für sich und
ihre Domestiquen gehalten, und wozu sich auch
die Reformirten Einwohner in Norden eingefunden, zu verändern; und ließ künftig die Versammlungen und den Gottesdienst in des Predigers Rückerts Behausung, so zur Westseite
der Burg gelegen, verrichten und halten. Die
Rede ging, als thäte der Herr Hofrichter solches
darum, daß er nicht allerley Leute auf seine Burg
lassen wolte, zumahlen noch nicht gar lange, daß
er wider seinen Gegenpart mit gewaltsamer Hand
war immittiret worden. Dis daurete nun so
lang, bis die weltbekannte und wegen ihrer ärgerlichen Schriften hin und wieder von Königen,
Fürsten und Herrn öffentlich verbannte Schwärmerin Antoinette Burignon in Ostfriesland
kam, und zu Lützeburg sich niederließ, welches
im Augustmonat dieses Jahres geschah; da dann
derselben vorerwehnte Prediger-Wohnung, nebst
einem dazu aus ihren Mitteln von Grund auf
neu gebauten, sogenannten Gasthause eingeräumet, der Gottesdienst aber und die Versammlung in die Lützburgische Oel-Mühle oder Scheure
verleget ward. Endlich nach etlichen Jahren
ward dennoch der Kirchenbau fortgesetzet, wie
zu seiner Zeit soll gemeldet werden nn).

L 4. §. 17.

nn) **Abgenöthigte Reqvisition-Schrift** cum inserta Protestatione, Contradictione, atque Reservatione auf

§. 17.
Der Antoinetten Bourignon Lebensbeschreibung.

Demnach von der Antoinette Bourignon Erwehnung geschehen, wil ich deroselben Lebenslauf mit kurzem berühren. Sie war Ao. 1616 den 13 Januar zu Ryssel in Flandern gebohren. Ihr Vater war ein wolhabender Kaufmann Johann Bourignon, die Mutter hieß Margaretha Beckwart. Ihre schwarzen Haare welche die Stirne bedeckten, und die Oberlefzen, so an der Nasen festgewachsen, derowegen auch das Maul immer offen stund, verursachten, daß man sie bey der Geburt fast für ein Monstrum hielt. Der letzte Fehler ist doch nachmahls durch einen verständigen Wundarzt gebessert und vermittelst einer Ablösung der Lefzen von der Näsen glücklich curiret worden.

Von Kind auf wieß sie eine Neigung abgesondert zu leben; wolte bey ihren anwachsenden Jahren lieber ins Kloster gehen als sich verehlichen, wiewol der Vater ihr solches nicht zustehen wollen, sondern darauf gedrungen, daß sie die

Hey-

auf Herrn Notarios, Ottonem Janſonium und Joh. Biccium ad Inſtantiam der Kirch-Verwaltere zu Norden Lieut. Berend Janſſen und Willem Harmens Schotten, die anmaſſentl. Conſecration und Inauguration der WeſtEckelbuhriſchen Reformirten Neuen Kirchen ꝛc. betreffend. Ao. 1684. p. 3-7.

Heyrath mit einem gewissen Kaufmann, an welchen er sie versprochen hatte, vollziehen sollte. Wie Ao. 1636 die Hochzeit vor sich gehen sollte, und der Tag schon dazu bestimmet war, machte sie sich am Ostertage früh Morgens heimlich aus ihres Vaters Hause weg, und kam etliche Meilen fort, bis zu einem Dorf Basseck, woselbst sie sich bey einem Prediger so lange aufhielt, und wie eine flüchtige verbarg, bis sie von ihren Eltern wieder ausgeforschet, und zurück nach Ryssel geholet ward. Ao. 1639 da ihr der Vater wiederum vom Freyen vorschwatzte, machte sie sich abermahl aus ihres Vaters Hause weg, und verfügte sich nach einem Dorfe Blatton, woselbst sie aber wegen ihrer sonderlichen Lehr- und Lebensart von der Clerisey, bevor von den Jesuiten sehr verfolget ward.

Sie hatte die Gewohnheit, daß sie überall, wo sie hinkam, alles reformiren und nach ihrem Sinn eingerichtet wissen wolte, und dieses brachte ihr vielfältige Unlust. Eine fromme Gräfin von Willerval nahm sie auf, und war bey derselbigen etliche Monat: allein auch diese muste von der Antoinetten hören, daß sie zwar mit sittlichen, aber nicht mit göttlichen Tugenden begabet wäre, ja auch nicht capabel wäre, dieselbige zu fassen. Und also wanderte sie wieder ab zu ihrer kranken Mutter.

Als diese starb, war sie ganzer acht Tage in Entzückung, und rühmte sich verschiedener Offenbahrungen von Gott. Nun ließ sie sich zwar bereden bey dem Vater zu bleiben, und seinem Hause vorzustehen, da aber derselbige zur andern Ehe schritt, verließ sie das väterliche Haus, und weil der Vater ihren Antheil der mütterlichen Güter ihr nicht wolte ausfolgen lassen, ward sie genöthiget durch ihrer Hände Arbeit ihr Brod zu suchen. Anno 1648 starb der Vater, welchen sie auf seinem Lager besuchen wolte, doch aber Mühe hatte, ehe er sie wolte vor sich lassen, weil er sie für eine ungerathene und eigensinnige Tochter hielt. Nach seinem Tode führte sie mit der Stiefmutter einen Proceß wegen ihrer mütterlichen Güter. Ao. 1653 ließ sie sich zu Kyssel in einem Hospital zur Aufseherin und Catechetin über die Mädchen bestellen.

Bey selbiger Bedienung bekam sie einen Eckel an den Predigten, empfing auch ihrer Meinung nach die Offenbahrung, daß die Predigten nichts als Prahlerey wären. Von sich selbsten hatte sie die Meynung, daß sie von Gott zu einem Werkzeug ersehen wär, eine grosse Reformation anzufangen. Zuletzt fing sie an, die jungen Kinder zu beschuldigen, daß sie einen Pact mit dem Satan hätten, und bat einige Prediger, ihr zu Hülfe zu kommen, um den bösen Geist auszutreiben. Sowol dieses als die vermerkte

Abwei-

Abweichung von der päbstlichen Lehre, in welcher sie gebohren und erzogen war, verursachte, daß sie aus ihrer Vaterstadt entweichen muste. Also wandte sie sich Ao. 1662 nach Gent, und weil es ihr daselbst auch nicht glücken wolte, verließ sie Flandern und begab sich in Braband, woselbst sie zu Mecheln mit Christiano Barth. de Cort, einem vornehmen Prediger, in Kundschaft gerieth. Dieser befand sich durch ihre Lehre überzeuget, sein Leben darnach einzurichten, und sie den Menschen zu Nutz offenbar zu machen. Dieses nun ins Werk zu richten, dankte er von den Aemtern ab, die er in Braband verwaltete (andere berichten, er sey des Jansenismi wegen abgedanket worden) und reisete mit ihr nach Amsterdam oo).

§. 18.
Fortsetzung.

Anfangs zwar hatte sie, ihrer Aussage nach, unter ein Volk zu reisen, daß der Römischen Kirchen nicht zugethan, einen sonderbahren Widersinn. Als ihr aber von Gott geoffenbahret worden, man müste nicht nach einer aus-

wen-

oo) Gottfr. Arnolds Kirchen- und Ketzer-Histor. 3. Theil cap. 16. §. 1-3. p. 150. 151. is. 4. Theil Sect. 3. Num. 17. §. 1-18. p. 737-741. J. H. Feustking Gynæceum Hæretico-Fanaticum p. 188-191.

wendigen Bekenntniß dieser oder jener Secte die Menschen richten, sondern nach der Liebe, die sie zu Gott und göttlichen Dingen hätten, faßte sie den Schluß, keiner Secte anzuhangen, sondern die Frommen an allen Orten zu lieben. In solchen Gedanken reiste sie mit de Cort im December Ao. 1667 von Mecheln nach Amsterdam. Hier nahm sie nun die Freyheit, diejenigen Meynungen, welche sie bis daher geheget, in öffentlichen Druck heraus zu geben.

Ihren ersten Tractat nannte sie: das in die Finsterniß scheinende Licht. In kurzer Zeit machte sie sich ein solches Ansehen von ihrer Heiligkeit, Erleuchtung und Weisheit, daß juckende Ohren von allerhand Religionen sich bey ihr einfunden, und ihre Gespräche anhörten; wiewol auch viele waren, denen ihre Lehrsätze nicht anstunden, und die sie für eine offenbahre Schwärmerin hielten. De Cort setzte seinen Weg weiter fort nach Holstein und Schleswig, und ersah sich daselbst die Insul Nordstrand, im Herzogthum Schleswig an der Westsee gelegen, als einen künftigen Sitz und Wohnung für sich und andere Freunde, woselbst sie abgesondert leben, doch aber ihre Lehre und Irrthümer fortpflanzen könnten, zu solchem Zweck kaufte er einen Theil der Insel. Wie er wieder nach Amsterdam kam, ward er wegen vieler Schulden ins Gefängniß geworfen, kam aber endlich wie-

wieder los, und machte sich bald von dannen in das Schleswigsche Nord-Frießland zu der vorbenannten Insul, allwo er bald gestorben, oder, wie man ausstreuete, von einem liederlichen Kerl mit Gift hingerichtet worden.

Noch bey Lebzeiten hatte er die Antoinette im Testament zu einer Erbin seiner Güter eingesetzet. Daher reisete sie im Junio des 1671. Jahres nach dem Nordstrand, um die angeerbten Güter in Besitz zu nehmen: sie fand aber, weil sie als ein Irrgeist berüchtiget war, daselbsten ihren Widerstand. In Husum und Schleswig gab sie sich Ao. 1672 zuerst bloß, so daß man wol sah, daß das bisherige Gerücht nicht umsonst und nichtig gewesen. In Flensburg wolte sie Ao. 1674 ihr Unkraut ebenfalls ausstreuen, und sowol durch nächtliche Conventicula, als durch ihre holländische, teutsche und französische Schriften die Bürger zum Irrweg verleiten, sie muste aber die Stadt räumen, und ihre Bücher wurden öffentlich verbrannt. In Tönningen und Husum richtete sie eine eigene Druckerey an, um desto bequemer und vortheilhafter ihre Bücher unter die Leute zu bringen. Es ward ihr aber auch hier das Handwerk geleget, und ist sie auf Hochfürstl. Verordnung, als eine Erzverführerin mit der Landesverweisung bestrafet worden.

Also

Also blieb ihre vethofte Erbschaft dahinten, und sie wanderte Aõ. 1676 fort, und wandte sich nach Hamburg. Anfänglich hielt sie sich daselbsten stille: nachdem aber ihre Schreibbegierde sie nicht ruhen ließ, war der Rath gewillet, sie durch die Häscher in Verhaft führen zu lassen. Weil sie nun gewarnet worden, veränderte sie ihre Wohnung, hielt sich verborgen, und nahm den 26 Junii Aõ. 1677 ihre Flucht aus der Stadt pp):

§. 19.
Fortsetzung.

Wie sie aus Hamburg wegging, wuste sie nicht wo sie hin sollte, da sie in Sicherheit bleiben könnte: endlich ist sie, nachdem sie ohngefehr einen Monat hier und dar herumgeschweiffet, in Ostfrießland angelanget, und ist in der Herrlichkeit Lützeburg von dem Herrn Baron Dodo von Kniephausen, Hofrichtern des Fürstl. Ostfriesischen Hofgerichtes auf= und angenommen, und zu ihrer Wohnung das Pfarr-Haus eingeräumet, auch ein sogenanntes neues Gasthaus daran zu bauen vergönnet worden. Sie hatte einen sonderbahren Freund und Nach-

folger

---

pp) G. Arnolds Kirchen= und Ketz. Hist. 3. Th. c. 16. §. 4. p. 151. it. 4. Th. Sect. 3. Num. 17. §. 19-21. p. 741. 742. *Feustking Gynæc. Hæret.=Fanat.* p. 191. 192.

folger Johann Tiellen, einen groß begüterten Kaufmann aus Holland, der allhier seine Mittel zu ihrem Dienst anwendete, mit ihr Haus hielt, und sich fast als einen Hausknecht gebrauchen ließ. Er meinte, er hätte der Welt sich entschlagen, wann er seine Kaufmannschaft einstellte, und bey der Antoinetten die Hausarbeit trieb.

Der Ostfriesischen Herrschaft und Landständen wolte die Aufnehmung dieses fremden Weibes, so hin und wieder ausgesaget war, nicht wol gefallen, weswegen jene Verbotschreiben ausgehen ließ, weil diese auf öffentlichen Landtagen ihren Unwillen über die Bewirthung einer so berüchtigten Person zu verstehen gaben. Den üblen Ruf, welchen die Antoinette hatte, vermehrten hiesiges Ortes ihre eigene Freunde und Hausgenossen, die sie als eine Schwartz-Künstlerin ansahen. Man erzehlte, daß sie zuweilen gar allein in der Cammer gewesen, und doch jemand unter grober Stimme mit ihr gesprochen; daß sie bisweilen als in einem hellen Feur gesehen worden, daß sie ihren Freunden bald in großer, bald in kleiner Gestalt erschienen, und dergleichen, qq).

End-

qq) Abgenöthigte Requisitions-Schrift ꝛc. auf Herren Notarios Ott. Jansonium und Joh. Biccium, die anmaffentlich Confecr. und Jnaugur. der WestEckelbuhrisch. Reformirten neuen Kirchen ꝛc. Betreffend.

Endlich muſte ſie auch von Lütżburg heimlich entweichen, weil die Rede ging, daß ſie ſollte in Verhaft gezogen werden. Dieſes geſchah Ao. 1680. Ihre Flucht nahm ſie nach Franecker, einer Stadt in Weſtfrießland, erkrankte aber auf dem Wege, und ſtarb in itzbeſagter Stadt den 20 October (Styl. vet.) an einem heftigen Fieber. Sonſten ging eine gemeine Rede, daß der Satan ihr auf dem Wege den Hals umgedrehet, und ſie in Franecker todt gebracht worden rr).

§. 20.
Die Lehre der Antoinetten.

So viel ſchließlich ihre Lehre und Lebensart anlanget, ſo melde davon kürzlich. Sie war eine Separatiſtin und Sonderling, die ſich von allen andern Religionen, Secten und Kirchen abſonderte, und nirgend zu hielte, ſondern ihren eigenen Winkel-Gottesdienſt trieb. Doch waren alle Religionen ihr gleich, und möchte einer glauben was er wolte, wenn er nur fromm war. Vom äuſſerlichen Gottesdienſt hielt ſie nichts, das Predigen hielt ſie ohne des H. Geiſteskraft;

rr) G. Arnold Kirch. und Ketz. Hiſt. 3. Th. c. 16. § 4. p. 151. iſ. 4 Th. Sect. 3. Num. 17. §. 22. p. 742. *Feuſtking* Gynæceum Hæret.-Fanat. p 192. *Aug. Pfeiffers* Anti-Chiliaſm. c. 2. p. 82. M. *Pauli Stockmanni* Elucidar, Hæreſ. et Schiſmat. p. 56.

kraft; Kirchen-Zierath, Singen und Spielen für Hinderungen der Andacht; und alle Versammlungen für ein verwüstetes Wesen. Es wäre nun keine Kirche oder Versammlung in der Welt, da der H. Geist den Vorzug habe. Von sich rühmte sie, daß Gott sie besonders zum Werkzeug einer grossen Reformation gemacht hätte. Daher wohin sie kam, fing sie auf den Gottesdienst und Predigtamt an zu schelten, und ihre Bücher auszustreuen. Sie gab grosse Offenbahrungen und Erleuchtungen vor. Durch eine Stimme des Herrn wäre ihr kund gethan: Sie sollte die Mutter aller Gläubigen seyn. Durch sie würde Gott ein neues Licht der Welt aufgehen lassen. Mit ihren Büchern würde sie alle Studia der Prediger zu schanden machen. Sie wär die Braut, wovon das ganze Hohelied, imgleichen alle Schrift alten und neuen Testaments handelte. Von ihrer Ankunft und Wirkung wär in der H. Schrift wol zehnmal mehr gesprochen, als von der Zukunft Christi in seiner Niedrigkeit. Sie kännte alle heimliche Gedanken der menschlichen Herzen, auch wenn sie über etliche 100 Meilen von ihr wären. Ihren Büchern schrieb sie ein unmittelbares Eingeben zu des H. Geistes. Sie achtete ihre Schriften höher als die Schriften der Propheten und Aposteln. Sie habe alles gesehen was geschehen werde, bis ans Ende der Welt. Sie wär der Eckstein des neuen Jerusalems.

M Von

Von dem tausendjährigen Reich hatte sie sonderbare Hofnung. Sie schreibet, Gott werde noch einmahl seinen Evangelischen Geist erneuren, und aufs neue seinen Geist senden, so daß die Christen in dieser letzten Zeit in weit grösserer Vollkommenheit leben werden, als die ersten Christen. Von der H. Dreyeinigkeit scheinet sie also zu reden, als wenn es nur 3 Eigenschaften sind. Von dem Ebenbild Gottes waren ihre Gedanken, daß dasselbige in der Freyheit des Willens bestünde. Von Adam schrieb sie, daß beyderley Geschlecht, Mann und Weib in ihm verborgen gewesen, welches er auch ungetheilt also würde fortgezeuget haben, wenn er im Stand der Reinlichkeit geblieben wär: Nachdem er sich aber von Gott abgewandt, da hätte Gott ihm das Weib gemacht, und die Geschlechter gesondert. Die Erlösung Christi und Sünden Büssung für das menschliche Geschlecht hielt sie nicht geschehen zu seyn zur Genugthuung, sondern zur Nachfolge, uns zu weisen, wie auch wir die Sünde büssen und bey Gott uns Gnade erwerben sollten. Von Haltung der göttlichen Gebote lehrte sie, daß sie nothwendig zur Seeligkeit; und ohne dieselbe könnte niemand selig werden. Von sich prieß sie, daß sie Gottes Gebot hielte, und den sichersten Weg zur Seligkeit in Observanz der Gebote Gottes gefunden hätte. Von ihren Schriften gestand sie frey öffentlich, daß in denselbigen solche

che Geheimnisse enthalten, so die Menschen nicht gehöret, und die im Evangelio nicht zu finden sind; wiewol sie auch dieselbigen niemand als Glaubens-Articul aufbürden wolle. Diese und viele andere dergleichen Lehr-Sätze hörte man von ihr. Und weil sie überall reformiren wolte, fand sie nirgends Ruhe. Ihre Schriften sind 6 Jahr nach ihrem Tode allesamt in Amsterdam gedruckt. In ihrem Leben hatte sie verschiedene Leute, die sie gleichsam vergötterten, als **Gillemann, Coriache, de Cort, Noels, Johann Tielen**, und andere hingegen entdeckten ihre Schwärmerey M. **Wolffgangus Ouvius**, Prediger zu Flensburg (in Apocalypsi Hæreseos Bourignoniæ) und M. **Georg. Henric. Burchard**, Probst zu Segeberg. Sonsten haben wider sie geschrieben ein Reformirter Prediger zu Altona, genannt **Johann Berckendal**; ein Labadiste **Peter Yvon**; ein Quecker **Benjamin Farly**, denen sie noch bey Lebzeiten geantwortet hat. Nach der Zeit hat **Petrus Poiret** ein Bekannter, zu Rinßburg nahe bey Leiden in der Einsamkeit lebender Irrgeist, ihre Lebensbeschreibung an den Tag gegeben, und sie in ihrer Lehre und Leben aufs Beste vertheidiget. Der Herr **Vitus Ludov. Sekendorf** hat aber in den Actis Lipsiensibus Anni 1686 weit anders davon geschrieben, und solche Relation wider

wider ihren Schutzherrn den **Poiret** gründlich vertheidiget und bestärket st).

§. 21.
Die verwittwete Fürstin Justina Sophia stirbt in Berum.

Kurz zuvor, ehe die **Antoinette Bourignon** in Ostfrießland kam, starb auf ihrem Wittwen-Sitz Berum, den 12 Aug. dieses 1677sten Jahres, die weil. Durchl. Fürstin und Frau, Frau **Justina Sophia**, verwittwete Fürstin zu Ostfrießland, gebohrne Gräfin zu Barby und Mühlingen, Frau zu Esens, Stedesdorf und Wittmund ꝛc. des weil. Durchlaucht. ersten Ostfriesischen Fürsten und Herrn, Herrn **Enno Ludowig** hinterlassene Frau Wittwe. Sie war Ao. 1636. den 14 April gebohren. Ihr Herr Vater war, der weil. Hochgebohrne Graf und Herr, Herr **Albrecht Friedrich**, Graf und Herr zu Barby und Mühlingen; die Frau Mutter die weil. Hochgebohrne Gräfin und Frau, Frau **Sophia Ursula**, gebohrne Gräfin zu

Ol-

---

st) *D. Aug. Pfeiffers* Anti-Chiliaim. c. 2. §. 33. p. 80-82. *Ejusd.* Anti Enthusiasm. c. 4. n. 10. p. 266-268. *Feustking.* Gynæc. Hæretico-Eanat. p. 188-200. *Stockmann.* Elucidar. Hæres. et Schismat p 56-58. G. Arnolds Kirch. und Ketz. Hist. 3. Th. c. 16. p. 150-163. it. 4. Theil Sect. 3. Num. 17. p. 737 seqq.

Oldenburg und Delmenhorst. Nunmehro war Sie 41 Jahr und 4 Monat alt geworden. Daß sie eine verständige, tugendsame und gottseige Fürstin gewesen, muß ihr ganz Ostfrießland Zeugniß geben. Und ihren rühmlichen Wandel hat sie mit einem seligen Ende beschlossen. Ihro Hochfürstl. Leiche ward den 14 Sept. nachdem ihr Hofprediger M. Ludovicus Jaspari vorhin eine Abführungs- und Leichen-Predigt gehalten auf dem Wittwenhause Berum, von dannen nach Aurich geführet, und des folgenden Tages allda mit Fürstl. Leichgepränge in der Auricher Stadtkirchen in dem Fürstl. Stammbegräbniß beygesetzet tt).

§. 22.

Die Ostfriesischen Stände klagen bey den Staaten über die Münstersche Einquartierung.

Nun kehren wir uns wieder zu denen in Ostfrießland liegenden Münsterschen Völkern, und vernehmen, was mit denselben weiter vorgegangen.

Die Ostfriesischen Stände, gleich wie sie im vorigen Jahr über die Münstersche Einquartierung bey den Herrn Staaten sich beschweret hatten, so setzten sie auch mit dem itztlaufenden 1677sten

---

tt) M. Ludov. Jaspari Abführungs-Predigt über die weil. Durchl. Fürstin Justina Sophia etc. 1677.

1677ſten Jahr ihre Klagen fort. Die Durchlauchtige Fürſtin aber, als an welche die Herren Staaten den 28 December des verſtrichenen Jahres dieſerwegen etwas hart geſchrieben, gab ſofort bey dem Anfang des itztſcheinenden Jahres zur Antwort und Nachricht, daß, da Ihro Kayſerliche Majeſtät den Herrn Grafen von Windiſch-Grätz allergnädigſt committiret hätten, die Streitigkeiten zwiſchen Haupt und Glieder beyzulegen, und zu dem Ende einen Verſuch in Bremen zu thun, Ihro Hochmögende die Stände von Oſtfrießland dahin verweiſen möchten: im Fall aber Ihro Hochmögenden ihre in dem abgelaſſenen Brief ergangene Reſolution zur würklichen Execution bringen und vollführen laſſen wolten, ſo würde alsdann der Herr Biſchof von Münſter ſeines Orts die an Monſ. de Granvilliers bereits ergangene Order unfehlbar vollziehen, und mehr Völker in Oſtfrießland ſenden, wodurch dann die arme Landſchaft gänzlich würde verheeret werden.

Hierauf haben die Herren Staaten gut befunden, eine Abſendung nach Oſtfrießland zu verordnen, und einige Herren Deputirten mit gebührender Inſtruction zu verſehen, um die Oſtfrieſiſche Fürſtin mit Dero Ständen über die ſtreitige Punkten zu vereinigen. Alſo wurden fünf Deputirte ausgeſandt, die im Monat May zu Embden ankamen, und der regierenden Fürſtin

die

die Noth der Einwohner des Landes vorstellten, mit dem Ansuchen, daß Ihro Fürstl. Durchl. solche in Gnaden erwegen, denen Landes-Verträgen, woran sie verbunden, sich gemäß bezeigen, und durch Ihro Hochmögenden Bemittelung alle Streitigkeiten mit Dero Landständen in der Güte beylegen wolte; welches dann den Weg zur weitern Ueberlegung bahnen würde, wie man den Herrn Bischof dahin bringen möchte, daß er seine Völker wieder abführte. Die Fürstin ließ durch ihre Räthe erwiedern (nach vorhergeschehener Erzehlung dessen, was bisher vorgegangen) daß es ihr Leid wäre, daß es mit den Streitsachen so weit gekommen, daß sie in Ansehung eines Kayserlichen Verbot-Briefes Ihro Hochmögenden Anerbieten nicht annehmen könnte, sondern sich an der Kayserlichen Commißion, die zu Bremen angeordnet, halten müste.

Weil nun die hochgedachte Fürstin von dieser Meinung nicht wol abzubringen war, obgleich allerhand Einwürfe und Bewegungs-Reden dawider geschahen, reiseten die Herren Deputirte unter empfangenen Ehrenbezeigungen wieder nach dem Haag, und berichteten alles; da dann Ihro Hochmögenden den Schluß faßten, abzuwarten, wie es mit der Kayserlichen Commißion in Bremen ablaufen würde. uu).

§. 23.

uu) *Meriani* Theatr. Europ. XI. Theil Aͦ. 1677 p 1273.

§. 23.

Die Kayserl. Commißion in Bremen wegen der Ostfriesischen Streitigkeiten gehet fruchtlos ab.

Hierauf kam es endlich dazu, daß die Kayserl. Commißion, welche dem Herrn Grafen **Amadeus von Windisch Grätz** anvertrauet war, in Bremen ihren Anfang nahm. Die Fürstin hatte dahin gesandt ihren geheimen Rath Herrn Johann Hinrich Stammler J. U. D.; die Ostfriesischen Stände hatten auch daselbst ihre Abgeordnete. Nun kam es mit den Tractaten so weit, daß sie eins wurden eine General-Amnestiam aufzurichten, und zu allerseits Besten zum Abschlag der mit dem Herrn Bischof veraccordirten Refreschirungs monatlichen Quartier- und anderer Gelder die Schatzungen fest zu stellen; sodann der Fürstl. Landesherrschaft zu Beobachtung gemeiner Landes-Securität jährlichs Zeit wehrenden Krieges 24000 Rthlr. zu erlegen; auch dem Herrn Bischof gegen Evacuation seiner Völker und alsdenn ceßirende weitere Ausschreibung neuer Contributionen, gleichfalls bis dahin jährlich 50000 Rthlr. Quartier-Gelder auszuzahlen. Hievon war bereits zur Stiftung einer guten Harmonie zwischen Haupt und Glieder ein Concept verfertiget xx). Nach-

---

xx) *Meriani* Theatr. Europ. XI. Theil Ao. 1677. p. 1274. Schrifftl. Copey der Fürstl. Lands-Tags

unter der Fürstlichen Regierung. 185

Nachgehends aber zerschlugen sich diese Tractaten wider alles Vermuthen unter einem andern Prätext, sonderlich aber wegen der Stadt Embden, welche die Indemnisation und Schadloshaltung ihrer hinterstelligen sechsten Quota prätendirete, und daß keine Restanten gehoben, imgleichen, ehe noch die Evacuation erfolget, und die verglichene Quartier-Gelder abzuführen angefangen, bereits mit der Schatzung von Ihro Fürstl. Durchl. eingehalten werden sollte. Und also ging diese verordnete Kayserliche Commißion fruchtlos ab. Es erfolgte aber ein Mandatum aus Wien an Fürstin und Stände, sich in ihren Streitsachen bey niemand als dem Kayser, bey pöna 50 Mark löthiges Goldes, weder recht noch gütlich einzulassen yy).

§. 24.
Die Ostfriesische Uneinigkeit erwecket Thätlichkeit.

Da nun beiderseits Abgeordnete unverrichteter Sachen wieder heimkamen, so thaten sich allerhand Thätlichkeiten hervor. Die Ostfriesischen Landstände liessen ein und andere Mandata ergehen. Die Fürstin reservirete sich dawider

M 5 alle

Tags Proposition Ao. 1677. d. 18. Dec. auf dem LandTage zu Norden. Ostfr. Hist. Tom. II. lib. 5. n. 30. p. 966-968.
yy) Ostfr. Hist. ibid. n. 31. p. 969.

alle dienliche Mittel und Beneficia Juris nach Anweisung der Rechten, Reichs-Constitutionen, und des zu Münster und Osnabrück getroffenen Friedenschlusses. Der Bischof zu Münster aber um der Fürstin in Beytreibung der Contributionen die Hand zu bieten, auch insonderheit die Execution wegen der sechsten Quota der Stadt Embden zu machen, gab nicht allein dazu eine zulängliche Order an seinen Ober-Kriegs-Commissarium Martels, der in Ostfrießland lag, sondern sandte auch zum Behuf dessen den Obersten Puling mit einigen neuen Truppen ins Land, die zu Oldersum Posto faßten. Nun ward der Anfang zur Execution von den Münsterschen würkl. gemacht. Zuerst fielen sie in die Herrlichkeit Up- und Woldhusen, hernach in die Nordermarsch, und trieben eine ziemliche Parthey an Vieh und Pferden hinweg. Die Embder hingegen schickten von ihren Völkern aus, und liessen Sielmönniken und Middelsum, als Herrschaftlichen Landgütern, ebenmäßig mehr als hundert Stück Vieh hinwegholen, um ihren Schaden zu rächen. Ferner waren sie auch bedacht, diejenigen aufzuheben, welche die Execution verrichteten. Der Oberste Puling that in eigner Person mit den meisten seiner Leute einen Einfall in die Embdische Herrlichkeit Borsum, nahm die Burg ein, und ließ die Häuser ziemlichermassen ausplündern; Bürgermeister und Rath zu Embden

unter der Fürstlichen Regierung. 187

den feireten nicht, sondern schickten einen Theil Volks von ihrer Garnison nach Vorsum, liessen die Besitzer der Burg wieder besetzen, und sie zur Uebergabe zwingen, da sie dann den 20 Sept. (zumahlen alle erzählte Thätlichkeiten im Septembermonat geschehen) den Obersten **Puling** selbst mit seinem Obersten Wachtmeister, zween Capitainen, einem Fähndrich, einem Secretario, acht Unterofficiren und 72 gemeinen Soldaten gefänglich nach Embden führeten. Den 30 September wurden die Embder auch wieder Meister von der Burg zu Oldersum, welche nun ohngefähr ein Jahr in der Münsterschen Hände gewesen. Sie funden darauf einen Lieutenant mit 60 Mann, welchen sie zusamt des Obersten **Puling** Frau und Kindern gefänglich nach Embden brachten. Sie nahmen auch eine gute Beute mit, die **Martels** und **Puling** allda zusammen gebracht, imgleichen 3 Fähnlein, 2 Rüstwagen, 2 Carren mit Pferden und andern Sachen. Man saget, daß die Embder in diesen beyden Actionen an die 200 Menschen in Embden eingebracht haben zz).

§. 25.

---

zz) Theatr. Europ. XI. Theil Ao. 1677. p. 1274. Historisch. Kern in Ao. 1677. p. 148. 152. Ostfr. kleine Chronic.

§. 25.

Die Embder machen sich an die Herrschaftliche Heuerleute und Bediente.

Wie nun die von Embden einmahl in Waffen gebracht waren, fuhren sie fort, verstärkten ihre Mannschaft mit neuer Werbung, und liessen den Fürstlichen Heuerleuten Geld abpressen, und Victualien wegnehmen; auch liessen sie durch ihre Soldaten verschiedene Fürstl. Civil- und Militair-Bediente erhaschen, und gefänglich in Embden bringen; einige Truppen sandten sie nach der Vestung Greetsiel, und liessen dieselbe mit groben Geschütz beschiessen; ein von Amsterdam kommendes Schiff, welches mit Fürstlichen Gütern beladen war, liessen sie durch zween Embdische (sogenannte) Ausleger auf der Embs wegnehmen, und nach Embden bringen. Kürtzlich, sie suchten auf allerhand Art und Weise sich zu rächen aaa).

Immittelst hielt der Bischof von Münster im Anfang des Monats Octobris mit der Fürstin von Ostfrießland zu Bassen eine lange Conferenz, nach deren Endigung der Münstersche Oberst Calcar mit seinem Regiment in Ostfrießland einrückte und den Flecken Leer besuchte. Die Münsterschen gingen gar bis unter die Stücken

der

---

aaa) LandT. Propos. zu Norden d. 18. Decembr. 1677.

der Vestung Leer-Ort, die mit holländischen Völkern besetzet war, welches in Holland nicht geringe Empfindlichkeit erweckte bbb). Auch folgte bald hernach der Herr Generalmajor Nagel ccc). Der Vice-Commendant in Leer-Ort, Lieutenant von Echten berichtete sofort an Ihro Hochmögenden, daß einige Münstersche Völker etwa 400 Mann stark unter dem Commando des Obersten Calcar angekommen wären, welche vorhätten, des Herrn von Hane adeliches Haus in Leer zu befestigen, wozu sie dann schon mit Schaufeln in der Erde arbeiteten, und die umhergelegene Bauren mit dazu gebrauchten. Hierauf wurden zwo Compagnien aus Frießland gesandt, die Vestung zu verstärken ddd).

Den 22 October erging zu Wien im Kayserl. Reichs-Hofrath die Sentenz, daß die Fürstl. Frau Regentin in puncto subsidiorum ordinariorum es bey denen Vergleichen Ao. 1611 allerdings zu lassen hätte: in puncto extraordinariorum aber sollte der beklagten Stände in actis gethanes Erbieten zu Besetz- und Unterhaltung der nöthigen Vestungen und Garnisonen in ereigenden Nothfällen, dem alten Herkommen und Kayserlichen Resolutionen, auch darin

bbb) Hist. Kern in Ao. 1677. p. 157.
ccc) LandT. Propos.
ddd) Theatr. Europ. XI. Th. Ao. 1677. p. 1274.

darin bestätigten Recessen und Accorden gemäß, unterstützet und befördert werden eee). Sonsten befahl auch Ihro Kayserl. Majestät den Embdern durch ein Rescriptum von den Waffen abzustehen, und das Abgenommene wieder zu erstatten fff).

§. 26.

Fürstliche Proposition auf dem Norder=Land=Tage, anfrischend zur Vereinigung.

Den 18 December ward zu Norden ein Landtag gehalten, worauf die Durchl. Fürstin vortragen ließ, welchergestalt zwar auf allerhöchste Kayserl. Verordnung und Commißion zu Hindanlegung der entstandenen Streitigkeiten zwischen Haupt und Gliedern über die Münstersche Einquartirung, wie auch wegen des Processus Subsidiorum in diesem Jahr zu Bremen beides, von Herrschaftl. und Ständischer Seiten einen Zusammenkunft zur gütlichen Handlung angestellet wor=

eee) Wiederhohlter Abdruck eines sogenannten Hoch-Fürstl. Ostfries. Vormundschaftl. publicirten LandT. Schlusses und Abscheides de dato Stickhusen d. 23. Aug. Ao. 1684. nebst angefügten Anmerkungen. Beylag. N. 23. Fondamenteel en Waerachtig Tegen Bericht op een also onrecht genaemt Groondelyck Bericht en Antwoort over seeekere bondige Allegatien, ropende de hooch-nootwendige Besettinge van Oostvrieslande. Gebr. Ao. 1681. p. 7. et in Appendice Documentor. N. XI. p. 14. 15.

fff) LandT. Prop. zu Norden. Ao. 1677.

worden, und es das Ansehen zur Stiftung einer guten Harmonie gehabt, sintemahl man sich vereinbahret, eine General-Amnestie aufzurichten, zur Abfindung der Münsterschen Völker die behörige Schatzungen auszuschreiben, Ihro Fürstl. Durchl. zu Beobachtung der Landes-Sicherheit seit währendes Krieges 24000 Rthlr. zu erlegen, wie auch dem Herrn Bischof von Münster gegen Abführung seiner Völker jährlich bis dahin 50000 Rthlr. Quartier-Gelder zu geben; dennoch aber dieses gute Werk unterbrochen wäre, indem man Ständischer Seiten verlanget hätte, Ihro Durchl. sollten mit Einfoderung der Schatzung einhalten, ehe noch die Evacuation geschehen, und die mentionirte Quartier-Gelder abgeführet wären, auch die Stadt Embden indemnisiren wegen der rückständigen sechsten Quotâ, daß solche von den Münsterschen nicht möchte gewaltsam eingetrieben werden, durch welche Abrumpirung der Handlung nachmahls viel Unheils entstanden: So wolten demnach Ihro Durchl. gnädigst erinnert haben, daß Ihre treuen Landstände solches heilsame Compositionswerk wieder vornehmen, und bey der Landtags-Versammlung deliberiren möchten, wie es am besten anzufangen, und auf vorigem Fuß glücklich auszuführen wäre ggg).

§. 27.

ggg) Landtags Proposit.! zu Norden d. 18 Decembr. 1677.

§. 27.

Die Münsterschen überrumpeln Olbersum. Kayser Leopoldus begnadiget die Ostfriesischen Stände mit einem neuen Waapen.

Anno 1678 am Neujahrs-Tage überrumpelten die Münsterschen aufs neue das Haus Olbersum, auf daß sie die Schatzungen desto ungehinderter eintreiben könnten hhh).

In eben diesem Monat, den 24 Januar, bestätigte und erneuerte Ihro Kayserl. Majestät der Kayser Leopoldus durch ein öffentliches Diploma den Ostfriesischen Landesständen ihr bisherig altes Wappen, und begnadigte es mit neuen Zierathen. Das uralte Wappen, welches die Vorfahren gebrauchet, war ein ganz geharnischter Mann unter einem grünen Baum, haltende in der rechten Hand eine Lantze, in der linken einen blossen Degen, der auf die Achsel gelehnet. Dieses bisherige alte und fast veraltete Wappen hatten die Herren Stände in langen Zeiten nicht mehr gebrauchet. Da sie nun um Erneuerung, Bestätigung und Auszierung des vorigen alten Wappens bey dem Kayser allerunterthänigst angehalten, ward von Ihro Kayserl. Majestät dieses alte Wappen den Herrn Ständen, wegen ihrer, auch ihrer Vorfahren angenehmen Dienste, (wie das Diploma rühmet) nicht allein erneuet und

hhh) Ostfr. Kleine Chronic.

und bestätiget, sondern auch auf nachfolgende Weise gezieret und vermehret. Sie sollten nemlich brauchen einen rothen Schild, und in demselbigen auf einem grünen Hügel eine Eiche mit ihrem grünen Busch und Aesten; gleich daneben einen geharrnischten Mann mit einer Lanze in der rechten und in der linken mit einem blossen Degen, von dessen rechter Achsel nach der linken Seiten hinab hänget ein blaues Feldzeichen, die Degen-Scheide eingebunden, das Haupt mit einer offenen Beckel-Haube, worauf 2 weisse und 2 blaue Straus-Federn zum Zierath, bedecket; über dem Schilde sollte seyn ein frey offener adelicher Thurnier-Helm, zur rechten Seiten mit roth und weissen, zur linken mit blau und rothen Decken, und darauf eine Königliche Krone, woraus ein geharnischter Manns-Arm mit einem fliegenden blauen Feldzeichen, in der Faust einen blossen Degen zum Streich führend. Die Ostfriesische Hochfürstl. Regentin war mit dieser Kayserlichen Begnadigung nicht allzuwol zu frieden iii).

Mit den Münsterschen kam es endlich so weit, daß sie den 13 April Oldersum und des folgenden Tages das ganze Land wiederum verliess

iii) Diploma Cæsareum im Wiederholten Abbruck etc. Beylag. Num 52. Ostfries. Hist. Tom. II. lib. 5. N. 33. p. 972-980.

lieſſen, nachdem ſie ein Jahr und 8 Monat das Land beſchweret hatten.

Nicht lange hernach lieſſen die Herren Stände von Oſtfrießland für das ſämtliche Collegium des Oſtfrieſiſchen Hofgerichts in der Stadt-Kirchen zu Aurich aus der gemeinen Caſſe einen eigenen Stul verfertigen, um bey Verrichtung des Gottesdienſtes ſich deſſen zu bedienen kkk).

§. 28.
Der Biſchof zu Münſter Bernhard Chriſtoph von Galen ſtirbt. Zwiſchen der Herrſchaft und Ständen in Oſtfrießland erfolget endlich ein Vergleich.

Etwa 5 Monat nach dem Ausgang der Münſterſchen Völker aus Oſtfrießland ging den Weg alles Fleiſches Herr Bernhard Chriſtoph von Galen, Biſchof von Münſter im 74ſten Jahr ſeines Alters, und zwar den 9 September dieſes 1678ſten Jahres, nachdem Sr. Fürſtl. Gnaden 28 Jahr die Regierung geführet hatte. Er endigte ſein Leben auf dem Amthaus Ahus, ohnweit Coeßfeld lll).

Immittelſt ward doch immer fortgeſetzet und getrieben, das vorſeyende Vereinigungswerk zwiſchen der Oſtfrieſiſchen Herrſchaft und Dero Landes-Ständen, geſtalt es endlich auch dahin kam,

kkk). Oſtfr. Kleine Chronic.
lll) Theatr. Europ. XI. Th. Ao. 1678. p. 1454.

unter der Fürſtlichen Regierung.

kam, daß den 8 November in der Hochfürſtl. Reſidenzſtadt Aurich folgender **Vergleich** zwiſchen der Fürſtin von Oſtfrießland und Dero getreuen Ständen aufgerichtet ward.

Zu wiſſen, nachdem zwiſchen der Durchlauchtigen Fürſtin und Frauen, Frau **Chriſtinen Charlotten**, verwittwete Fürſtin zu Oſtfrießland, gebohrnen Herzogin zu Würtenberg und Teck, Gräfin zu Mömpelgard, Frauen zu Heidenheim, Eſens, Stedesdorf und Wittmund ꝛc. Vormünderinnen, ſodann Dero Landſtänden, in ſpecie auch der Stadt Embden, wegen vorgeweſenen Fürſtlichen Münſteriſchen und andern Einquartirungen, auch ſeit währender deroſelben von höchſtbeſagter Ihro Durchl. ausgeſchriebenen und gehobenen Schatzungen mit dem ſo davon dependiret, vielfältige Irrungen und Mißverſtand, auch Proceſſus am Kayſerl. Hof entſtanden, daß dieſelbe heute nieden beſchriebenen dato in der Güte beygeleget und aufgehoben, auch disfalls alles in Vergeſſenheit geſtellet worden, auf Maß und Weiſe, wie folget:

1) Haben ſich Ihr Durchl. Tutorio nomine gegen die Landſtände in Gnaden dahin erkläret und verbunden, daß ſie in künftigen Zeiten keiner Könige, Fürſten und Potentaten, Völker auf Dero Veſtungen und Häuſer, oder in Dero Eyd und Landen wollen nehmen oder führen, noch andern ſich darin zu logiren geſtatten,

oder auch disfalls directe oder indirecte mit niemand verbinden, noch auch bey unverhoffenden künftigen Einquartirungs-Fällen zu Beschwerung, Exemption oder Erleichterung eines oder andern aus den Ständen, Dero Räthen und Bedienten etwas unternehmen, ohne vorgehenden Rath, Wissen und williger Zustimmung der Stände, es seyn Casus Ordinarii oder Extraord., oder haben Nahmen wie sie wollen, und allenthalben daran seyn und nebenst den Ständen verhelfen, daß eine billig mäßige Gelegenheit, sonderlich bey Kriegeszeiten, ohne Exception einiger Person oder Landen gehalten werde; gleich auch die Stände sich festiglich verpflichtet, ohne Jhro Durchl. als Dero hohen Landes-Obrigkeit, Wissen und Willen (wie solches ohne dem recht, auch den Accorden und Verträgen gemäß) mit keinen auswärtigen Potentaten jemahlen sich zu verbinden.

2) Haben Jhro Fürstl. Durchl. auf Begehren der Stände, und aus Liebe zur Einigkeit, in Conformität des Provisional-Vorschlages de Ao. 1607, wolgemeldten Ständen vorlegen lassen, allen Empfang und Ausgabe, und also die völlige Rechnung aller von Jhro Durchl. ausgeschriebenen und gehobenen Schatzungen, auch dabey extradiret eine wahrhaft richtige Restanten-Designation, besonders auch deren, so davon, als auch Einquartirungen, befreyet

gewe=

gewesen. Und ob wol dagegen die Stände vielfältige Beschwerungen eingewandt, und gegen die Ostfriesische Accorden sehr lädiret gewesen zu seyn remonstriret, weilen dennoch solche Restanten und Exempten zu Nutze und Besten der Stände angewiesen; so haben dieselbe aus unterthäniger Devotion zu Ihro Fürstl. Durchl. und Liebe zum jungen Erbprinzen, auch aus aufrichtiger Begierde zur innerlichen Ruhe und Verständniß hochgedachte Ihro Durchl. und Dero Herrn Sohn von aller auf dieselbe solcher Schatzungen halber, und was von der Münsterschen und andern Einquartirungen dependiret, habender Spruch und Forderungen nun und zu ewigen Tagen ledig und los erkläret, und allen disfalls habenden Actionen, besonders dem am Kayserl. Hof habenden Processui Mandati de Restituendo ohn widerruflich renunciiret; hingegen aber die Eintreibung und Innung der Restanten und Exempt gewesenen, auch wegen besagter Münsterischen und anderer Einquartirungskosten, Schaden und Schulden, gegen alle andere habende Prätensiones in genere et in specie sich ausdrücklich vorbehalten, darinnen auch Ihro Durchl. ihnen, den Ständen, und sonsten nicht hinderlich zu seyn wollen versprochen; jedoch dergestalt, daß darin mit geziemender Moderation verfahren, auch niemand wegen von Ihro Durchl. und auf Dero Special-Befehl inn- oder ausserhalb Landes

des gehabten Commißionen einige Actionen movi-
ret werden solle, wie dann hingegen Ihro Durchl.
keinen aus den Ständen, so bishero im Namen
und von wegen deroselben in Commißionen und
sonsten gebrauchet worden, zu actioniren versprochen. Worauf ferner

3) Ihro Fürstl. Durchl. für sich und Dero
Successoren am Regiment fest und beständig gegen die Stände sich verpflichtet, zu keinen Krie-
ges- oder Friedenszeiten, es kommen dieselbe,
wie sie wollen, so wenig in Casibus extraordi-
nariis sub prætextu necessitatis, als Ordinari-
Begebungen, einige Schatzungen, Contributionen zu wollen ausschreiben, oder ausschreiben zu
lassen; weniger zu Hebung derselbigen einigen
Befehl an Dero Bedienten oder sonsten, geben
oder geben lassen, sondern die Hände aus den
gemeinen Landes-Mitteln gänzlich ab- und aus-
halten, und die Administratores damit gewähren
lassen, worinnen auch weder Ihro Durchl. noch
Dero Bedienten jemahlen den geringsten Eintrag
mehr thun sollen und wollen.

4) Weiln auch die Stadt Embden sich
bey Ihro Durchl. beschweret, welchergestalt ihre
Herrlichkeiten, auch Dero Bürgern auf dem
platten Lande liegende Güter bey den vorgewese-
nen Einquartirungen und Troublen sehr mitgenommen, deswegen sie zu Foderung einer grossen Satisfaction berechtiget zu seyn vermeinen;

dahin-

dahingegen auch Ihro Durchl. disfalls gegen benannte Stadt ein oder andere Prätensiones zu haben sustiniret: so haben Ihro Fürstl. Durchl. zu Bezeugung ihrer gnädigen Affection gegen bemeldte Stadt deroselben die ab Annis 1676, 1677 und 1678 inclusive nachstehende Recognitions-Gelder nachgelassen, und daneben sich verbunden, daß sie die Commercia des ganzen Landes und der Stadt Embden bey auswärtigen Potentaten, besonders Ihro Königl. Majestät zu Dännemark und Norwegen, wie imgleichen bey Ihro Hochmögenden zu Abstellung der schweren Convoyen auf die feinste Waaren dieses Landes durchschreiben und sonsten, den Accorden gemäß, nach Möglichkeit aufrichtig befödern; dagegen den die Stadt Embden sich gleichfalls verbunden, daß sie die post Annum 1678 wiederum im 1679sten und folgenden Jahren fällige Recognition-Gelder richtig und ohnfehlbar allemahl bezahlen und abstatten wolle.

5) Haben die Landstände, auch in specie die Stadt Embden, angelobet und versprochen, Ihro Durchl. Dero gnädigen Fürstin und Frau mit allem unterthänigen Respect, ihrem Huldigungs-Eyde gemäß, jederzeit an Hand zu gehen; gleich dann auch Ihro Durchl. ebenmäßig hingegen promittiret, daß sie seit währender Dero Vormündlichen Regierung Dero Landstände, auch nach Einhalt deren an ihrem hohen Ort

extra-

extradirten Reverſalen, regieren, ſchützen und vorſtehen, und zu Bezeugung deſſen den Ständen den würklichen Effect des 20ſten und 21ſten Articuls Kayſerlich Reſolution, und Ihr Durchl. Fürſten Georg Chriſtians hochſel. Andenkens, ausgegebenen Huldigungs-Reverſus, genieſſen laſſen wollen, auch was etwa befindliche Beſchwerungen ſeyn möchten, darinnen gnädigſt zu remittiren.

6) Endlich ſollen alle übrige zwiſchen Ihro Durchl. und den Ständen am Kayſerl. Hof annoch ungedeciditet hangende oder nicht renunciirte Proceſſus jedem Theil reſerviret bleiben, ausgenommen des Proceſſus Mandati de reſtituendo, welchen die Stände ſupra Articulo ſecundo fallen laſſen, auch des von Ihro Durchl. wider die Adminiſtratores Anno 1673 angeſponnenen Proceſſus, deſſen ſich Ihro Durchl. ausdrücklich hiemit begeben; und ſollen auch ſonſten aller Particuliren wider Communen, und Communen wider Particuliren, der vorgeweſenen Einquartirungen halber, und was denen anhängig, habende Actiones vor dem Collegio Adminiſtratorum, prævio tentamine amicabilis compoſitionis, dismahl und ohne einige weitere Conſeqvenz, remotâ omni Appellatione et Reviſione, de ſimplici et plano ex æqvo et bono erörtert und bey Ihro Kayſerl. Majeſtät die Confirmation dieſes gütlichen Vergleichs allerunterthä-

thånigst beiderseits gebührlich gesuchet, auch die würkliche Ausbringung derselben, sobald möglich befördert werden.

Dessen zu wahrem Urkund sind hierüber vier gleichlautende Exemplaria verfertiget, und sowol von hochgedachter Ihro Durchl. als Dero Landständen, und in specie der Stadt Embden, Deputirten eigenhändig unterschrieben, und respective mit dem Fürst-Vormündlichen Insiegel und besagter Deputirten auf gedrückten Pittschaften befestiget. So geschehen in der Stadt Aurich den 8 November Ao. 1678.
(L.S.)   Christine Charlotte.

Wegen der Ritterschaft.
(L.S.) Dodo von Knyphausen, Freyherr.
Wegen der Stadt Embden.
(L.S.) D. Andreé Dr., Remet Wiardts.
Wegen der Stadt Norden.
(L.S.) L. Wenckebach Dr.
Wegen der Stadt Aurich.
(L.S.) Friedrich Ficken.
Wegen des dritten Standes.
(L.S.) E. ter Braek.
(L.S.) Henricus Nolling.
(L.S.) H. Westendorph mmm).

Auf

mmm) Copey des Vergleichs ist zu finden in der Ostfr. Hist. Tom. II. lib. 5. N. 32. p. 970-972.

Auf daß nun keine Zeit verlief, so ward noch in demselbigen Jahr dieser Vergleich Ihro Kayserl. Majestät zur Confirmation allerunterthänigst presentiret. Ihro Fürstl. Durchl. ließ denselbigen überreichen durch ihren Agenten in Wien Jonam Schrimpff; die Stände durch ihren Syndicum Tobiam Sebastianum Braun; und die Stadt Embden durch ihren Bevollmächtigten Matthiam Ignatium Niphum. Worauf denn auch die begehrte Confirmation in einem Diplomate Confirmatorio erfolgte nnn).

§. 29.

Die Münsterschen wollen wieder in Ostfrießland fallen; es bleibet aber zurück.

Anno 1679 im Julio waren die Münsterschen etwa 8 oder 10000 Mann stark aufs neue beordret in Ostfrießland zu ziehen, weil der neue Bischof ein Aequivalent der vom Kayser aßignirten, aber nicht genossenen Quartiren, verlangte: doch ward die Sache gütlich gehoben, und wurden die Völker wieder zurück commendiret ooo).

---

nnn) Fondamenteel en waerachtig TegenBericht op een also onrecht genaemt Grondelyck Bericht en Antwott over seeckere Bondige Allegatien p. 7. et in Append. Documentor. N. 15. p. 17.

ooo) Hist. Kern-Chron. in A⁰. 1679. p. 77. 78.

In diesem Jahr nahm das Verhängniß Gottes aus allen Collegiis einige durch den zeitlichen Tod hinweg. Im Martio starb Herr **Laurentius Ellingrod** Pastor Senior in Aurich, nachdem er ins 26ste Jahr das Predigtamt in Aurich verwaltet hatte. Bald drauf folgete im Monat August Herr **Wolfgang Speuelda** J. U. D. ältester Bürgermeister in Aurich, der ziemliche Jahre her mit gutem Ruhm seinen Dienst bekleidet hatte. Im October endigte sein Leben Herr **Jodocus Ammersbeck** J. U. D., Hochfürstl. ältester Cantzeley- und Regierungsrath. Noch im selbigen Monat ging auch den Weg aller Welt Herr **Johannes Wittkopff** J. U. D. des Hochfürstl. Ostfriesischen Hofgerichts ältester Assor. Endlich endigte den Reyhen Herr **Matthias Cadovius** SS. Th. D. Hochfürstl. Hofprediger, Consistorialrath und Generalsuperintendent. Dieser ist der erste Generalsuperint. und zweyte Hofprediger, der bey solcher Hofbedienung gestorben ist. Im übrigen ist es merklich, daß in verbenahmseten Geist und weltlichen Bedienungen es eben die Aeltesten getroffen ppp).

§. 30.

---

ppp) M. C. G. Scheplers Past. Sen. Auric. LeichPr. über HErn Matth. Cadovium Ostfries-General-Superint. ex II. Cor. I, 12. p. 6.

§. 30.

Der Ostfriesische Erbprinz Christian Eberhard thut eine Reise in Frankreich und Italien.

Ehe ich weiter fortfahre zu erzählen, wie die Sachen zwischen Herrschaft und Ständen nach dem vorhin erwehnten v. Kayserl. Majestät confirmirten, Vergleich in Ostfrießland fürder geloffen, wil ich zuförderst einige Merkwürdigkeiten des 1680sten vorhergehen lassen. Der junge Erbprinz Herr **Christian Eberhard**, Fürst zu Ostfrießland, welcher auf Gutbefinden seiner hohen Frau Mutter unter der Aufsicht der ihm zugeordneten Hofmeister sich über die zwey Jahr zu Turin an dem Herzoglichen Savoyschen Hof aufgehalten, und daselbst viel Liebe und Ehrenbezeigungen genossen hatte, von solcher Reise aber wieder heim gekommen war, trat nunmehro in diesem Jahr eine neue Reise an, und ging über Holland und Braband nach Frankreich, und Italien, um diese Oerter zu besehen. Er hat sich auch in solchen Ländern bis Anno 1684 aufgehalten, und an dem Königl. Französischen Hof viel Gnade erhalten, sonsten aber ist er mit vielen vornehmen Herren auf solcher Reise bekannt geworden qqq).

Im

---

qqq) Personal. des Durchl. Fürsten und Herrn, Christian Eberhard, Fürsten zu Ogfrießland ꝛc. p. 5. gebr. Ao. 1708.

Im Ausgang dieses 1680sten Jahres den 18 December, so da war der Sonnabend vor dem 4ten Advent-Sonntage, des Abends gegen 5 Uhr erschien zu Lübeck (woselbst ich damahls mit viel 100 Menschen ihn geschauet) ein sehr langer Comet, dergleichen von Menschen nie gesehen worden. Von demselbigen ward berichtet, daß er in andern entferneten Oertern bereits im November erschienen wäre, doch aber eine Zeitlang sich nicht wieder habe sehen lassen, bis im December. Und so soll er hier zu Aurich den 26 November sich in der Morgenzeit zuerst haben sehen lassen. In den beyden ersten Tagen seiner Erscheinung (so wie er in Lübeck und Rostock observiret worden) sol er nach einiger Astronomorum Meinung über 70 tausend teutscher Meilweges lang gewesen seyn. Der Stern, so diesen langen Schweif führete, war gleich denen Sternen von der 2ten Grösse. Sein Ansehen war bald feurig, bald blaß, bald gar den Augen entrissen. Der Schwanz ward gehalten 72 Grad lang, und war nächst an dem Sterne eine gute Hand breit, oder auf Astronomisch $2\frac{1}{2}$ Grad; am Ende zwo gute Hand breit oder 5 Grad. Er präsentirte die Gestalt eines langen Weberbaums oder einer langen Wolken-Seule. Die Farbe des Schwanzes war gleich einer weissen oder blassen Wolke. Fleißige Bemerker hatten observiret, daß zuerst die 3 Farben, roth,

gelb

gelb und grün darin gespielet, er aber nachmahls erblasset, und endlich lichtweiß geworden. Er ging auf im Südwesten und erstreckte mit seinem Schweif nach Nordosten, stieg aber täglich in der Linie nach Ost-Süd-Ost zu. An einigen Orten sahe man ihn 4, an andern 6 Wochen lang. Merklich ist es, daß, wenn es etwa windig und ungestüm Wetter, der Stern viel grösser, grausamer und feuriger anzuschauen war, und Strahlen von sich schoß, gleich als wenn es Blitze. Der Schwanz war alsdenn auch feurig rrr). Der wolbekannte Calendermacher Voigt gedenket eines Cometen, der Ao. 1664 und 1665 geschienen, und groß gewesen, welcher an eben demselbigen Ort sich erst sehen lassen, wo dieser zuerst sich gezeiget. Wie aber jener die eine Helfte des Himmels-Circuls durchgewandert: so habe dieser letzte die andere Helfte zu seinem Lauf genommen sss).

§. 31.

rrr) *Joh. Mauricii Polszii* Pastor. Rostochienf. Gedächtniß-Seule des grossen Cometen. Histor. Kern-Chronic. in Ao. 1680. p. 93. 94. nebst angeführten Tractätchen einiger Mathematicorum von diesem Cometen. *Erasm. Francisci* Fortstrahlender Adler-Blitz 2. Buch p. 455. 459. Theatr. Europ. XII. Th. Ao. 1680. p. 259. 260.

sss) *Joh. Henr. Voigt* Königl. Schwedisch. Mathem. Lauf grosser Veränderungen in Orient, aus verschiedener Cometen Bezeichnung. gedr. Ao. 1683.

§. 31.
Der vorige Vergleich wird wieder umgestoßen.

Was nun ferner die Ostfriesischen Sachen zwischen der Herrschaft und den Landständen anlangte, so hätte man wol gedacht, der vorhin gemeldete Vergleich würde alles beygeleget, und in Ruhe gestellet haben: allein nachdem die hohen Herrn Mit-Vormünder die Vereinigungs-Punkten nicht all zu vortheilhaft ansahen, und Ihro Durchl. die regierende Fürstin gleichsam eine Nachreue empfand, daß man auf Fürstl. Seiten die Macht zu Collectiren oder Contributionen und Schatzungen auszuschreiben, imgleichen die Frontieren zu besetzen, aus der Hand gelassen, fing man an auf Wege zu denken, den gemachten Vergleich entweder zu entkräften oder auch gänzlich umzustoßen. Die Fürstlichen Räthe sahen kein besser Mittel, als daß man beym Kayserl. Reichshofrath Querelam Nullicatis anstellete, und propter enormissimam læsionem Beneficium Restitutionis in integrum suchte. Die Herren Herzogen von Braunschweig-Lüneburg und Würtemberg, als hohe Mit-Vormünder hatten dawider, daß der Vergleich ohn ihr Vorbewust und Beystimmung getroffen war, und contradicirten ihm in punctis damnificantibus; doch war ihr Rath, bey Ihro Hochmögenden

genden zufoderst zu versuchen, daß sie als Interpretes der Ostfriesischen Accorden und Verträge die Sache vornehmen und examiniren möchten. Auch erboten sich die Herzogen von Braunschweig ihren Envoye Herrn Schütze in den Haag zu senden, daß er wegen der nöthigen Landes-Besetzung, wegen der Fürstl. Oberauffsicht über die Landes-Rechnung, wegen der eigenmächtigen Prorogirung der Landtage, wie auch wegen der Anmassung eines neuen Siegels der Landstände, mit den Herren Staaten die Sachen überlegte, und sich dahin bearbeitete, daß eine billige und aufrichtige Harmonie gestiftet würde.

Dieser Vorschlag ward vor andern erwählet. Und weil selbst die Herren Generalstaaten ihn approbirten und gut hiessen, ward Ihro Durchl. die Fürstin Ao. 1680 ersuchet, daß sowol ihre Committirte als die Deputirte der Herren Stände im Haag sich einfinden möchten. Itztbesagte Deputirte stellten sich den 27 December ein. Wie nun die Fürstlichen Committirte auch ankamen, gingen Ao. 1681 die Conferentien an. Die Abgeordnete der Herren Stände brachten nicht nur eine Menge Gravaminum vors Licht, sondern begehrten auch, daß bey der Unterhandlung pro Basi müsten gesetzet werden, 1) die Ostfriesischen Accorden. 2) Die Kayserl. Sentenz von Ao. 1677 den 22 October. 3) Der Ao. 1678 gemachte und von Kayserl. Majestät

jeſtät confirmirte Vergleich. Die Fürſtlichen erwiederten hierauf, daß zwar 1) die Accorden billig pro Fundamento müſten gehalten werden, jedoch in ihrem rechtmäßigen Verſtande. 2) Die Kayſerliche Sentenz aber könnte nicht dazu dienen, weil ſie dem erſten Kayſerl. Decret von Ao. 1667, wie auch der Generalen Reichs-Convention von Ao. 1654, zuwider lieffe. 3) Der Vergleich von Ao. 1678 könnte ebenfalls noch nicht zum Fundament der Tractaten dienen, weil verſchiedenes dawider einzuwenden, und ſelbiger auch nicht anders confirmiret wäre, als ſub clauſulis ſolitis de non præjudicando juribus Principis. Nach oftmaligen Unterredungen trat man endlich zu dem Punct, von der Landes-Defenſion, da jede Parthey ihr Recht, ſo ſie vermeinten hiebey zu haben, wie auch die darnach eingerichtete Vorſchläge, zum Vorſchein brachten ttt).

§. 32.
Vorſchlag der Staaten wegen Beſetzung des Landes.

Weil man aber zu nichts gewiſſes kommen könnte, ohngeachtet der Braunſchweig-Lüne-

ttt) Tegenbericht op een alſo onrecht genaemt Grondelyck Bericht en Antwort over ſeekere Bondige Allegatien etc. p. 7-10. Ao. 1681.

Lüneburgische Minister Herr **Schmidt** (der nunmehro den Conferenzen beywohnte, weil vorgedachter Herr **Schütze** gestorben) sein Bestes mit anwendete, so thaten die Herren Commissarii von Ihro Hochmögenden den Vorschlag, daß, nachdem die Accorden zwischen Haupt und Gliedern ausdrücklich im Munde führeten, daß keines ohne das andere zur Besatzung des Landes einig Kriegesvolk bestellen sollte, sie aber über diesen Punct anitzt sich nicht vereinigen könnten, und gleichwol bey diesen gefährlichen Zeiten die Besetzung des Landes höchstnöthig wäre, sie derowegen sich vereinbahren möchten: ob es ihnen gefällig, daß Ihro Hochmögenden über die in Embden befindliche 300 Mann noch eine gute und nöthige Anzahl Völker in Ostfrießland schickten? jedoch unter nachfolgenden Conditionen:

1) Das Volk sollte schlechter Dinges nur zum Schutz des Landes dienen, und dannenhero in den Frontier-Plätzen, oder wohin es sonsten nöthig, verleget worden.

2) Sowol die Officirer als Soldaten sollten dem Landesherrn oder seinen Committirten schwören, daß sie demselbigen, wie auch den Ständen treu seyn, und sich nicht wider die Accorden weder von einem wider den andern, noch in einigen andern Sachen, als nur bloß zur Landes-Defension gebrauchen lassen wolten.

3)

3) Die Stände möchten jemand committeren, der präsens wäre, wenn der Eyd dem Fürsten geleistet würde.

4) Dis Volk sollte den Placaten der Herrschaft gehorsamen, nur daß nichtes wider die Accorden darin enthalten; und sollte dasselbige in keine feste Städte ohne Bewilligung des Magistratus derselbigen, wie auch in keine Grenzfestungen, die allbereit mit Staatischen Völkern besetzet, ohne Vorbewust Ihro Hochmögenden verleget werden.

5) Selbiges Volk sollte mit Waffen und Unterhalt versehen werden, auf der Landschaft Kosten.

6) Die Fortificationen sollten ausgebessert, und auf des Landes Kosten im Stande erhalten, von Fürstl. und Ständischer Seiten aber besichtiget werden.

7) Die Bezahlung der Völker und Arbeit an den Pforten, nebst Einkauf der Materialien rc. sollte von den Administratoren besorget werden.

8) Zum Unterhalt des Volks, wie auch zu den Fortifications-Werken, sollte jedermänniglich ohne Exemption contribuiren.

9) Die Bestellung der Officirer sollte bey dem Fürsten seyn, jedoch daß Personen angenommen würden, wo wider die Stände nichtes hätten.

10)

10) Das Commando über die Grenzhäuser sollte bey dem Fürsten seyn, doch durch Personen exerciret werden, die vorgemeldetermassen beeidigt, und den Ständen nicht unangenehm wären.

11) Das Volk sollte 2 Jahr in Diensten bleiben, nachmahls aber bey der Abdankung sollte es auf dem Fuß gehalten werden, wie es Ao. 1672 mit dem angenommenen Volk gehalten worden.

12) Auch möchten diese Völker zur Defension des Harrlinger-Landes gebrauchet werden.

13) Delicten von den Officirern begangen, sollten nach den Ostfriesischen Rechten beurtheilet werden.

14) Die Musterung des Volks sollte geschehen in Gegenwart der Commissarien der Stände, oder auch der Ordinair-Deputirten und Administratoren.

15) Ihro Durchl. mag annehmen 150 Mann zur Bewahrung der Herrlichkeit Esens, Stedesdorf und Wittmund.

16) Es sollten aber diese 150 Mann im Nothfall zur Defension von Ostfrießland mit mögen gebrauchet werden.

17) Doch aber sollten sie auch alsdenn in Gegenwart jemandes aus den Ständen vorgedachtermassen beeidiget werden.

18)

unter der Fürstlichen Regierung. 213

18) Dieser Vortrag sollte niemand weder Herrschaft noch Unterthanen, an ihren habenden Rechten schädlich seyn.

19) Ihro Hochmögenden erböten sich über diesem Vertrag und jedem Articul darin die Garantie zu halten uuu).

§. 33.

Den Vorschlag der Staaten wollen die Ostfriesischen Stände nicht für gut erkennen.

Dieser Vorschlag geschah den 1 Julii St. v. von dem Herrn Verbolt und seinen Mit-Committirten, ward auch den 9ten Julii wiederholet, und bey den Abgeordneten der Herren Stände, nemlich Herrn von Kniephausen und Herrn ter Braeck angehalten, mit einzustimmen, daß etwa 10 oder 12 hundert Mann in Ostfrießland zur Besatzung möchte eingenommen werden, welche sich aber hierüber nicht einlassen wolten xxx). In Ostfrießland ward den 2ten August der Landtag gehalten, da dann dieser Vorschlag und andere Dinge wieder vorkamen, aber

---

uuu) Tegenbericht op een also onrecht genaemt Grondelyckt Bericht etc. in Append. Num. 18. p. 19-22. Anweisung der LandsFürstl. Ostfries. Territorial-Superioritaet etc. Beylag. N. 13. p. 92-96. Ostfr. Hist. Tom. II. lib. 5. n. 35. p. 980-982.

xxx) Tegenbericht op een also etc. in Append. Num. 32. p. 33.

aber nichts beschlossen ward. Endlich aber im December-Monat dieses laufenden Jahres übergaben die Herren Stände an Ihro Durchl. ihre schließliche Meinung anstatt ihrer Landtags-Resolution, und dieses auf allgemeinem Landtage. Solche war, daß sie die im Gravenhage projectirte Vorschläge von einer eigenen Armatur zur Sicherheit des Landes für unnöthig, unmöglich, ja dem allgemeinen Vaterlande höchst schädlich hielten, weshalben sie auch darin nicht consentiren könnten; insonderheit da auf Fürstl. Seiten ein oder anders zum Präjuditz Ihro Kayserl. Majestät Judicatorum bereits angezogen, und endlich wol zu besorgen stünde, daß den Ständen aufs letzte gar die Unterhaltung der ordinairen Besatzung möchte aufgebürdet werden. Wann Ihro Kayserl. Majestät und des H. Römischen Reichs Stände zur allgemeinen Reichs-Defension eine Reichs und Kreiß-Steuer bewilligten, so contribuireten die Ostfriesischen Stände ex Ærario Publico (laut Embd. Receß. de Ao. 1606. cap. 2.) ihr behöriges Contingent; wann einige Mannschaft zu stellen in natura nöthig gewesen, so hätten die Stände mit einem oder anderen der Kreißausschreibenden Fürsten ihres Contingents halber abgehandelt, gleich wie mit Ihro Kayserl. Majestät selbst, als auch Sr. Fürstl. Gnaden, dem Bischof zu Münster geschehen; ja es hätten allerhöchstgedachte Ihro

Kay=

Kayserl. Majestät den ausschreibenden Fürsten des löblichen Westphälischen Creises allergnädigst anbefohlen, Ostfrießland wider alle unrechte Gewalt zu schützen, und daselbst alles in statu quo zu conserviren. Daher ersuchten Ihro Durchl. Dero Landstände unterthänigst, dieselbe geruheten von den Haagischen Vorschlägen und der eignen Armatur) die vielleicht eine ewige Servitut seyn möchten) gnädig zu abstrahiren, und sich zu versichern, daß sie wegen Sicherheit des Landes über bessere Mitteln tractiren, und deroselben anderer Gestalt in Unterthänigkeit gerne an die Hand gehen wolten; gestált sie dann zur Beobachtung der Wolfahrt des Vaterlandes den Ordinair-Deputirten und Administratoren vollkommene Gewalt hiemit auftrügen. Zweytens entschuldigten sich die Herren Stände, daß in diesem Jahr die Landrechnung den 10 May, nach Gewohnheit, nicht abgeleget worden, und verhiessen, daß in künftigem Jahr dieselbe zu rechter gewöhnlicher Zeit von beiden Jahren sollte abgeleget werden. Ferner weil sowol zur Bezahlung Ihro Königl. Majestät 3ten Termins, als auch zu Abfindung importanter Landesschulden, im Anfang dieses Landtages bereits 4 Capital- und 8 Personal-Schatzungen eingewilliget, davon die Helfte schon eingekommen, übrige aber anitzo im December und künftigen Februar des 1682sten Jahres noch einkommen sollen, so liessen

sen es die Stände dabey hiemit nochmahls bewenden. Zuletzt beschwereten sie sich, daß in der Landtages-Ausschreibung und Proposition einige ungewöhnliche Clausulen annectiret wären, wowider sie bestermassen protestireten yyy).

§. 34.
Die Africanische Compagnie in Embden wird angeleget von ChurFürst Friedrich Wilhelm zu Brandenburg nebst andern Nachrichten.

In diesem 1681sten Jahr ward von Sr. Churfürstl. Durchl. Friederich Wilhelm, Churfürst zu Brandenburg, die Africanische Compagnie in Embden gestiftet, worauf zu der Zeit eine Münze gepräget ward, auf deren einer Seite das Brustbild des hochgedachten Churfürsten mit der Umschrift:

FRID. WILH. D. G. M. BR. S. R. IMP. ARCH. EL.

auf der andern Seite eine See, von Schiffen besegelt, und in der Ferne Guinea; vor dem Meer aber eine Seule, worauf ein Compas, mit der Umschrift:

HUC NAVES AURO FERRUM UT MAGNETE TRAHUNTUR. (NB. Das TRAHUNTUR

ist

yyy) Copey der Landtags-Resolution Ao. 1681. im Monat December.

ist mit auf der See geprâget) Auf dem Rande auſſen herum ſtunden die Worte:

ANNO MDCLXXXI., COEPTA NAVIGATIO, AD ORAS GVINEÆ.

Staatsverſtändige hatten zu der Zeit ihre ſonderbare Gedanken hierüber.

Auch ſuchten die Reformirten in der Stadt Norden in dieſem Jahr ihren Kirchenbau de facto fortzuſetzen, ſo daß hierüber die Sache Rechtshängig ward bey dem Kayſerl. Reichshofrath. Bis hieher hatten ſie unter der Vergünſtigung, oder vielmehr Direction, des Herrn Dodo von Kniephauſen, Freyherr, in ſeiner Herrſchaft Weſt-Eckelbuhr nahe bey Lützburg in der ſogenannten Oelig-Mühle ihre Religions-Uebung und Gottesdienſt gehalten. Die Norder aber hatten aus bewegenden Urſachen durch die Finger geſehen, ohngeachtet die Herrſchaft Weſt-Eckelbuhr der Nordiſchen Parochial-Kirchen von Alters her eingepfarret geweſen. Nachdem nun aber beſagte Reformirte endlich zum Werk ſchritten, und de facto eine Kirche bauen wolten (welches ihnen doch bisher gehindert worden) nahmen ſich Bürgermeiſter und Rath, die Prediger, wie auch die ganze Evangeliſche Gemeine zu Norden, der Sachen etwas mehr an, und lieſſen zufôrderſt, da der erſte Grundſtein zum Bau geleget ward, durch Notarien und Zeugen dawi-

der protestiren, brachten auch bey dem Hoch=
fürstlichen Consistorio unterschiedene Mandata,
theils Inhibitoria theils Demolitoria hiewider
aus. Jene kehrten sich daran nichts, und fuh=
ren in ihrem Bau beständig fort, appellirten doch
immittelst an den Kayserl. Reichshofrath. Der
gemeine Mann zu Norden, welcher dieses Ge=
bäude mit guten Augen nicht ansehen könnte,
machte sich bey stiller Nacht=Zeit dahin, da es
schon ziemlich aufgeführet war, und riß alles
mit Gewalt wieder hernieder. Also kam die
Sache weiter zum Proceß aaaa).

§. 35.
Die Ostfriesischen Stände wenden sich mit ihren
Beschwerden zur Kayserl. Majestät.

Die Ostfriesischen Landstände, weil sie mit
den Haagischen Vorschlägen und Hand=
lungen nicht wohl zufrieden waren, sondern in
den Argwohn stunden, daß dem Fürstlichen Hause
mehr favorisiret würde als der Landschaft, wand=
ten sich zum Kayserl. Reichshofrath, und führ=
ten daselbst ihre Klagen, gestalt sie dann auch
Rescripta inhibitoria, dehortatoria und conservatoria ausgewirket hatten bbbb).

Nun

---

aaaa) Abgenöthigte Reqvisition-Schrift der Kirchen=
 wöiter zu Norden auf Notarios Ott. Janssen
 und Joh. Diccium.
bbbb) Tegenbericht op een also etc. p. 11.

Nun geschah es, daß der Herr von Linteloo Droſt zu Eſens, als der Oſtfrieſiſchen Fürſtin und Regentin Abgeſandter Ao. 1682 den 16 März im Haag die Reſolution erhielt 1) daß die Stände von Oſtfrießland, ſo viel Gebrauch des neuen Siegels beträfe, die Sache in Conformität Ihro Hochmögenden Reſolution de Ao. 1618 bey dem alten Gebrauch laſſen, und ſich des neuen Siegels enthalten müſten. 2) Daß ſie ohne Bewilligung des Landesherrn die ausgeſchriebene Landtage nicht prolongiren könnten, weil ſonſten in denen Sachen, worüber ſie zuſammen berufen und beſchrieben wären, kein Ende zu hoffen. 3) Daß die Bedienung des Inspectoris, welchen der Landesherr in dem Collegio der Adminiſtratorum oder Aſſignatorum haben mag, von der Bedienung eines Commiſſarii, ſo von dem Landesherrn committiret wird, die jährliche Landes-Rechnung mit einzunehmen, müſte unterſchieden werden. Dem Inspectori müſte frey ſtehen, im Fall er bey Verwaltung der Landpfenninge einen Mißbrauch fünde, ſolches den Adminiſtratoribus anzuweiſen, und notulas zu machen: der Commiſſarius aber müſte bey Abnehmung der Landrechnung in allem gleiches Recht und Votum haben, wie die Deputirten der Herren Stände.

Dieſe Reſolution der Herren Generalſtaaten war den Herren Ständen nicht anſtändig,

daher

daher brachten sie bey dem Kayserl. Reichshofrath den 5 Junii hiewieder ein Caſſations-Decretum aus, worin, was die Herren Staaten beſchloſſen, für null und nichtig erkläret, und beyden Theilen injungiret ward, ſich nicht ferner ed exteros zuwenden, bey Strafe deren den Kayſerl. Mandatis de non recurrendo ad exteros einverleibten Pœnen, und anderes ſchärfern Einſehens; hingegen aber ſollten ſie allein der Kayſerl. Jurisdiction ſich gehorſam bezeigen. Dergleichen ward auch an die regierende Oſtfrieſiſche Fürſtin geſchrieben. Im übrigen ward von Ihro Kayſerl. Majeſtät zur Ablegung der Oſtfrieſiſchen Haupt-Streitigkeiten eine Kayſerl. Hof-Commißion verordnet cccc).

§. 36.
Verſchiedenes Inhalts.

In dieſem 1682ſten Jahr ſchenckten Ihro Königl. Majeſtät zu Dännemark Norwegen Chriſtianus der Fünfte dieſes Nahmens, Sr. Durchl. dem Erbprinzen von Oſtfrießland, Herrn Chriſtian Eberhard, welcher ſich zu der Zeit auſſerhalb Landes aufhielt, aus hohen Königs

---

cccc) Anweiſung der LandesFürſtl. Oſtfrieſ. Territorial-Superiorität. Beylag. Num. 13. p. 97-102. Oſtfr. Hiſt. Tom. II lib. 5. n. 38. 39. p. 985-987.

Königlichen Gnaden den Elephanten-Orden dddd).

Den 16 August erschien in der folgenden Nacht ein neuer Cometstern, an dem der Schwanz nur klein, der Stern aber grösser war, als der vorige mit dem langen erschröcklichen Schweif gewesen. Der Cörper des Sterns an und für sich selbst stellte einen abländlichten und eingebogenen hellen Feuerklumpen vor, welcher rings herum Feuerrothe Strahlen wie Stacheln von sich warf, oder auch zuweilen einen dunkeln Schein von sich gab. Der Schwanz war nahe am Stern helle, hinten dunkel, und erstreckte sich, dem ersten Ansehen nach, bey sechs Grad lang. Am Ende desselben schimmerte auch bey genauer Betrachtung ein kleines Sternchen hervor. Zu allererst ließ er sich des Abends um halb 9 Uhr sehen, und zwar in den Nordischen Quartieren gegen Nordosten. Gleich wie er zuerst im Norden erschienen, so blieb er auch in den Nordgrenzen. Sein Strahl stund ebenfalls in der Nord-Linie aufwärts, und winkte er gleichsam bald West- bald Ostwärts. Mit dem Planeten Mars ging er auf, mit ihm ging er fort, mit ihm nahm er Abschied. Die Astronomi hielten dafür,

---

dddd) Personal. des weil. Durchl. Fürsten, Christian Eberhard, Fürsten zu Ostfriesland ꝛc. p. 5.

führ, daß er wichtige Kriegeshändel in Norden vorbedeuten würde eeee).

Zu diesen Zeiten verlangten die gesamten Ostfriesische Landstände, daß der Durchl. Erbprinz, ohngeachtet er nur 17 Jahr alt war, die Regierung selbst antreten, und deswegen wieder heimzukommen verschrieben werden möchte fff).

§. 37.

Die Stände erbitten sich von Kayserl. Majestät Conservatores.

Im übrigen so hatten die Herren Stände bey Kayserl. Majestät allerunterthänigst angehalten, daß sie allergnädigst geruhen wolten einige aus des H. Römischen Reichs nächst gelegenen Fürsten zu hohen Conservatoren über Ostfriesland zu setzen. Denn nachdem sie sähen, daß die Mißhelligkeiten zwischen dem Fürstlichen Hause und ihnen sich immer verweiterten, und das Feuer der Uneinigkeit immer mehr und mehr aufgeblasen würde von dem zu Hofe sich aufhaltenden General **Baudiß**, der die Vereinigung zu Bremen gehindert, und den nachmahligen Vergleich zu Aurich wieder umgestossen, ja sonsten (wie die

eeee) Theatr. Europ. XII. Th. in Ann. 1682. p. 497. Hist. Kern. Chron. von Ao. 1682. p 92. *Joh. Hinr. Voigts* Lauf grosser Veränderungen in Orient, aus verschiedenen Cometen Bezeichnung lit. C. ij iij.

fff) Personal. l. c.

die Rede ging) allerhand Anschläge wider die
Stände ersonnen hätte; nachdem auch ferner
wolbesagte Herren Stände in Betrachtung zögen,
daß kein Vergleich zwischen dem Fürstlichen Hause
und der Ostfriesischen Landschaft mit Bestande
könnte gemacht werden, indem der Fürst minderjährig, und dermahleins unter diesem Prätext
alles wieder umstoßen, oder auch restitutionem
in integrum suchen dürfe; nachdem endlich sie
in Sorgen stünden, es möchten aufs neue fremde
Völker in Ostfrießland zu ihrem und des Landes
Ruin eingeführet werden: so deuchte ihnen die
das beste Mittel zu seyn, daß sie unter dem Schutz
einiger hohen Herren Conservatoren sich in Sicherheit setzeten gggg).

Ihro Kayserl. Majestät erhörten ihre Bitte,
und verordneten hiezu die gesamten Directoren
des Westphälischen Kreises, sodann in specie
Sr. Churfürstl. Durchl. Friederich Wilhelm
Churfürsten zu Brandenburg, welcher auch seinen geheimen Clev- und Märckischen Regierungsrath Herrn von Diest in Ostfrießland abfer-
tigte, um die Mediation zwischen dem Fürstl.
Hause und den Ständen anzubieten, wiewol seine

Vor-

gggg) Theatr. Europ. XII. Th. in Ann. 1682. p. 426.
Copia des Vergleichs zwischen Chur-Brandenb.
und den Ostfr. Land-Ständen von wegen des
Conservatorii Ann. 1682. Ostfr. Hist. Tom. II.
lib. 5. n. 36. p. 982-984 & n. 41. p. 990-
998.

Vorschläge von Fürstlicher Seiten nicht angenommen wurden. Bald darauf erhielten Sr. Churfürstl. Durchl. Nachricht, daß man Staatischer Seiten gewillet wäre das Dominium directum (ratione Geldern) über die Herrschaften Esens, Stedesdorf und Wittmund zu behaupten, und die Protection dem Lande aufzudringen, und ihre Milice hineinzulegen; imgleichen daß Ihro Durchl. die Frau Regentin von Ostfrießland einige heimliche Tractaten sollte gemachet haben wegen der Winter-Quartiere und Einnehmung einiger Truppen. Dannenhero stellten sie ungesäumt die Order, daß einige Mannschaft zu Schiffe gebracht, und unter der Direction des Obersten von Brand nach Ostfrießland hinüber geführet würde. Gleich wie solches in der Stille geschah: so überraschten diese Völker auch bey nächtlicher Zeit ganz unversehens den 4 November das feste Haus und den Haven Gretsiel. Es waren ihrer an die 300 Mann, wovon hernach einige nach Norden gesandt, einige zu Embden in Garnison verleget, so viel als vorerst zur nothwendigen Besatzung von nöthen auf der eingenommenen Burg gelassen worden. Diese Vestung ist und bleibet noch heutiges Tages mit Brandenburgischen Völkern besetzet hhhh).

§. 38.

─────────
hhhh) Theatr. Europ. l. c. Friedr. Leutzolffs v. Franckenberg Europeisch. Herold 1 Th. p. 582

§. 38.

Der Churfürst zeiget die Ursachen an der Einnehmung des Hauses Grete.

Wegen der Einnehmung des Hauses Gretsiel ließ Se. Churfürstl. Durchl. sich sofort durch dero Regierungsrath und extraordinairen Envoyé im Haag den Herrn von Dieft bey Ihro Hochmögenden entschuldigen, und in einem Memorial die dazu andringenden Ursachen anzeigen. Solche waren nun hauptsächlich, daß Ihro Churfürstl. Durchl. nebst Sr. Fürstl. Gnaden von Münster und Sr. Durchl. Pfaltz-Neuenburg die Conservation des Ostfriesischen Landes auf sich genommen, und daher kraft des von Kayserl. Majestät aufgetragenen Conservatorii für dieses Landes-Beschirmung schuldig wären zu sorgen. Indem nun Ihro Churfürstl. Durchl. sich dieses angelegen seyn, und die Mediation zur Vereinigung der Fürstin und Stände offeriren lassen, solche aber auf Fürstl. Seiten recusiret worden, so daß man klar und deutlich spüren können, daß vor wäre, das Land dem Conservatorio zuwider, mit fremder Einquartirung zu beschweren: also hätte man Amts- und

Pflichts-

---

p. 582. Hister. Kern. Chron. in Ao. 1681. p. 114. 115. Ostfries. Kleine Chronic Gründl. Anweisung des ErbRechts des Ostfr. Regier Hauses an Embden. Doc. 85. p. 132. seqq.

P

Pflichtswegen sich genöthiget befunden, einig Volk als eine Saupt-Garde zur Beschirmung des Landes und der Stände nach Ostfrießland zu senden; welches vor dismahl zu Waffer geschehen, weil man zu Lande bey diesen Zeiten keine Bequemlichkeit dazu gesehen. Jedoch sollte diese Anlandung der Brandenburgischen Völker und Besetzung der Vestung mit nichten Jhro Hochmögenden zum Präjudiz oder Nachtheil gereichen. Und wie diese Sache mit den Conservatoribus übergeleget, also wären Jhro Churfürstl. Durchl. erbötig, sobald nur der von Kayserl. Majestät verlangte Zweck erreichet, nemlich die Conservation des Friedens in Ostfrießland, und die Beschirmung der Stände und Einwohner gegen fremde Gewalt und Einquartirung, alsdenn allezeit Jhro Kayserl. Majestät fernerer Verordnung nachzukommen iii).

Noch in demselbigen Monat November kam der Churbrandenburgische geheime Regierungsrath Herr von Diest nach Embden, und richtete im Nahmen des Churfürsten mit den Ostfriesischen Ständen einen Vergleich auf über das Conservatorium. Sr. Churfürstl. Durchl. versprach den Ständen 1) die Vereinigung zwischen der Fürstin und den Ständen nach Anleitung der Kayserlichen Verordnung und Decisionen von Ao. 1677. 1678. 1681. 1682. sodann

iiii) Theatr. Europ. XII. Th. p. 426. 427.

unter der **Fürstlichen Regierung.**

dann des Tractats de Ao. 1678. auch anderer Huldigungs-Reversalen zu befördern. 2) Im Fall die gütliche Handlung nichts verfangen noch zulänglich seyn wolte, sie bey ihren habenden Rechten, Privilegien und Accorden kräftig zu schützen. 3) Das Land von fremder Invasion und Einquartirung frey zu halten. 4) Ihro Fürstl. Gnaden von Münster dahin zu vermögen, daß sie in diese Handlung mit eintrete, auf daß Ostfrießland auch den Nutzen der mit der Krone Dännemark jüngst gemachten Alliance, so viel es zur Behauptung des Conservatorii nöthig, mit geniessen möge. 5) Ihre Völker zu allen Zeiten wieder aus Ostfrießland abzuführen, wann es nur von den Landständen 3 Monat vorher begehret und angedeutet worden. 6) Die Völker ohne Consens der Stände nicht wieder wegzunehmen, noch das Haus Gretsiel in fremde Hände zu überliefern, sondern nur dem Fürstl. Hause nach getroffenem Vergleich mit den Ständen einzuräumen. 7) Dem commandirenden, auch andern Ober- und Unter-Officirern zu vertrauen, im Beyseyn eines Churfürstl. Commissarii und der Stände mit leiblichem Eyde sich zu verpflichten, daß sie auf Ansinnen der Stände ihre Privilegia und Administration der Landesmittel manteniren, sonsten aber den Unterthanen nicht beschwerlich seyn wollen. 8) Ihro Consilia dahin zu richten, daß auch Harrlinger-Land für Invasion frey bleiben, und seine Quotam mit beytragen möge. Hingegen versprachen die Herren Stände, daß sie jederzeit Sr. Churfürstl. Durchl. als Directoren des Westphälischen Kreises, und von Ihro Kayserl. Majestät verordnetem Conservatoren mit geziemender Reverenz begegnen, mit der Kayserl. Majestät Sr. Churfürstl. Durchl. und Sr. Fürstl. Gnaden von Münster ihre Consilia zu des Landes-Conservation überlegen, und mit keinem auswärtigen ohne dero Vorbewust neue Pacta oder Verbündnisse schliessen wolten kkkk).

Endlich haben die Ostfriesischen Herren Stände Sr. Churfürstl. Durchl. und Sr. Hochfürstl. Gnaden zu Münster für sothane gnädige Affection und Conservation monatlich 800 Rthlr. zu erlegen angelobet, welche ihren Anfang nehmen sollten von dem 1 November und dauren bis zur verabschiedeten Abführung der Völker. Dieses alles ward zu Embden zwischen dem Herrn von Diest und den Herren Ständen abgehandelt und unterschrieben. Indem aber auf Fürstl. Seiten diese Occupation des Stammhauses Greetsiel nicht wol genommen ward, so warf man auf Ständischer Seiten den Fürstl. Dienern vor (wenn sie

kkkk) Schriftl. Copey des Vergleichs zwischen Chur-Brandenb. und den Ostfr. LandStänden von wegen des Conservatorii Ao. 1682. Mens. November.

sie davon Erwähnung thäten) daß solches gar leicht hätte können verhütet werden, wenn sie der treuen Erinnerung gemäß, das Haus Gretsiel der Kayserl. Sauvegarde zu bewahren anvertrauet hätten. Solches aber zu thun, trugen die Fürstliche zuvor Bedenken, weil bey dieser Zeit die Kayserlichen Decreta ihnen entgegen geloffen waren IIII).

§. 39.
Des Oberstlieutenant Martens Gerdes Anschläge.

Wie nun also Gretsiel in fremden Händen war, so ließ sich der Kayserliche Oberstlieutenant Marten Gerdes, welcher mit einigen Kayserlichen Völkern als einer Salve-Garde in Leer lag, sich bereden, auch etwas zu wagen, und einen Versuch zu thun, ob er nicht der Fürstlichen Residenzstadt Aurich unvermuthlich sich bemeistern, und daselbst das Einlager mit seinen Soldaten halten könnte. Also machte er sich A°. 1683 im Januario auf mit etwa 400 Mann in Meinung sein Vorhaben ins Werk zu richten. Die Durchl. Fürstin Frau Christina Charlotte, erhielt von diesem Aufbruch eine eilfertige Nachricht, daher machte sie solches an Bürgermeister

---

IIII) Wiederhohlter Abdruck des HochFürstl. LandTags-Schlusses de dato Stickhausen d. 23 Augusti A°. 1684. lit. D.

meister und Rath kund, und kam also auf dero
gnädigstes Begehren die Bürgerschaft in Waffen,
und besetzte die Stadt an benöthigten Orten.
Nun kam besagter Oberstlieutenant (den die Auricher wegen seiner Leibesgestalt den krummen
Marten nannten) vorausgeritten, und hatte seine
Völker in der Nähe zurück gelassen, damit er zuförderst die Beschaffenheit der Stadt in Augenschein nehmen möchte. Als er aber fand, daß
Wälle und Thoren besetzet waren, kehrte er zurück, und ließ seine Leute nach Friedeburg ziehen, zum wenigsten diese Grenzvestung zu überrumpeln. Allein der Commendant Herr Drost
Bruns empfing ihn mit spielenden Feuer von
dem Schloßwall; dazu kam auf Order der Fürstin der Drost zu Esens Herr Linteloo mit einer
grossen Anzahl Harrlingischer Unterthanen ihm
unversehens über den Hals. Also muste er mit
seinen Leuten die Flucht nehmen. Sie flüchteten
ins Gödensche und sonsten, einige kamen auch
um den Hals. Selbst die regierende Fürstin
fuhr nach Friedeburg, begleitet mit etwa 80
Mann zu Pferde, so allesamt junge Leute und
Bürgersöhne in Aurich waren. Da sie aber
ohnweit Friedeburg kamen, erfuhren sie, daß
Herr Marten schon fort wäre; die Unterthanen
aber aus dem Harrlinger-Lande hielten sich noch
auf zu Reepsholt. Gedachter Oberstlieutenant
entschuldigte sich hernach den 15 Februar in einem

nem gedruckten Schreiben an alle Land-Officier, daß er dis Unternehmen dem Lande zum Besten gethan. Auf Seiten der Herrschaft wolte man aber die Sache also nicht verstehen, und nahm man es übel, daß er sich schon in andern Dingen den Herren Ständen zu Gefallen hatte brauchen lassen. Auf seinen Brief kam den 20 März eingedrucktes Antworts-Schreiben eines treuen Officianten des Hausmanns-Standes ans Licht, worin ihm ziemlich hart geantwortet ward mmmm). In diesem Jahr machten die Ostfriesischen Stände mit der Stadt Embden ein eigen Verbündniß nnnn).

§. 40.
D. Conradi Büttneri Ostfr. General-Superintendenten-Fall.

Anno 1684 im Frühjahr fiel der Hochfürstl. Hofprediger und General-Superintendent D. Conradus Büttner, welcher ein Successor D. Cadovii war, und seit Ao. 1680 in Diensten gestanden, zu Hofe in Ungnaden, und wurden ihm viel übele und seinem Amt gar unanständige Dinge imputiret. Hierüber resignirete

---

mmmm) Antwort-Schreiben eines treuen Officianten des Hausmanns-Standes auf Herrn Oberst-Lieut. Marten Gerdes Schreiben.
nnnn) Ostfr. Hist. Tom. II. lib. 5. n. 43. p. 999-1001. Gründl. Anweisung des ErbRechts des Ostfr. Regierhauses an Embden Doc. 86. p. 135. seqq.

rete er in Meynung desto freyere Hände zu haben sich zu verantworten. Wie er nun den 29 May vors Consistorium geladen, in der Citation aber wider Landes-Gewohnheit die Ursache nicht gemeldet ward, hielt er sich nicht befugt zu erscheinen, sondern suchte Remissoriales ans Hofgericht, und verfügte sich darauf in Jeverland (woselbst er vorhin Superintendent gewesen) nach seinem Landgut zu Wivels. Am zweyten Tage nach seiner Abreise ward das Haus mit 8 Fürstl. Soldaten besetzet, und seiner hinterlassenen Frauen durch einige Hochfürstliche Commissarien alle Schlüssel zu Kisten und Kasten abgenommen. Sobald der Doctor dis erfuhr machte er sich nach Embden, um bey den Ostfriesischen Herren Ständen Schutz wider Gewalt zu suchen. Vom Hofe hingegen erging eine Citatio Criminalis Edictalis sub dato d. 20 Junii, worin er des Criminis Simoniæ, Falsi, Sacrilegii, Adulterii etc. beschuldiget, und innerhalb 6 Wochen zu erscheinen befehliget ward. Solche Citation ward zu Embden und an andern vornehmen Orten in Ostfrieß- und Harrlingerland öffentlich affigiret. Immittelst findet ihn, als er aus Embden wieder weggereiset ein Fürstl. Voigt in dem Flecken Larrlet, hält ihn an, und bringet ihn gefangen nach Aurich. Von hier ward er nach Wittmund geführet, und ihm aufs schleunigste der Proceß gemacht, so daß den

12 Julii die Sentenz gesprochen, und ihm zuerkannt worden, daß er auf 50 Jahr das Land räumen, und 1000 Goldgülden Brüche nebst Restitution der aufgegangenen Kosten nach Ermäßigung abtragen sollte. Und also muste er den 14 Julii nach gethaner Uhrfehde fortwandern. Das Fürstl. Haus wolte niemand die Judicatur über gemeldten D. Büttner ausser ihrer Canzelley zu stehen, weil er als ein Domestick sollte gerechnet werden. Hingegen wolte das Hofgericht, als wobey er Citationem ex Lege Diffamari gesuchet hatte, von solcher Ausnahme nicht wissen. Die sämtlichen Landstände waren in der Meynung, daß eine Person, die in einem publico officio, die Landes-Regierung angehend, sich befünde (gestalt dann der Doct. als Superintendent Prediger ordinirete, introducirete 2c. und als Consistorialrath in causis Consistorialibus seinen Collegen das Recht sprechen hülfe kein Domestick wäre,) so weit von den Domesticken zu unterscheiden, als die übrigen Herren Räthe. Zudem so achteten sie es wieder die Freyheit und Accorden des Landes zu seyn, einen Ostfriesischen Unterthanen der Jurisdiction des Hofgerichtes zu entreissen, und anderswo hinzuführen. Deswegen wurden auch nachmahls Beschwerungen auf dem Landtag geführet. D. Büttner aber hatte sich nach seinem

nem Landgut in Jever begeben, woselbst er auch
Ao. 1688. den 4 Jan. gestorben ist oooo).

§. 41.
Landtag zu Aurich.

Den 30 Julii schrieb die Durchlauchtigste
Fürstin und Regentin von Ostfrießland,
Frau Christina Charlotte, einen Landtag
aus, und zeigte in dem Anschreiben der Gewohnheit nach die Ursachen dessen an, wie sie mit
einander zu überlegen hätten wegen der annoch
restirenden Türken-Steuer, welche abzutragen
Ihro Kayserl. Majestät anbefohlen; wegen Abführung der Brandenburgischen Völker; wegen
der von Ihro Kayserl. Majestät vorhin angeord-
neten, nun erneueten Hof-Commißion, wovon
das Kayserl. Rescriptum, so einen Terminum
von 2 Monaten bestimmet, durch den Kayserl.
Oberstwachtmeistern Freyherrn von der Ley] etwas spät, und als mehr denn ein Monat verstrichen gewesen, erst zugesandt worden, da dann
Ihro Durchl. gerne sähen, daß die Kayserl. Commißion hier zu Lande möchte gehalten werden,
wovon

oooo) Ex Actis publicis *Conf.* das gedruckte Urtheil
ex Officio contra D. Conrad Büttner, samt Ur-
fehde und Revers. *it.* Wiederhohlt. Abdruck
eines Hochfürstl. Ostfr. Vormundschaftl. Land-
tag-Schlußes de dato Stickhausen d. 23 Aug.
1684. lit. C. 3. W. N. *it.* LandT. Resolution
zu Aurich d. 22. Aug. menbr. 3. lit. D.

wovon mit einander zu reden; wegen des Bevollmächtigten zu der bevorstehenden Commißion, ob und wen sie dazu absenden wolten; wegen eines Verbots die Milch-Kühe nicht ausserhalb Landes bey gegenwärtigen Zeiten zu verhandeln. Zum Versammlungs-Tage ward gesetzet der 18 August, an welchem die Stände in Aurich erscheinen sollten pppp).

Wolgemeldete Herren Stände stellten sich zur bestimmten Zeit in Aurich ein, und nach verschiedenen Conferenzen schritten sie zu solcher Landtags-Resolution: 1) daß Ihro Kayserl. Majestät wegen der begehrten 130 Römer Monaten Türken-Hülfe billig allerunterthänigst Gehorsam zu leisten. 2) Zu der vorseynden Kayserl. Commißion, an deren Aufhaltung sie nicht schuld wären, hätten sie den Freyherrn von Gödens bevollmächtiget. 3) Wider die Proceduren, welcher mit D. Büttner vorgenommen worden, protestireten sie solemniter, und wolten hiemit dem Hofgericht recommendiren, in dergleichen Fällen cordate Justitz zu Administriren, den Administratoren aber völlige Autorität ertheilen, den Bedrängten durch alle zugelassene Wege Juris et Facti wider Gewalt die Hand zu bieten. 4) Wann auch ein Schreiben an Ihro

pppp) Schriftl. Copey Ihro Hochfürstl. Durchl. Ausschreibens wegen des Ao. 1684. d. 18 August zu haltenden Landtages.

Ihro Durchl. unterbrochen wieder zurück gesandt, vermittelst einem Recepisse, unter der Hand des Secretarii, anzeigend, daß es darum geschähe, weil die Stände nicht Durchläuchtigst, sondern Durchläuchtig, darauf gesetzet: so hätten sie hiemit unterthänigst erinnern wollen, daß man bisher nicht anders gewohnet gewesen zu schreiben, und daß man jenen Titul an die Churfürsten gebrauchet hätte, derowegen Ihro Durchl. ersuchet würde, der Stände und Stadt Embden Briefe künftig um einer so geringen Ursache willen nicht also schimpflich zurück zu schicken. 5) Wegen der Landes-Ausgaben wären 2 Capital- und 4 Personal-Schatzungen eingewilliget worden. 6) Weil zu Esens viel kleine Münze geschlagen, ersuchte man unterthänigst, daß die gnädigste Herrschaft entweder solche wieder einziehen, oder die Order ertheilen wolten, daß in dero Renterepen besagte Münze völlig und ohne Aufgeld möchte angenommen werden; widrigenfalls sie genöthiget würden, an die Administratoren Commißion zu geben, sothane Münze zu heben, dem Landrentmeister und sämtlichen Comtoiren im Lande zu verbieten. 7) Die Ausführung oder Verkaufung der Milch- und andern Kühe zu verwehren, hielte man itziger Zeit noch impracticabel. Diese Landtags-Resolution war mit folgender Unterschrift und Nahmen der Deputirten bestärket, nach Anweisung des im öf-

fent-

unter der Fürstlichen Regierung.

fentlichen Druck erfolgten sogenannten Wiederholten Abdrucks:

Wegen der Ritterschaft.

E. J. d'Appel. H. B. Freyherr zu Gödens.. H. H. Freydag von Gödens. Heinrich v. Werfabe.

Wegen der Stadt Embden.

D. Andreé D. F. H. Stoschius. Cornelius D. Holstein.

Wegen der Stadt Norden.

L. Wenckebach) D.

Wegen der Stadt Aurich.

A. Arends D. J. E. Welms.

Wegen des dritten Standes.

Dirck Janssen. Bayo Heeren. J. v. Rehden. Peter Wiertjes. E. T. Braecke, Habbe Hehren. Wilm von Papetjucht. Ubbo Emmen. Gosen Andriessen a Salingen. Hero Tammen. Jürgen Lynesch. Edo Ayken Peters. Hinrich Janssen Tyben. Harmen Gastmann. Frerich Andressen. Harm Grünwolt. Bohle Janssen. Hildrich Bruns. Alle Butten. Nanne Ibelings. Johann Eden qqqq).

§. 42.

qqqq) Wiederholter Abdruck eines Hochfürstl. Ostfr. Vormundl. Land-T. Schlusses in den Anmerkung.

§. 42.
Der Stände Landtags-Schluß zu Aurich wird von der Durchl. Fürstin nicht angenommen.

Diesem in Aurich abgefasseten Landtags-Schluß, welchen die Stände durch den Secretair Westendorff nach Stickhausen, woselbst die Durchlauchtigste Fürstin sich dazumahl befand, hinübersandten, ward ein ganz ander Landtags-Schluß entgegen gesetzet, und dem Collegio Administratorum et Deputatorum in Embden zugeschicket. In demselbigen gab hochgedachte Fürstin zu erkennen, welchergestalt sie von dero geheimen Rath und Vicekanzlern Herrn Johann Hinrich Stammler, wie auch Regierungsrath und Amtsverwaltern zu Norden Herrn Anthon Pauli vernommen, was auf dem Landtage zu Aurich vorgegangen und gehandelt, und wie die Landtags-Comparenten ohne Urlaub wieder von einander gegangen; sie auch aus der Uebergesandten Resolution weiter vernehme, in wieweit sich die Landstände über die auf dem Landtag proponirte Puncten erklären wollen. Wann nun bey dieser Landtags-Resolution nach dem Landtags-Recht nicht verfahren und dieselbe ganz einseitig und eigenmächtig ohne dero

lung: Ko. E. M. R. is. Der Ostfr. Stände Land-R. Resolution in Aurich vom 22 August 1684. lit. A. B.

dero Ministres geschlossen; auf einige Punkten,
z. Exemp. von Abführung der Brandenburger,
sich nicht eingelassen, wol aber fremde, und nicht
ausgeschriebene mit hineingerücket; sonsten auch
dabey allerhand Unförmlichkeiten (die angezeiget
wurden) sich ereigneten: Also könnten Ihro
Hochfürstl. Durchl. für sich und im Nahmen
der hohen Contutoren, benanntlich des Hochwür-
digsten und Durchlauchtigsten Fürsten und Herren, Hrn. Ernst Augusten, Hrn. Georg
Wilhelms und Hrn. Friederich Carels, respective Bischofen zu Osnabrück, Herzogen zu
Braunschweig und Lüneburg, auch Würtemberg und Teck ꝛc. dieselbe für eine förmliche und
den Landes-Verträgen gemäße Landtags-Resolution nicht annehmen.

So viel aber die Materialia anbelangte:
so wären Ihro Hochfürstl. Durchl. mit der Erklärung über den ersten Punkt der 150 Römer Monaten Türken-Hülfe zufrieden, befehlen auch hiemit (jedoch nach vorhergegange-
ner Vorstellung ein oder anderer Dinge, so der
Fürstlichen Hoheit bey dem Jure Collectandi zu-
kämen) daß die Aßignatores und Deputati sothane Gelder aus denen dazu vorlängst eingewilligten und hiemit in soweit befestigten Landes-
Schatzungen fördersamst bezahlen sollten. Und
nachdem der Punkt von Abführung der
Chur-Brandenburgischen Völker, die doch

von Kayserl. Majestät selbst decretiret, stillschweigens vorbeygegangen, wolten Ihro Hochfürstl. Durchl. das gnädigste Vertrauen haben, es würden dero getreuen Landstände hiezu das ihrige getreulichst anwenden, widrigenfalls Ihro Hochfürstl. Durchl. sich alle dienliche Mittel dagegen ihrem hohen Hause und den darunter leidenden Eingesessenen zum Besten wolten reserviret haben. Was den 4 Punkt von der Kayserl. Hof-Commißion betrift, so wären Ihro Hochfürstl. Durchl. allewege bereit gewesen, ihre Bevollmächtigte dahin zu senden, hätten auch keine Schuld an der bisherigen Verzögerung. Denn ob gleich Ihro Hochfürstl. Durchl. zu Verspahrung vieler Kosten lieber gesehen, daß durch den Kayserl. Abgesandten und Commissarium Freyherrn von Plittersdorf die Commißion hiesiges Ortes gehalten wäre: so hätten sich dennoch die Ordinair-Deputirte und Aßignatoren dawider gesperret, und hiemit die Sache aufgehalten Da nun also die allerhöchst verordnete Hof-Commißion sollte vor sich gehen, so verlangten Ihro Hochfürstl. Durchl. zufoderst, daß die zu solcher Reise erfordernde Mittel aus dem gemeinen Aerario möchten herbey geschaffet werden, zumahlen bis daher ihres Herrn Sohns Grashäuser, dessen Bediente und deren Güter dazu contribuiren müssen, bis darüber ein anders zu Recht oder in der Güte erhalten worden; nächstdem so hätten

ten Ihro Hochfürstl. Durchl. zu erinnern, daß, weil der Freyher Haro Burchard von Gödens dem Hochfürstl. Hause zum Verdruß zur Beobachtung der Hof-Commißion nominiret, sie mit demselbigen in keine Tractaten sich einlassen könnten, anerwogen derselbe als ein bisheriger Fürstlicher Bedienter ohne Zurücknehmung seines eidlichen Berufes vom Hofe abgetreten, und zu dem Collegio sich gesellet, doch aber zum Aßignatore noch nicht confirmiret, zudem ein unstreitiger Lehns-Mann ihres Herrn Sohns wäre. Ob schon auch wegen des 5 Punkts der eingewilligten 2 Capital- und 4 Personal-Schazzungen verschiedenes zu erinnern wäre, bevorab da die Landes-Rechnung den 10 May nicht abgeleget, so wolten doch Ihro Hochfürstl. Durchl. darin gehelet haben, wann es zu nichts anders, als zur Bezahlung der 130 Römer Monaten, des Cammergerichts Unterhalt, und der Kreiß-Steuer sollte angewendet werden, endlich doch auch zu beyderseits Commißions-Kosten. Daß der 6 Punkt wegen Verkaufung der Milch-Küh für inpracticabel gehalten würde, liessen Ihro Hochfürstl. Durchl. dahin gestellet seyn. Wegen des, auf seine selbst eigene Bekenntniß und Submißion, condemnirten und relegirten Doctoris Büttners, hoffeten Ihro Hochfürstl. Durchl. nicht, daß die Stände sich weiter bemühen würden, noch deswegen bey Kay-

Q serl.

serl. Majestät oder bey denen hohen Herrn Conservatoren einige Ansuchung thun, in Betrachtung selbiger ihr Domestick gewesen, so in dero Hause aus Gnaden gewohnet, und des Landes Onera nie mitgetragen, derselbe auch, ob schon von der Consistorial-Citation, doch von der Criminal-Inquisition nie Remissoriales ans Hofgericht gesuchet hätte. In dem Punkt von der Müntz hätten zwar Ihro Durchl. dem Müntzmeister zu Esens keine neue Commißion kleine Sorten zu müntzen gegeben, sondern er hätte die bisherige Commißion mit Vorbewust der Herrschaft fortgesetzet, bevorab da die Stadt Embden mit Schlagung der Schilling und anderer kleinen Müntze ungebührlich verfahren, und das Land mit Jeverscher Müntze übermäßig beschweret worden: übrigens aber könnten Ihro Hochfürstl. Durchl. dero Landständen, als mit solchen Regalien nicht belehnten Unterthanen keine eigenmächtige Devolvation zustehen. Was endlich das Prädicat von Durchläuchtigst angehet, welches in der Ansuchung dieses Landtags observiret, in dem zurück gesandten Brief aber geändert worden, so lebten Ihro Hochfürstl. in der gnädigsten guten Zuversicht, sie würden mit dem vorigen Prädicat continuiren, und deswegen die Correspondance zu abrumpiren keinen Anlaß geben. Es war diese Schrift mit Hochfürstl. Unterschrift und Insigel befestiget auf der Grenzvestung

stung Stickhausen unterm dato 23 August 1684 rrrr). Indem aber solche öffentlich gedrucket ward, liessen die Ostfriesischen Stände sie noch einmahl drucken, und mit beygefügten Anmerkungen herausgeben, und dis ist der wiederholte Abdruck, davon vorhin gedacht worden sss).

§. 43.

Eine Kayserl. Hof-Commißion wegen der Ostfriesischen Streitigkeiten ist verordnet.

Eine gar kurze Zeit hernach begab sich die regierende Hochfürstl. Frau Wittwe ausserhalb Landes, und trat eine Reise an, theils ihre hohe Freunde und Anverwandten zu besuchen, theils auch ferner nach Wien zu gehen, um der allergnädigsten Kayserl. Commißion in hoher Person mit beyzuwohnen. Es war nunmehro schon ins andere Jahr, daß wegen der Ostfriesischen Streitigkeiten eine Kayserl. Hof-Commißion verordnet, und von hochgedachter Fürstin acceptiret worden. Immittelst aber, da dieselbe bey sich über=

rrrr) Abdruck des Hochfürstl. Ostfries. Vormundschaftl. publicirten, und dem Collegio Administrator. et Deputator. eingeschickten Land tags-Schlusses und Abscheides de dato Stickhausen d. 23 Aug. 1684.

sss) Wiederhohlter Abdruck eines sogenannten Hochfürstl. Ostfrießländisch. Vormundschaftl. Lands Tags-Schlusses de dato Stickhaus. d. 23. Aug. 1684. mit Anmerkungen.

überlegte, wie auf der Stände Seiten die behörige Unkosten ex communi Aerario genommen würden, das Fürstl. Haus aber aus eigenen Einkünften solche würde herschiessen müssen, deuchte Ihro Hochfürstl. Durchl. das rathsamste zu seyn, zu Ersparung grosser und schwerer Kosten, wie auch aus andern bewegenden Ursachen bey Kayserl. Majestät allerunterthänigst anzuhalten, daß die vorschwebende Commißion in Ostfrießland möchte angestellet und gehalten werden. Sie erhielt auch solches unter Aßistence der hohen Lüneburgischen und Würtembergischen Häuser, als welche die Mit=Vormundschaft hatten, und ward dem Kayserl. Cammerherrn und Reichshofrath, Herr Baron von Plittersdorf sothane Commißion allergnädigst aufgetragen. Allein die Ostfriesischen Landstände hatten keine Lust zu einer innländischen Handlung, sondern hielten dafür, es wäre besser, daß in Facie Cœsareæ Majestatis und von einem ganzen höchstansehnlichen Collegio zu Wien, als vor einem einzigen Commissario in Ostfrießland, die Sache gehandelt würde; massen jenes nicht so leicht würde einseitig gemachet werden, als eine einzelne Person. und also arbeiteten sie dahin, daß es bey der ersten Resolution blieb, und des Herrn von Plittersdorff Commißion wieder aufgehoben ward. Nun war aufs neue den 18 Junii dieses 1684sten Jahres durch ein Kayserliches Re=

scrip=

scriptum die Hof-Commißion erneuet, und ein Terminus von 2 Monaten gesetzet, die aber meist verstrichen waren, insonderheit da es Ihro Hochfürstl. Durchl. etwas spät zugeschicket worden. Jedoch hatte man auf Fürstl. Seiten wiederum eine Dilation auf 6 Monat gebeten, und zum wenigsten eine Zeit bis nach den Weyhnacht-Ferien erhalten. Also machte sich nun hochgedachte Fürstin auf, und ging zuförderst nach Hannover, ohne Zweifel mit dem Hochfürstl. Mit-Vormund alles vorher zu überlegen, und nachdem sie eine Zeitlang sich daselbsten aufgehalten, setzte sie die Reise weiter fort nach Stuttgardt und Bayreuth tttt).

§. 44.
Der Reformirten in Norden vorgewesener Kirchen-Bau kommt itzt zum Stande.

In diesem Jahr kam auch der längst vorgewesene Kirchen-Bau der Reformirten zu Norden zu seiner verlangten Perfection. Denn nachdem die Chur-Brandenburgischen Völker im Lande lagen, bedienten sie sich deren Beystandes, und fingen unter ihrer Beschirmung den 21 Julii den Kirchen- und Schulenbau wieder an. Und
ob

---

tttt) Coppey Ausschreib. des Ihro Hochfürstl. Durchl. wegen des Ao. 1684. d. 18 Aug. zu haltenden LandTages. it. Wiederhohlter Abdruck eines Hochfürstl. LandT. Schlusses ꝛc. lit. A. H. F.

ob gleich die Durchl. Fürstin zur Behbehaltung ihrer habenden hohen Episcopal- und Consistorial-Rechten, sodann auch weil die Sache am Kayserl. Hofe rechtshängig war, sofort des folgenden Tages ein Mandatum Consistoriale Inhibitorium ergehen ließ, daß, weil die Sache in puncto appellationis noch rechtshängig und unausgesprochen, sie einhalten, und den Kayserlichen Ausspruch zuförderst erwarten sollten, fuhren sie doch beständig fort. Die Stadt Norden nahm zwar auch ihr habendes Recht in Acht, und ließ durch Notarium und Zeugen protestiren, es ward aber wenig darauf reflectiret. Unterdeß nun, daß auf beyden Seiten der Proceß getrieben ward, kamen die Arbeiter mit dem Werk soweit, daß der Gottesdienst in der Kirchen konnte verrichtet werden. Also ward der 24ste Sonntag nach Trinitatis, war der 9te November, zur Einweyhung der Kirchen erwählet. An selbigen Tage ging der dannahlige Lützburgische Gerichts-Verwalter Herr **Johann Freytag** J. U. D. mit einem ziemlichen Gefolg aus der Herrlichkeit Lützburg nach Westeckelbuhr, und ließ daselbst den Gottesdienst halten. Pastor **Henricus Teelmann** that die Einweyhungs-Predigt aus Esai LXVI, I. administrirte das Abendmahl, und copulirte auch ein Paar Eheleute, die sonsten zu der Lutherschen Kirchen in Norden gehörten. Die Norder liessen nochmahls

wider

unter der Fürstlichen Regierung

wider solchen Actum durch ein paar Notarien und
Gezeugen protestiren uuuu).

§. 45.
Des Ostfriesischen Erbprinzen Christian Eberhards Beylager.

Eben zu der Zeit, da die Durchl. Fürstin von Ostfrießland sich nach Bayreuth hingewandt hatte, fügte es sich, daß Se. Durchl. der Erbprinz Christian Eberhard, welcher aus Italien seine Heimreise angetreten hatte, sich über Augspurg nach dem Marckgräflichen Hofe zu Bayreuth begab, allda zuvor die hohen Anverwandten zu besuchen, massen die Frau Marckgräfin seine Mutter Schwester war. Indem er nun hiesiges Ortes seine Frau Mutter fand, war die Bewillkommung und Vergnügung unter allerseits hohen Personen um desto grösser. Es war

---

uuuu) Abgenöthigte Reqvisition-Schrift cum inserta Protestatione, Contradictione, atqve Reservatione auf Notarios Ott. Janſonium und Joh. Diccium ad inſtantiam der Kirch Verwalter zu Norden Lieut. Berend Janßen und Willem Harmens Schotten, die anmaſſentl. Conſecrat. und Inaugurat. der WeſtEckelburiſchen Reformirten neuen Kirchen betreffend. Ao. 1684. d. 15. Nov. p. 10-22. *Harkenroths* Embdens Herderſtaf. p. 50.

zu dieser Zeit an dem Marckgräflichen Hofe die Durchlauchtigste Prinzeßin **Eberhardina Sophia von Oetingen**, eine Prinzeßin von sonderbarer Schönheit und Tugend, die von hochgedachter Frau Marckgräfin als eine Tochter geliebet und erzogen ward. Auf solche warf der junge Ostfriesische Erbprinz eine keusche Liebes-Neigung und begunte um dieselbige anzuhalten, gestalt dann er eine zarte Gegen-Liebe vermerkte. Diese Eh- und Liebes-Sache ward unter allerseits hohen Personen so getrieben, daß unter einhelliger Beystimmung sowol des Marckgräflichen Hofes als der Hochfürstl. Frau Mutter aus Ostfrießland die Heyrath vollzogen, und dis hohe Fürstl. Ehepaar Anno 1685 den 3 May durch den dasigen General-Superintendent und Ober-Hofprediger Herrn Doct. **Steinhöffer** copuliret ward. Hochgemeldete Prinzeßin war eine Tochter des weil. Durchlauchtigsten Fürsten und Herrn, Herrn **Albrecht Ernst**, des H. Römischen Reichs Fürsten zu Oetingen, und der weil. Durchlauchtigsten Fürstin und Frauen, Frau **Christina Friederica**, gebohrnen Herzogin zu Würtenberg und Teck, einer Schwester der Ostfriesischen Fürstin und Vormündlichen Regentin. Sie war gebohren Ao. 1666 den 16 August auf der Residenz zu Oetingen. Und also waren beide hohe Verehlichte von annoch jungen Jahren;

ren; der Durchl. Erbprinz im 20sten und die Durchl. Prinzeßin im 19ten Jahr xxxx).

§. 46.
Hochgedachter Erbprinz notificiret seine Ankunft zu Bayreuth den Ostfriesischen Ständen.

Hochgedachter Erbprinz von Ostfrießland hatte bereits den 11 Februar dieses 1685sten Jahres den Ostfriesischen Landständen seine hohe Ankunft in Bayreuth durch ein gnädigstes Anschreiben kund gemachet; yyyy) wäre auch wol gerne nach gehaltenem Beylager mit seiner Frau Gemahlin nach Ostfrießland gereiset, wenn nicht in der Marckgräflichen Residenz der Frau Mutter und anderer hohen Bluts-Verwandten höchstgeliebte Gesellschaft ihn zu bleiben angelocket, hingegen die Ostfriesischen innerliche Verwirrung von der Heimreise abgeschrecket hätte. Und also blieb Sr. Hochfürstl. Durchl. mit dero Frau Gemahlin dieses Jahres über an dem Marckgräflichen Hofe zzzz).

Q 5   Im-

xxxx) Personalia des Durchl. Fürsten und Herrn, Herrn Christian Eberhard etc. p. 6. it. Der Durchl. Fürstin und Frauen, Fr. Eberhardina Sophia etc. p. 3-6.
yyyy) Cop. Schreibens des Durchl. Erbprinzen, Fürsten Christian Eberhard etc. A°. 1685. d. 11. Febr.
zzzz) Personal. des Durchl. Fürsten Christian Eberhard p. 6.

Immittelst ereignete sich die Schwangerschaft der jungen Fürstin, und machte eine fröhliche Hoffnung zum jungen Erben. Wie sie nun Anno 1686 den 30 Januar danieder kam, ging es sehr hart daher, und ward sie mit fast augenscheinlicher Lebens-Gefahr entbunden, worüber sie einen todten Prinzen zur Welt brachte, und also die süsse Hoffnung vor diesmahl ihren Wunsch nicht erreichte a).

Im übrigen kam die Zeit heran, daß die von Kayserl. Majestät schon längst verordnete Hof-Commißion zur Hindanlegung der Ostfriesischen Streitigkeiten nunmehro würcklich den Anfang nehmen sollte. Daher machte sich die Durchlauchtigste Frau Regentin von Ostfriesland bey anbrechenden Frühjahr zur Reise fertig, und nahm ihren Weg nach Wien b).

Wann aber die Ostfriesischen Landstände auch die Ankunft ihres Erb- und Landesherrn gerne sahen, und seine hohe Gegenwart bey der vorseynden Commißion nöthig erachteten, folgten Sr. Hochfürstl. Durchl. nebst dero Frau Gemahlin im Monat May der hohen Frau Mutter nach. Den Ostfriesischen Landständen war es insonderheit darum zu thun, daß, nachdem sie vormahls bey dem Ao. 1678 gemachten Vergleich

────────

a) Personal. der Durchl. Fürstin Eberhardina Sophia p. 6.
b) Vid. angezogene Personalien l. c.

gleich die öffentliche Rede hören müssen, der Erb=
prinz und künftig regierende Herr könnte alles wie=
der umstoßen, weil er noch minderjährig, außer=
halb Landes, und seinen Consensum nicht erthei=
let hätte, bey dieser Hof=Commißion nunmehro
Sr. Durchl. selbst zu gegen seyn, und also der
zu hoffende Vertrag um desto bündiger seyn, auch
desto steiffer und fester gehalten werden möchte.
Zudem waren sie in der Hoffnung Sr. Hochfürstl.
Durchl. zu bewegen die Landes=Regierung selb=
sten anzunehmen, gleich wie sie solches schon
längst verlanget hatten c).

§. 47.
Die Lutherische Kirche in Embden wird
gebauet.

Unter der Zeit, da Sr. Durchl. der Erbprinz
von Ostfrießland in Bayreuth sich aufhielt,
war die Evangelisch=Lutherschen Gemeine in Emb=
den geschäftig mit einem Kirchenbau, sintemahl
der Magistrat sich ihnen so geneigt erwiesen, daß
ihnen die Freyheit einen öffentlichen Gottesdienst
zu halten, und dazu eine eigene Kirche zu haben,
verstattet worden. Jedoch so war (und bleibet
auch noch heutiges Tages) diese Freyheit also
eingeschränket, daß sie nur viermahl im Jahr
ihren Gottesdienst, und zwar zum Gebrauch der
H.

c) Wiederholter Abdruck eines sogenannten ꝛc.
lit. H.

H. Communion, verrichten, auch nicht mehr als des Sonnabends eine Vermahnungs- und Buß-predigt zur öffentlichen Beicht, und des Sonntags drauf eine Predigt zur Ausspendung des H. Abendmahls halten dürfen. Gleichwol hatten sie hiedurch diese Bequemlichkeit erlanget, daß sie um des Nachtmahls willen nicht mehr bey schlimmen Wege und Wetter nach Petkum gehen dürften. Der vergönnte Bau ging den Sommer über glücklich fort, und ward alles, was zum Gottesdienst und einer Kirch-Versammlung von nöthen, im Herbst fertig, also daß den 1 November des vorigen 1685sten Jahres, war der 20 Sonntag nach Trinitatis, in grosser Volk-reicher Versammlung die Einweyhung geschah. Die Einweyhungs-Predigt that Herr Magister Casper Gottfried Schepler Past. Senior in Aurich, welcher zwar das ordentliche Evangelium erkläret aus Matth. XXII, 1-14. Doch in dem Vor-Eingang von der Einweyhung des letzten Jüdischen Tempels Esdr. VI, 7-16. und im Eingang von der Einweyhung des ersten Tempels, nemlich Salomonis, 1 Reg. VIII, 15. seqq. handelte, und also die Predigt Einweyhung des besagten Gebäudes einrichtete.

Die ersten Provisores, welche diesen Bau befördert hatten, waren Herr Johann Henrich Böthaner Medicin. Doctor, Mstr. Harmen Reincken Bürger und Schmidt, Mstr. Wilcke

Ger-

Gerdes Bürger und Monſ. Hans Philipp Heilmann Bürger und Kaufmann. Der Buchhalter über die Einkünfte war Monſ. Rembertus Georg von Eſſen Apothecker. Die Diaconie Meiſter Johann Holl Bürger und Rohrmacher, Mſtr. Johann Chriſtian Hömpoliſt Chirurgus, Meiſter Leenhard Martens Pfüs Bürger und Holzſtapler, Mſtr. Reincke Adams Bürger und Schmidt. Bey der Einweyhung ward inſtändig für die Vereinigung der gnädigſten Herrſchaft mit dero Landſtänden gebeten, und lauteten die Worte in dem öffentlichen Gebet alſo: Ach! Gott, verknüpfe und verbinde einmahl Haupt und Glieder dieſes Fürſtenthums zur erwünſchten Ruh in unverbrüchlicher Einträchtigkeit zu groſſer Freude vieler tauſend Seelen d).

§. 48.

Die Kayſerl. Hof-Commißion nimmt ihren Fortgang.

In ſolcher Vereinigung fing man nun im Frühjahr Anno 1686 zu Wien bey der Kayſerlichen Hof-Commißion mit Eifer an zu arbeiten, und ſuchten die Kayſerlichen geheimen und Reichs-Räthe unter den Partheyen, ſo viel möglich einen gut-

d) M. Caſp. Gottfr. Scheplern Embdiſche Einweyhungs-Freude. Gebr. in Hamburg. Harkenroths Embdens Herderſtaf. p. 50.

gütlichen Vergleich zu treffen. Nur war es zu bedauren, daß Sr. Durchl. der Erbprinz unter solchen Handlungen in eine gefährliche Krankheit durch die Kinder-Blattern verfiel, daß man sich fast augenblicklich eines schmerzlichen Todes versehen muste. Jedoch war der Herr so gnädig, daß er ihn sowol dem Hochfürstl. Hause als allen Ostfriesischen Unterthanen zur Freude vom Tode errettete, und unter fleißiger Aufsicht seines Leibmedici Herrn Doct. Eberhardi Backmeisters zu einer glücklichen Genesung verhalf e).

Den 14 Julii erhielt die Ostfriesische Herrschaft ein Kayserl. Decretum Salvatorium, worin verabschiedet ward, daß, nachdem der Baron von Plittersdorf Ao. 1683 die Requisitorialia wegen der Türken-Steuer nicht allein an die Fürstliche Regentin, sondern auch an die Landstände ausgefertiget, und dem Freyherrn von Gödens den Ständen einzuhändigen, zugeschicket worden, hochgedachte Fürstin aber sich desfalls beklaget, und angewiesen, daß von Alters her die Ausschreiben an die Herrschaft, nicht aber an die Stände geschicket worden, auch künftig hin bey der alten Observanz sein Verbleiben haben, und der vorgegangene Actus der Fürstin und dero Herrn Sohne nicht präjudicirlich seyn sollte. Dis Decretum ward den 4 Aug.

der

e) Personal. Fürstenund Herrn Christian Eberhard p. 6.

der Kayserl. Hof-Cammer zur Nachricht insi-
nuiret f).

Der Herbst dieses Jahres war unserm Ostfrießland und einigen andern Ländern höchst-
schädlich. Denn in der Nacht zwischen den 12
und 13 November stieg ein heftiger Sturmwind
auf, wobey sich gleichsam als ein Erdbeben ein-
fand, so man doch sonsten in Ostfriesland nicht
eben gewohnt ist. Solcher heftiger Wind deckte
nicht allein die Häuser häufig ab, und ruinirte
hin und wieder die Gebäude in Städten und auf
den Dörfern, sondern trieb auch die See dermas-
sen auf, daß sie mit grausamen Wellen das
Land überströmte, Dämme und Deiche, Sielen
und Schleusen entweder zernichtete oder beschä-
digte, alles was ihr vorkam niederriß, und den
größesten Theil des Landes unter saltzes Wasser
setzte. Ländereyen die sonst hoch waren, stunden
über 7. 8 und mehr Fuß unter Wasser. Sehr
viel Menschen und Vieh wurden durch diese Fluth
ersäuft und einige dem Wasser nahe liegende
Häuser umgerissen. Der Sturm schlug auch
einige Mühlen herunter. Das Gewässer blieb
eine lange Zeit auf dem Lande, bis es endlich all-
gemählig wieder ablief. Sein saltzigtes Wesen
aber, welches die Erde an sich gezogen hatte,
machte

f) Abbruck des Kayserl. Provisional-Decreti Ao.
1688. d. I Octobr. Docum. N. 2. 3. 4. 8.
10-12.

machte die Länder ziemlich unfruchtbar. Ich habe zu der Zeit in der Stadt Oldenburg (wo ich mich aufhielt) observiret, daß dieser starke Orcan und Windbraus des Abend nach 8 Uhr seinen Anfang genommen, und bis 7 Uhr des Morgens beständig gedauret hat. Es waren in besagter Stadt die meisten Dächer beschädiget g). Die Provinz Gröningen hat insonderheit viel gelitten. Das wütende Wasser, welches wol 8 Schuh über die Deiche gewesen, spühlte an vielen Orten Dämme und Deiche weg, so daß das meiste Land überschwemmet ward. Alle an der Embs liegende Dörfer und Flecken hätten einen grossen Verlust an Menschen und Vieh. Man rechnet, so viel man erfahren können 1476 Menschen, so im Wasser umgekommen. Einige schreiben wol 3000. Pferde sollen 1328, Kühe 6908, und an Schweinen und Schaafen eine unzählbare Menge ertrunken seyn. Ueber 80 Kirchspiel haben Schaden gelitten, und sind an die 630 Häuser von der Fluth hinweg gerissen, 616 Häuser gantz ruiniret. Diese grosse Fluth, weil sie den Tag nach Martini geschah, ist bey der Nachwelt die Martins-Fluth genennet worden

---

g) Kurze und Summarische Vorstellung pro informandr Arbitrio Ill. Domini Judicis in Sachen Waldeck contra Ostfrießland S. Q. a. Exec. in Puncto Mobilium etc. p. 17.

den h). Allein wieder von Ostfrießland zu gedenken, so ist der Schade darin lange so groß nicht gewesen, als den das Gröninger-Land erlitten, ob gleich das Wasser verschiedene Deiche durchgerissen, und daselbst das Land überschwemmet hat. Nur in Reider-Land an der Seite gegen den Dollart kam ein Bruch in den Deich, so der Wasser-Deich genennet wird, und machte allda einen grossen Kolck dessen Länge im Deich 9 Ruthen, ausser- und innerhalb desselben auf die 50 Ruthen war, so daß ein wolbeladenes Schiff dadurch ein und aussegeln könnte. Es daurete ein halbes Jahr, ehe er völlig wieder gestopfet ward i). Jeverland ist zu der Zeit ziemlich verschonet gewesen. Denn ob schon an einigen Orten das Wasser durchgebrochen, hat es doch keinen sonderlichen Schaden verursachet k).

§. 49.

Die Ostfriesische junge Fürstin wird zu Wien entbunden mit einem Prinzen.

Anno 1687 den 10 Februar (St. v.) ward die Durchlauchtigste Fürstin von Ostfrießland

h) Theatr. Europ. XII. Th. in Ann. 1686. p. 1141. et XIII. Th. p. 241. 242. Outhofs Verhaal der Watervloeden p. 619. seqq.
i) Outhof ibid p. 633.
k) J. F. Jansenii Histor. Denkmahl p. 92.

land Frau Eberhardina Sophia zu Wien glücklich entbunden, und brachte einen jungen Prinzen zur Welt, welcher darauf in der Kayserl. Hof-Capell getaufet, und Leopold Ignatius genennet ward. Ihro Kayserl. Majestät vertraten selbst in hoher Person die Gevattern-Stelle. Die Freude an diesem Kinde verschwand in der besten Hoffnung, indem dasselbe nur beynahe im 5ten Monat alt ward, und den 21 Junii zum grössesten Leidwesen der hohen Eltern wieder dahin starb. Der Cörper ward in seinem Sarg an einem kühlen Ort in einem Keller verwahret, und nachmahls bey der Heimreise nach Aurich mitgenommen, und daselbst in das Hochfürstl. Erbbegräbniß beygesetzet: l).

Im übrigen so ging die Kayserl. Hof-Commißion beständig fort. Auf Fürstlicher Seiten erhärtete man die Hoheit durch eine übergegebene kurze wolgegründete Anweisung der Landes-Fürstl. Ostfriesischen Territorial-Superiorität und derselben anhangenden Hoheiten, Regalien, Rechten und Gerechtigkeiten mit Beylag. Num. 1 bis 23 m). Damit man aber auch etwas näher treten könnte

zur

l) Personal. der Durchl. Fürstin Eberhardina Sophia p. 7. Theatr. Europ. XIII. Th. Ao. 1687. p. 248.

m) Anweisung der LandesFürstlichen Ostfriesischen Territorial-Superioritär. etc. gedr. Ao. 1687

zur Vereinigung mit den Landständen, so war von dem Hochfürstl. Herrn Vice-Canzler Johann Henrich Stammler ein Project oder Entwurf zum gütlichen Vergleich aufgesetzet und übergeben; dahingegen der Landstände Herren Deputirten anbefohlen worden, ebenmäßig ein Project zu machen, und darin ihre Gedähken zu eröfnen. Beide Projecten, die gar nicht mit einander übereinstimmeten, würden von denen Kayserl. Herren Committirten examiniret. Jetzt gemeldeter Herr Stammler ward seit seiner Anwesenheit von Ihro Kayserl. Majestät aus besonderer Gnade in den Adelstand erhoben, mit dem Zunahmen von Stammlers Hausen benennet, und zum Ritter des H. Römischen Reichs gemacht n).

Um Michaelis nahm die Durchlauchtigste Herzogin von Ostfrießland (denn so ward nunmehro die regierende Frau Wittwe genannt, als die auch eine gebohrne Herzogin war) nebst dero Herrn Sohn und dessen Frau Gemahlin Durchlaucht, von dem Kayserl. Hofe Abschied, und reiseten sie in hoher Gesellschaft wieder nach Bayreuth, woselbst die junge Fürstin von Ostfrießland im folgenden 1688sten Jahr den 16 Mårz ihre Wochen hielte, und eine wolgestalte Prinzeßin

n) Projected zum gütlichen Vergleich 2c. sieht. Ao. 1687.

jeßin gebahr, welche bey der H. Taufe Chri=
stina Sophia genennet worden o).

§. 50.

Das Proviſional=Decretum entſcheidet zu Wien
die Oſtfrieſiſchen Streitigkeiten.

Anno 1688 kamen endlich die Oſtfrieſiſchen
Sachen ſo weit, daß darüber den 1 Octo=
ber St. n. in dem Kayſerlichen Reichshofrath ein
Proviſional-Decretum erging, worin auf
beider Theile gewechſelte Schriften Ihro Kay=
ſerl. Majeſtät folgende Verordnung machete:

I. Von den Landtagen. Ob gleich
der Fürſt proprio Motu Landtage ausſchreiben
könne und möge, ſoll er auch dennoch verbun=
den ſeyn auf Begehren der Landſtände ſolches zu
thun; und zwar, wenn es die geſamten Stände
begehren, innerhalb Monatsfriſt; wenn es nur
ein Stand begehren ſollte, zum längſten inner=
halb 6 Wochen. Bey Viſitation der Compa=
renten und deren Vollmachten, ob ſie qualifici=
ret ſind oder nicht, ſollen beides die Fürſtl. Com=
miſſarii und Deputirte der Stände die Examina=
tion und Viſitation verrichten, im Fall alsdann
ein Mangel ſich ereignen möchte, ſoll es dennoch
bey beſagten Deputirten ſtehen, daß ſie einen ſol=
chen zulaſſen oder abweiſen, ſolches alles aber
dem Examini und ihren Pflichten gemäß. Auf
den

o) Perſonalia hoch vorhin gemeldeter Fürſtin l. c.

den Landtagen soll nichtes deliberiret werden, es sey denn zuvor in den Ausschreiben, und nachmahls in der Landtags-Proposition davon Erwähnung gethan. Und so Deliberationes vorfielen, worin einer in particulari interesiret wäre, soll derselbe abzutreten schuldig seyn. Die Landstände sollen nicht bemächtiget seyn, die Landtage einseitig zu prorogiren; doch aber soll der Fürst auch keine Prorogation verweigern.

II. Von den Collecten, Steuren, Imposten, Zoll, Zollsteigerung, Accisen 2c. Ob gleich dem Fürsten zukommt, dergleichen anzulegen, soll dennoch solches dem Herkommen gemäß nicht ohne Bewilligung der Stände auf öffentlichen Landtagen geschehen; die dann auch bey augenscheinlicher Landes-Gefahr oder in Angelegenheiten zur Defension des Reichs 2c. sich nicht weigerlich stellen sollen. Der bisherige Modus Collectandi der Capital- und Personal-Schatzungen, wie auch der Accisen und Imposten, soll bis zu anderweitiger Verfügung im Stande bleiben. Die Landes-Herrschaft und dero Fürstl. und Gräfl. Apanagiaten, imgleichen die Pastores, auch offenbahr erkanntliche Armen, die einigermassen die Almosen geniessen, sollen von den verpachtenden Imposten frey seyn. Jedoch daß die Pastores allemahl ein Freyzettul holen lassen, auch solche Freyheit nicht mißbrauchen, bey Verlust dieser Begnadigung. Wegen der Räthe und

und Secretairen an der Hofkanzley und Hofgericht prätendirete Befreyung ward die Sache entweder zum gütlichen Vergleich oder rechtlicher Ausführung verwiesen. Die Administration der Collecten soll bleiben bey den 6 Administratoren, denen der Fürst nach Belieben einen Inspectorem zuordnen, auch bey Ablegung der Rechnung am 10 May einen Commissarium schicken mag. Die collectirten Gelder sollen zu des Reichs und Landes besten angewendet; imgleichen Türken-Reichs-Kreiß- und andere nothwendige Steuren damit abgetragen; entlich auch zu des Cammergerichts-Unterhalt mit gebrauchet werden, Wobey Ihro Kayserl. Majestät sich gnädigst versehen, daß die Landstände ihrem Landes-Fürsten zu Bezeugung ihrer unterthänigsten Treu und Liebe jederzeit unter die Arme greiffen werden.

III. Von den Ordinari- und Extraordinari-Subsidien. Mit denselbigen soll es bleiben bey der Stände Erklärung, daß sie nemlich wegen jener zur Unterhaltung der Garnison und Besetzung der Häuser, den alten Verträgen gemäß, das ihrige richtig beytragen; wegen dieser, wenn die Nothwendigkeit der Grenz-Besetzung auf öffentlichen Landtagen vorgestellet wird, sie alsdann die dazu erforderte Geldmittel herbeyzuschaffen sich nicht entbrechen wollen. Dahingegen sie verhoffen, daß der Landesfürst sie bey ihren Privilegien, Gewohnheiten

heiten, Haab und Gütern schützen und beschirmen werde.

IV. **Von dem neuen Insigel der Stände.** Weil sie es von Kayserl. Majestät erhalten, mögen sie selbiges auch weiter behalten, jedoch daß ihnen dadurch kein mehrers Recht sollte zuwachsen, als was sie vorhin gehabt. In allen und jeden Ausfertigungen aber sollen sie nebst diesem Insigel, nichtes desto weniger nach alter Gewohnheit aus allen dreyen Ständen, als aus der Ritterschaft, Städten und dritten Stand die Unterschreibung thun bey Verlust des Insigels.

V. **Von Pöen und Geldbrüchen.** Die von dem Collegio Administratorum, wie auch in der Stadt Embden verfallene und weiter verfallende Pöen und Geldbrüche sollen jedesmahl halbschiedlich; item der Stadt Embden schuldige Recognitions-Gelder, auch andere Grund- und Pachtheuren alle Jahr richtig bezahlet; endlich auch die Appellationes von des Raths-Bescheiden und Urtheilen an die Fürstl. Hof-Cantzeley und Hofgericht freygelassen werden.

VI. **Von Criminal-Sachen.** In Criminal- und Malefitz-Sachen soll es dabey bleiben, daß einem Beklagten freystehe per Beneficium Remissorialium von der Cantzeley ans Hofgericht zu gehen, und allda seine Sachen urtheilen zu lassen.

R 4　　　　　VII.

VII. Was einige übrige Punkten anbelanget, worüber Haupt und Glieder vor dismahl noch nicht könnten einig werden, auch der Kayserliche Reichshofrath in Ermangelung genugsamer Information nicht könnte den Ausspruch geben, ward allerseits für gut befunden, daß beyde Theile wieder nach Ostfrießland kehreten, und in loco alles gütlich mit einander abthäten.

Schließlich ward bey Vermeidung Kayserl. Ungnade, wie auch einer Strafe von 50 Marck löthigen Goldes injungiret, die Judicatur der Ostfriesische Streitigkeiten allein bey dem Kayser als Ober- und Lehn-Herr zu suchen, wie dann alle bisherige Accorden und Verträge als Kayserliche Verordnungen sollten anzusehen, und darüber alle fremde Garantien, Arbitria, Cognitiones, Interpretationes, Protection und Execution hiemit gänzlich sollten cassiret und aufgehoben seyn. Zu allerletzt ward verordnet, daß der Erbprinz die Regierung selbst antreten, die Pacta confirmiren, gewöhnliche Reversales geben, und die Gravamina abschaffen sollte, wie dann Ihro Kayserl. Majestät willig wäre, wegen der noch abgehenden wenigen Zeit seiner Majorennität auf sein gebührendes Ansuchen Veniam Aetatis zu ertheilen: Die Stände aber sollten ihrem Landes-Fürsten zu den bey dieser Commißion ange-

angewendeten Kosten 20000 Reichsthaler bey=
tragen p).

§. 51.

Die Ostfriesische Herrschaft reiset wieder in Ostfrießland.

Noch vor erlangten solchen Provisional-Decret reiseten sowol die Fürstlichen als der Stände Abgeordnete von Wien wieder weg. Die Ostfriesische Herrschaft, welche sich nunmehr über ein Jahr schon zu Bayreuth wieder aufgehalten, machte sich, nach herzlicher Letzung auch von dannen, und kamen im December zu Ostfriesland allerseits glücklich an. Die Herzogin, wie auch die junge Fürstin blieben so lange zu Berum, biß der Winter verlief und zu einem solemnen Einzug die Anstalt gemachet ward. Das gantze Land war höchlich erfreuet, daß es nunmehro seinen Erb- und Landes-Herrn, der so viel Jahre ausserhalb Landes zugebracht, in Gesundheit wieder sehen, und die Hoffnung haben könnte, er würde nunmehr die Regierung selbst antreten, welches so oft und viel gewünschet worden.

Sobald nun die Unlust des Winters vorbey, und die Frühlings-Tage begunten anzubrechen, gefiel es Sr. Hochfürstl. Durchl.

---

p) Abdruck der Röm. Kayſ. Majestät in Sachen Ostfrießl. contra die Land-Stände am 1. Octobr. 1688. bey dero Reichshofrath publicirten Provisional-Decreti p. 3. seqq.

Fürsten Christian Eberhard, die hohe Frau Gemahlin zu seiner Residenzstadt Aurich einzuführen. Solches geschah Anno 1689 den 11 März mit einer gar prächtigen Einholung unter dem Geleit vieler von Adel und Fürstlichen Bedienten. Die Stadt Aurich war voll von Ehren- und Freuden-Bezeugungen. Man sahe hin und wieder schöne Ehren-Pforten. Die ganze Bürgerschaft war bey dem Einzug im Gewehr. Und hernach folgten allerhand Lustbarkeiten. Bald hernach war ein öffentlicher Landtag in Aurich, auf welchem die Durchl. Herzogin, annoch als Vormünderin und Regentin, deren sämtlichen Landständen den 2 April das erhaltene Provisional-Decret per Notarium et Testes insinuiren ließ/ welches sie auch mit allem Respect annahmen q).

Einige Tage hernach, und zwar den 10 April, ward die Durchl. Fürstin glücklich entbunden, und gebahr abermahls eine Prinzeßin, die noch desselbigen Tages vom Herrn M. Caspar Gottfried Schepler Pastore Seniore in Aurich getaufet, und Maria Charlotte genennet ward. Die hohe Gevattern waren Ihro Königl. Majestät, Königin Maria in Engelland, die Durchl. Herzogin und Regentin zu Ostfriesland, Frau Christina Charlotte, die Durchl.

Prin-

---

q) Personal. der Durchl. Fürstin Eberhard. Sophie p. 7. Ostfries. kleine Chronic.

Prinzeßin Louise von Oetingen, Ihro Hochgräfl. Gnaden, die Gräfin von Norden Frau Anna Dorothea, und die Ostfriesischen Herren Stände r).

Endlich Anno 1690 den 23 März, trat die bisherige Ostfriesische Regentin von der Regierung ab, und überließ sie ihrem Herrn Sohn, nachdem sie nunmehro fast 25 Jahr unter vielem Sturm und Wellen am Ruder gesessen, und dabey allerhand Verdrieß- und Gefährlichkeiten großmüthig ausgestanden hatte s).

(Ende des Funfzehnten Buchs.)

---

r) M. *Scheplers* Past. Auric. Tauf-Protocoll.
s) Personal. des Durchl. Fürsten Christian Eberhard p. 6. Ostfries. Hist. Tom. II. lib. 5. n. 52. p. 1015. 1016. is. lib. 6. n. 1. p. 1017.

Der Auricher Chronik

Sechszehntes Buch.

Von den Geschichten unter der Fürstlichen Regierung des Durchlauchtigsten Fürsten und Herrn, Herrn Christian Eberhard.

§. I.
Fürst Christian Eberhard trit die Regierung an.

Christian Eberhard, Fürst und Herr in Ostfrießland, nachdem Se. Durchl. von dero hohen Frau Mutter Anno 1690 den 23 März den Regier-Stab empfangen, führte seine Regierung also, daß er nichts ohne mütterlichen Beyrath vornahm. Denn er kannte ihre sonderbare Erfahrung und Klugheit in Regierungs-Sachen, welche sie durch ein Regiment erlernet hatte a). Er war auch bey seiner Regierung
so

---

a) Ostfr. Hist. Tom II. lib. 6. s. I. p. 1016. Personal. des Durchl. Fürsten und Herrn Christ. Eberhard p. 6.

so glücklich, daß es zwischen Herrschaft und Gliedern zu einem völligen Vertrag und Frieden kam, und er deswegen bey seinen Unterthanen den Nahmen des Friedfertigen erhielt b). Anfänglich zwar, da der erste Landtag den 24 April in Aurich gehalten ward, ereigneten sich noch einige Schwierigkeiten, die aber mit der Zeit abgethan wurden c).

Die erste Freude so Gott ihm machte, bey dem Anfang seines Regiments, war diese daß die Hochfürstl. Frau Gemahlin den 13 Junii des Abends um 9 Uhr zu Aurich glücklich entbunden, und mit einem jungen Erbprinzen erfreuet ward. Beiderseits höchsterfreute Eltern liessen also fort um 11 Uhr den Tauf-Actum vor sich gehen, welchen Herr Mag. Caspar Gottfried Schepler Pastor Senior in Aurich, verrichtete, da dann hochgedachter Erbprinz den Nahmen Georg Albrecht empfing. Unter andern hohen Gevattern waren Ihro Königl. Majestät Christianus V. König in Dännemark, Norwegen ꝛc. mit erkieset. Diejenige Freude, welche die Hochfürstl. Eltern aus dieser erfreulichen Geburt geschöpfet, ward nach der Zeit immer mehr und mehr vermehret, durch den gesegneten Wachsthum des Prinzen, als welchen auch das göttliche Verhängniß dazu ersehen hatte, daß

b) Embder kleine Chronic.
c) Ostfr. Hist. l. c. n. 1. 3. p. 1016-1022.

daß er hinkünftig seinem Herrn Vater in der Regierung folgen solte d). In dem folgenden 1691sten Jahr den 18 Julii gebahr die Durchl. Ostfriesische Fürstin abermahl einen Prinzen, welcher gegen Abend um 4 Uhr getaufet, und Ulrich Friedrich genennet worden. Es ward aber derselbige nur ein paar Monat alt, zumahlen der höchste ihn den 20 Sept. wieder abforderte, und aus diesem zeitlichen Leben dahin riß. Er ist darauf den 28sten desselben zu Aurich in dem Fürstl. Stamm-Begräbniß beygesetzet worden e).

In diesem Sommer ward der Hochfürstl. Lustgarten, welchen ehemals die weil. Durchl. Ostfriesische Fürstin Juliana angeleget, und der daher den Nahmen die Julianen-Burg erlanget hatte, ganz verändert, das darin befindliche Lusthaus weggebrochen, die Wassergraben um das Haus gefüllet, und der Garten ganz anders angeleget. Mit Verlauf einiger nachfolgenden Jahren ist viel Land dazu gekommen, und ein gar schöner und grosser Garten daraus geworden.

Am Ende dieses Jahres starb auf dem Hochfürstl. Residenzhause zu Aurich den 10 December die Durchl. Prinzeßin Anna Catharina von

---

d) Personal. der Durchl. Fürstin und Frauen Eberhardina Sophia p. 7.
e) Ibid.

von Würtemberg, eine leibliche Schwester der Durchl. Herzogin in Oſtfrießland. Sie war Ao. 1648 gebohren, und hatte alſo ihre Lebenszeit auf 43 Jahr gebracht. Der entſeelte Hochfürſtl. Leichnam ward am 27 Januar des hereingetretenen 1692ſten Jahres mit Standesmäßigem Leichgepränge in der Auricher Stadtkirchen im Herrſchaftlichen Begräbniß beygeſetzet f).

§. 2.
Verſchiedenes Inhalts.

Anno 1692 den 1 May ward die neue Canzel, welche Herr Hermann Arnold von Lengering J. U. D., und Hochfürſtl. Amtmann in Embden, an die Auricher Stadtkirche und Gemeine geſchenket hatte, eingeweihet. Der Herr Paſtor Franciſcus Albertus Neſſelius hielt die Einweyhungs-Predigt, und hatte zum Text aus dem Nehem. cap. VIII. v. 4. 5. 6. Es war ſonſten der Sonntag Rogate, woran dieſer Actus vor ſich ging. Um dieſe Zeit ward auch die Auricher Kirche von vornehmer Hand mit einem groſſen ſilbernen Tauf-Becken beſchenket; imgleichen mit einer ſchönen Wittenbergiſchen Bibel in Folio mit Silber-Beſchlag.

In

---

f) Imhofi Hiſtoriſche Stamm-Taffeln 2. Th. der Fürſtl. Geſchlechte tab. 59.

In diesem Jahr erlaubeten Ihro Hochfürstl. Durchl. Fürst Christian Eberhard dem Müller Dirk Albers, welcher die Herrschaftliche Mühle vor Aurich im Gebrauch hatte, noch eine andere neue Mühle auf dem Schierumer Felde zu setzen, damit die umherliegenden Dorfschaften desto bequemer könnten bedienet werden. Wider diesen Mühlen-Bau führete bey den Herren Administratoren der Pachter dieser Kluft seine Beschwerung, anzeigend, daß die Pacht hiedurch würde Schaden leiden, und nicht alles richtig würde angegeben werden, oder er würde mit grossen Unkosten zu Schierum ein neues Comtoir anlegen, und neue Pachtbedienten daselbsten halten müssen. Indem nun zur Herbstzeit dem allen ohngeachtet der Mühlen-Bau vor sich ging, wurden aus Embden eine ziemliche Parthey Leute ausgeschicket mit allerhand dazu behörigen Geräthschaft, um das, was aufgebauet war, wieder herunter zu reissen. Se. Hochfürstl. Durchl. erhielt hievon eine zeitige und und eilfertige Nachricht, säumte daher nicht, diesem Unternehmen vorzubeugen, wozu dann den 6 October eiligst Order gestellet ward. Zuförderst ward auf Hochfürstl. Begehren die Bürgerschaft in Waffen gebracht, welche die Wälle und Thore der Stadt Aurich besetzte; diesemnächst sandte der Fürst eine Mannschaft hinaus die Mühle zu bewahren, und wider Gewalt zu schützen, die dann in Eil daselbsten eine Schanze aufwarfen, und grob Geschütz darauf pflanzten. Die Embdischen Völker, wie sie solches vernahmen, blieben zurück. Die Fürstl. Soldaten blieben noch einige Wochen bey der Mühlen, und hielten Wache, bis alles wieder in Stillstand gebracht war. Siehe auch die gründl. Anweisung des Erbrechts des Ostfr. Regier-Hauses an Embden Doc. 94. §. 6. p. 156.

Den 13 December starb der Ostfriesische Canzler und geheimer Rath Herr Johann Henrich Stammler von Stammlershausen, des H. Römischen Reichs Ritter im 59sten Jahr seines Alters, zumahlen er Ao. 1634 den 22 October gebohren war. Er ward kurz nach dem Christfest, nemlich den 29 December zur Abendzeit mit standesmäßigen Ceremonien in der Stadtkirche zu Aurich begraben f).

Eben in der Geburts-Nacht Christi, von dem 24sten bis auf den 25 December, ward auf dem Hochfürstl. Hause abermahl ein Prinz gebohren, und bey der H. Taufe, welcher der

Pastor

---

f) Epitaphium Dn. Stammleri in æde S. Auricana:
Generosissimus
D. Dominus
Johannes Henricus Nobilis de Stammler
à Stammlershausen, Sacri Romani
Imperii Eques Sereniss. Principis Ostfr.
Consiliarius intimus, et Cancellarius
meritissimus. Nat. d. 22 Oct. Ao. 1634.
Obiit d. 13. Decembr. Ao. 1692.

Jaſtör Senior in Aurich, Herr Neſſelius berichtete, Carl Immanuel genannt g).

§. 3.

Die Oſtfrieſiſche Herrſchaft und Stände ſenden Abgeordnete nach Hannover.

Von aller Zeit her, da Se. Hochfürſtl. Durchl. Fürſt Chriſtian Eberhard das Regiment ſelbſten angetreten, hatte man bis hieher auf denen öffentlichen Landtagen daran gearbeitet, daß nicht allein die alten Irrungen, Proceſſe und Mißverſtändniſſe gänzlich abgethan, ſondern auch in puncto der letzlich entſtandenen Gravaminum, Reverſalium et Homagii, worüber beym Kayſerlichen Reichshofrath Klagen und Gegenklagen vorſchwebten, Herrſchaft und Stände vereiniget würden. Indem es aber ſchien, daß die Sache zu Aurich nicht wol würde abgethan werden, bedienten ſich ſowol Herrſchaft als Stände der hohen Vermittelung Sr. Churfürſtl. Durchl. Friederici III. zu Brandenburg, und Sr. Churfürſtl. Durchl. Ernſt Auguſt zu Hannover, welcher letztere unter dieſen beiden Herren den 9 December von Ihro Kayſerl. Majeſtät Kayſern Leopoldo dem I. in Wien zu der Churfürſtlichen Würde erhoben und inveſtiret

S 2   war

---

g) Perſonal. der Durchl. Fürſtin und Fr. Eberhardina Sophia p. 7.

war h). Daher sandte die Ostfriesische Herrschaft im Anfang des 1693sten Jahres dero Präsidenten Herrn Edzard Adolph von Petkum, imgleichen dero Vice-Canzlern Herrn Henricum Avemann nach Hannover, allwo der Ort zum Vergleich bestimmet war. Von wegen der Ostfriesischen Landstände gingen dahin, und zwar wegen der Ritterschaft Herr Dodo von Kniephausen, und Herr Hinrich von Wersabe; wegen der Stadt Embden Herr Franz Henrich Stoschius J. U. D. Syndicus; wegen der Städte Norden und Aurich Herr Albertus Arends J. U. D. und Bürgermeister zu Aurich; wegen des dritten Standes Herr Eberhard ter Bracck, und Herr Ibeling von Rheden J. U. D. Nachdem nun die Tractaten zu Hannover vorgenommen und getrieben wurden, kam es endlich zum gütlichen Vergleich, welcher den 18 Februar geschlossen ward. Hierauf reiseten die Abgeordnete vergnügt wieder heim, da dann itztgemeldeter Vergleich von Sr. Durchl. dem Fürsten Christian Eberhard den 31 März in Aurich ratificiret und untersiegelt ward, gleich wie derselbige hie folget i).

§. 4.

h) Theatr. Europ. XIV. Th. Ao. 1692. p. 333-335.
i) Jbid. Ao. 1693. p. 515. 515.

§. 4.
Der Hannöversche Vergleich.

Hannöverscher Vergleich.

Wir von Gottes Gnaden Christian Eberhard, Fürst zu Ostfrießland, Herr zu Esens, Stedesdorf und Wittmund ꝛc. Uhrkunden und bekennen hiemit vor Uns, Unsere Erben und Nachkommen, der regierenden Fürsten und Herrn zu Ostfrießland, daß, Wir durch Unsere dazu verordnet gewesene Räthe und Ministres ohnlängst am 18 Februar dieses 1693sten Jahres mit Unsern getreuen Landesständen und deren Deputirten, auf Interposition und Vermittelung der Durchläuchtigsten Fürsten und Herren, Friedrichs des dritten, Marggrafen zu Brandenburg, des Heyl. Römischen Reichs Ertz-Cämmerern und Churfürsten, in Preussen, zu Magdeburg, Cleve, Jülich, Berge, Stettin, Pommern, der Cassuben und Wenden, auch in Schlesien, Crossen und Schwiebuß Herzogen, Burggrafen zu Nürnberg, Fürsten zu Halberstadt, Minden und Camin, Grafen zu Hohenzollern, der Mark und Ravensberg, Herrn zu Ravenstein, und der Lande Lauenburg und Butau ꝛc. Und Herrn Ernst August, Herzogen zu Braunschweig und Lüneburg, des Heyl. Römischen Reichs Churfürsten, Bischofen zu Osnabrück ꝛc. Gnaden nachfolgenden Vergleich getroffen haben:

Demnach zwischen dem Durchl. Fürsten und Herrn, Herrn **Christian Eberhard**, Fürsten zu Ostfrießland ꝛc. nicht allein währender Vormundlichen, sondern auch bey Antretung dero selbst eigenen Regierung, und denen Ostfriesischen Landständen, benenntlich Ritterschaft, Städten und dritten Stand, vielfältige Irrungen, Processe und Mißverständnisse, und zwarn letzlich in punctis Gravaminum reversalium, et homagii entstanden, als hat man sich bederseits darüber zusammen gethan, und ist zwischen denen Fürstlichen und Landständischen Bevollmächtigten auf Ratification ihres gnädigsten Fürsten und Herrn, auch ihrer günstigen Principalen, folgender Vergleich geschlossen und getroffen:

I. Erstlich erklären sich des Fürsten zu Ostfrießland Durchl. gegen dero getreuen Landstände in Gnaden dahin, daß sie zu Bezeugung ihres landesväterlichen gnädigsten Willen und Gemüthes, und gänzlicher Aufhebung alles Mißtrauens zwischen Haupt und Glieder, nach Unterschreibung dieses, alle Kayserl. Decreta und Resolutiones, Compactata, Apostillen, Decisionen und Abscheiden, insgemein Accorden genannt, als Grundfeste der Ostfriesischen Regierung confirmiren, und zu solchem Ende einen Huldigungs-Reversal, wie sub lit. A. beygefüget, den Ständen ausgeben wolle.

II.

unter der Fürstlichen Regierung 279

II. Und nachdem fürs ander die Stände
dafür gehalten, daß die Gravamina vor Abstat-
tung des Homagii erörtert, und abgeschaffet
werden müsten, Fürstlicher Seiten aber solches
nicht gestanden worden, als haben angeregte
Stände aus unterthänigster Liebe zu des Fürsten
zu Ostfriesland ihres gnädigsten Landesherrn
Durchl., auch rechtschaffener Begierde zur Resta-
bilirung innerlichen respective gnädigsten und unterthänigsten Vertrauens zwischen Haupt und
Glieder, sich dahin erkläret, thun es auch hiemit und kraft dieses, daß sie für diesesmahl und
zwarn citra conseqventiam gleich nach empfan-
genem vorhin gemeldeten Huldigungs-Reversal
das gewöhnliche Homagium ohne fernere Con-
tradiction abstatten wollen.

III. Damit aber gleichwol die Gravamina
würklich abgeschaffet werden mögen, so soll so
wol Fürstlicher als Ständischer Seiten eine Commißion benennet und angeordnet werden, welche
im Lande alle beiderseitige noch unerörterte Gravamina ferner aufheben, und völlig abhandeln,
auch 14 Tage nach geschehener Huldigung damit den Anfang machen, und innerhalb 6 Wochen von solcher Zeit die völlige Abhandlung erwähnter Gravaminum, denen Accorden und Verträgen gemäß, vergleichen, und zu Ende bringen solle und wolle.

So viel aber das besondere Gravamen wegen des Fürstlicher Seits von den Unterthanen prätendirten Aufgeldes auf die jetzige Courantmünze bey Bezahlung der beherdischen Heuren betrift: so wollen Ihro Durchl. desfalls mit ihren Unterthanen in die Gelegenheit sehen, und nach hohen Gnaden verfahren, gestalt dann verabredet, und beyderseits beliebet worden, daß dieser Punkt des Aufgeldes zur gütlichen Handlung auf nächsten Landtag in Ostfrießland ausgestellet werden soll.

IV. Wan nun vorbesagtermassen die Huldigungs-Reversalen ausgegeben, und die Huldigung eingenommen, so wollen die Landstände zu Bezeugung ihrer unterthänigsten Devotion Ihro Fürstl. Durchl. zu Ostfrießland währender itzigen Krieges-Läuften alljährig 12000 Rthlr. hernach aber, und bey verhoffender friedlichen Regierung jährlich 18000 Rthlr. 10 Jahr lang von dem Tage der geschehenen Huldigung anzurechnen, aus unterthänigstem freyen guten Willen und citrá conseqventiam aus denen gemeinen Landes-Mitteln, und zwar das erstemahl sobald nach Accordmäßiger Abthuung der noch unerörterten Gravaminum, und folglich quartaliter, dann auch noch 5000 Rthlr. bey Signirung dieses Vergleichs, und 5000 Rthlr. bey der Huldigung baar erlegen und auszahlen lassen.

Und

unter der Fürstlichen Regierung.

Und wollen ferner die Stände nach dem Zustände der Zeiten sich dergestalt bezeigen, daß der Landesherr daraus ihre unterthänigste Devotion sattsam abnehmen und bespüren könne.

V. Was den am Kayserlichen Hofe wegen der Subsidiorum ordinariorum und extraordinariorum geführten, und in puncto Restitutionis in integrum versirenden Proceß betrift; so caßiret derselbe punct petitiæ Restitutionis in integrum.

VI. Damit aber die Landstände bey diesen, ohne dem extraordinair schweren Landes-Oneribus solche und andere Landes-Bürden desto besser tragen können, so wollen sowol der Landesfürst als seine Stände sich beyderseits am Kayserl. Hofe dahin bemühen, daß die Kayserl. Völker fordersamst aus Ostfrießland abgeführet werden, und durch Entbehrung sothaner Unterhaltungs-Kosten denen Ständen Mittel wieder zu wachsen mögen, ihrem Landesherrn obberührter massen unter die Arme zu greiffen.

VII. Hinkünftig soll und wil man weder von der Landesherrschaft oder der Stände Seiten wegen einiger Einquartirung, Quartier-Geldern, Kayserl. Aßignationen und dergleichen gemeinsamen Sachen, in keine Separat-Tractaten bey Krieges- oder Friedens-Zeiten sich engagiren, auch bey unverhoften Einquartirungs-Fällen einige

nige Ungleichheit oder Exemption in keines Faveur ohne Unterscheid gestatten.

VIII. Was die Landtage und deren Handlung betrift, so wollen Ihro Durchl. auf gewöhnliche Requisition, der Ritterschaft, Stadt Embden, Norden oder Aurich, des Collegii Deputatorum vel Adminiſtratorum, auch des dritten Standes oder deſſen Adminiſtratorum allemahl längstens innerhalb Monatsfriſt à die implorationis vel præſentationis ſupplicati. Die Stände würklich zuſammenkommen, und den Landtag introduciren laſſen. Und wie hinführo die Landſtände nicht berechtigt ſeyn ſollen, die Landtage einſeitig zu prorogiren: ſo wollen hergegen Ihro Durchl. ſich geneigt und willig erweiſen, die von Ihro erlangte Prorogation ohne beyderſeits befundene erhebliche Urſachen nicht zu verſagen.

IX. So viel demnächſt den Punkt der Collecten, Beytreib- und Verwaltung der gemeinen Landes-Mitteln betrift, ſo laſſen es Ihro Durchl. derenfalls alles bey denen vorerwehnten Accorden und bishero abgelegten Landes-Rechnungen bewenden, und wollen niemahlen, auch in Caſu neceſſitatis, darunter einige Veränderung machen.

X. Sollen die bey dem Collegio Adminiſtratorum verfallene, und noch künftig verfallende Brüche, welche vermöge der Accorden und Verträge dem Landesherrn halbſcheidlich competiren, demſelben alljährlich entrichtet werden.

Was

Was aber die verfallene und noch verfallende
Bruch=Gefälle, auch Recognitions=Gelder,
Grund= und Warf=Heuren in der Stadt Emb=
den betrift, ob zwarn der anwesende Syndicus
Stoschius defectum mandati (indem er nicht
von der Stadt Embden in specie, sondern von
den sämtlichen Landständen deputiret worden) vor=
geschützet, so hat er dennoch versichert, daß diese
Sache, so weit sie denen Accorden gemäß, sei=
ner Meynung nach keine Difficultät haben würde.
Was aber den Punkten wegen Appellation von
des Raths zu Embden Bescheiden und Urtheilen
an die Fürstl. Ostfriesische Hofkanzeley betrift,
so bleibet derselbe bis zur Ausmachung der Gra=
vaminum im Lande ausgestellet.

 XI. Behalten die Landstände das von Ihro
Kayserl. Majestät vor wenig Jahren erhaltene
neue Insigel, jedoch also und dergestalt, daß
ihnen dadurch kein mehrers Recht, als sie vor
dessen Conceßion gehabt, zuwachse. Sodann
daß in allen und jeden Ausfertigungen, dieselbe
geschehen an des Landesfürsten Durchl. oder an
jemand anders, neben Aufdruckung solches In=
siegels nichtes desto weniger die drey Stände, als
einer aus der Ritterschaft, einer von denen Städ=
ten, und einer von dem dritten Stand, sich zu=
gleich mit unterschreiben sollen.

 XII. Demnach auch an Seiten der Land=
stände verlanget worden, daß der Punkt wegen
Be=

Beförderung der Fremden zu Landes- und Regierungs-Aemtern in denen von Ihro Durchl. itzo auszustellenden Huldigungs-Reversalen dergestalt, wie er in weyl. dero Herrn Vatern, Fürsten **Georg Christians** Durchl. Huldigungs-Reversalen gesetzet, beybehalten werden möchte, welches auch also geschehen; so wollen jedoch Sr. Durchl. zu deren getreuen Landständen sich in Gnaden versehen, daß sie über diesen Punkt auf nächst bevorstehenden Landtage, wegen einer billig mäßigen Modification sich mit deroselben vernehmen und einverstehen werden. Inzwischen bleiben die so gegenwärtig in ihren Officiis stehen, ungehindert bey ihren Chargen.

XIII. Und ob zwarn wegen des Beytrages der Herrschaften Esens und Wittmund für diesesmahl nichtes zureichendes verglichen werden können, so soll doch solches am gnädigsten und unterthänigsten Vertrauen zwischen dem Landesherrn und den Ständen keine Hinderung geben, sondern bis zu weitern Vergleich oder Spruch Rechtens ausgestellet seyn.

XIV. Ferner haben Ihro Durchl. dero Ritterschaft und Landständen samt und sonders, auch deroselben Advocaten und Rathgebern völlige Amnestie und Vergessenheit des paßirten gnädigst zugestattet, wollen auch alle Ungnade und Prozessen, aus der vorigen Uneinigkeit entsprossen, in Gnaden fallen lassen.

XV.

XV. Demnach nun also die Haupt-Punkten, worüber beym hochlöbl. Kayserlichen Reichshofrath geklaget, und bey der Kayserl. Commißion gehandelt worden, in der Güte verglichen und abgethan, als hat man sich an beiden Seiten gegen einander erkläret, daß das Kayserliche Provisional-Decret vom 1 Oct. 1688, und die darauf erfolgende Inhæsiv-Decreta vom 3 Nov. 1691 cessiren sollen.

XVI. Endlich ist auch beliebet, daß von beiden Theilen bey Ihro Kayserl. Majestät um Confirmation dieses Vergleichs allerunterthänigst angehalten, und ohne einigen nachdrücklichen Zusatz oder Restriction auf der Stände Kosten würcklich ausgebracht werden solle.

Und soll im übrigen obiges alles beiderseits stets fest und unverbrüchlich gehalten werden, getreulich und ohne Gefährde. Urkundlich ist dieses in Duplo ausgefertiget, von beiderseits dazu committirten Gevollmächtigten unterschrieben und besiegelt, auch von jedem Theil ein Exemplar davon zu sich genommen. So geschehen Hannover den 18 Februar 1693.

E. A. von Petkum.   (L.S.)
Heinrich Avemann.   (L.S.)
Heinrich von Wersabe.   (L.S.)
Frantz Henrich Stoschius.   (L.S.)
Albertus Arends.   (L.S.)
Eberhard ter Braeck.   (L.S.)
Ibeling von Rheden.   (L.S.)

Diesen bis zu unserer und obbesagten Landständen Ratification behandelten, verabredeten und geschlossenen Vergleich haben wir in allen seinen Punkten und Clausulen hiemit ratificiret und approbiret, daß derselbe von uns und unsern Successoren in der Regierung stets fest und unverbrüchlich gehalten, und demselben beschriebener massen nachgelebet werden solle. Alles bey Fürstl. wahren Worten, Treuen und Glauben.

Urkundlich haben wir diese unsere schriftliche Ratification eigenhändig unterschrieben, und mit unserm Fürstlichen Insigel befestigen lassen. So geschehen Aurich den 31 Merz Ao. 1693 k).

Christian Eberhard.

§. 5.
Huldigungs-Reversal
sub lit. A.

dessen im Vergleich Num. 1. gedacht und endlich ausgehändiget worden Ao. 1695. den 11 Febr.

Wir von Gottes Gnaden Christian Eberhard, Fürst zu Ostfriesland, Herr zu Esens,

---

k) Conf. Lünigs Teutschen Reichs Archiv der andern Continuation 3te Fortsetzung p. 599-601. Ostfr. Hist. Tom. II. lib. 6. c. 11. p. 1058-1067.

unter der Fürstlichen Regierung. 287

sens, Stedesdorf und Wittmund ꝛc. bekennen
ffentlich mit diesem Brief, und thun kund jeder-
änniglich: Nachdem Gott der Allmächtige nach
inem unwandelbahren Rath und Willen den
eil. Durchlauchtigsten Fürsten und Herrn, Herrn
Georg Christian, Fürsten zu Ostfrießland,
errn zu Esens, Stedesdorf und Wittmund ꝛc.
nsern hochgeehrten Herrn Vater, Christseligen
ngedenkens, im Jahr 1665 den 6 Julii von
r. Mühseligkeit zeitlichen Lebens abgefordert,
ıd zu sich in die ewige Herrlichkeit, auch himm-
che Freude erhoben und angenommen, dadurch
ıs ganze Ostfrießland zusamt desselben Admini-
ation und Verwaltung, auch anhangenden
ignität, Hoheit und Regierung, Recht und
erechtigkeit, auf uns als seiner väterlichen Gnaden
nterlassenen, und bald nach dero sich begebenen
odesfall, bey damahls währenden, und durch
olgte unsere Geburt geendigten, Curatel-Regi-
ent, Erstgebohrnen und einzigen Sohn, und
ızweifelhaften Successoren, kraft des bey unserm
ırstl. Hause beständig hergebrachten, zu Recht
rittenen, und von Römischen Kayserm und
onigen allergnädigst confirmirten Rechtens und
ewohnheit der Erstgebohrnen, verstammet und
fallen, und darauf sofort die Durchläuchtigste
irstin und Frau, Frau Christina Charlotta,
erzogin zu Würtemberg und Teck, verwittwete
ırstin zu Ostfrießland, Gräfin zu Mompelgard,
Frau

Frau zu Heidenheim, Esens, Stedesdorf und Wittmund ꝛc. Unserer durch Gottes Gnade annoch lebenden und herzvielgeliebten Frauen Mutter Gnaden, die Vormündliche Landes-Regierung, kraft Kayserl. Bestätigung, in unsern Nahmen würklich und rühmlichst angenommen, und in solcher Vormundschaftlichen Qualität verwaltet hat; darnächst wir auf deroselben freywillige Resignation, und dazu von allerhöchst mentionirter Kayserl. Majestät ertheilte Concession veniæ ætatis, solche Regierung in allen und jeden Stücken in der That angetreten haben, in dem festen Vertrauen, daß solches alles vermittelst des göttlichen Beystandes, zu Gottes allerhöchsten Nahmens Ehre, und fernerm Aufnehmen unsers Fürstl. Hauses und Landes ausfallen möge; daß wir darauf bey angetretener unserer selbst eigener Fürstl. Regierung uns gnädigst, auch Landesväterlich erinnert, was massen die Römische Kayserliche Majestät, Kayser **Rudolph der Andere,** aller glorwürdigsten Andenkens von Ao. 1589 bis auf den 13 October des 1597sten Jahres, zu Halt- und Fortsetzung guten Regiments in unserer Grafschaft Ostfrießland, gewisse Kayserl. Decreta, Ordnung und Resolution publiciren und eröfnen lassen, und darinnen unter andern disponiret, daß die succedirende Grafen, nunmehro Fürsten zu Ostfrießland, verpflichtet seyn sollen, bey Einnehmung der schuldigen Pflicht

und

und Erbhuldigung die Resolution, so Ihro Kayserl. Majestät den 13 October 1597 eröfnet, Ritterschaft, Städten und Ständen zu confirmiren und zu bestätigen, und derowegen wir als itzo regierender Fürst und Herr zu Ostfriesland nicht allein solche Resolution, Abschied und Ausspruch hiemit der Schuldigkeit nach, und wie das von Recht und Billigkeit wegen sich eignet und gebühret, confirmiren und bestätigen, sondern auch zu mehrerer Bezeugung unserer gnädigsten Zuneigung und Begierde zu dem Aufnehmen und Wolfahrt unserer Land und Leute uns weiter dahin erkläret, den 20 Articul gedachter Kayserl. Resolution, daß nemlich in Landes- und Regierungs-Sachen Eingebohrne und nicht Ausländische gebrauchet werden sollen, würklich zu effectuiren, versprechen; auch ferner hiemit unserer getreuen Ritterschaft, Städten und dritten Stande, zusamt allen deren Verwandten, Anund Zugehörigen, tam in genere quam in specie dieselbe bey allen ihren Privilegien und Freyheiten, alten Herkommen, Gebräuchen, Ordnungen, Recht und Gerechtigkeiten zu schützen und zu handhaben, und dabey zu lassen; wie wir denn nicht weniger wol wissentlich versprechen vor allerhöchst mentionirter Kayserl. Majestät und dero höchstlöblichen Herren Vorfahren am Reich eröfnete Kayserl. Decreta, Executions-Proceß und Resolutiones, auch alle zwischen unsern Vorfahren

fahren, uns und denen Ständen aufgerichtete Compacta, Verträge, Recessen, Apostillen, Decisien, Abscheide, Siegel und Briefe samt und sonders, in specie den Norder Landtags-Schluß de Ao. 1620, so die gemeinen Landstände damahls an Herrn Graf Enno übergeben, letzlich was bis Ao. 1662 und 1663 inclusive geschlossen und verglichen worden, jedoch mit Vorbehalt Ihro Kayserl. Majestät und des Heil. Reichs Ober-Jurisdiction und Hoheit, auch wie solches von denen würklich regierenden Herren Grafen und Fürsten zu Ostfriesland, und ein folglich von unserm Hochmentionirten Hochseligen Herrn Vater den 29. März 1664 durch Huldigungs-Reversalen bestätiget seyn, in allen Punkten und Clausulen, mithin auch alles dasjenige, was zwischen uns und unsern Landständen verglichen, geschlossen und mit Hand und Siegel bekräftiget worden, es mag Nahmen haben wie es wolle, kraft dieses wohlwissentlich und wohlbedächtlich confirmiren und bestätigen, also daß solches alles in allen Punkten stricte unterhalten, und darwider weder von uns selbst noch unsern Bedienten oder jemand anders, wer der auch seyn möchte, nichts vorgenommen, geattentiret oder gehandelt werden solle in keinerley Weise noch Wege, daß auch alle darwider etwan laufende Contraventiones dem zu Folge ungesäumt abgeschaffet werden sollen, getreulich und ohne Gefährde bey Fürstl.

Ehren,

unter der Fürstlichen Regierung.

Ehren, wahren Worten und Glauben an Eides statt, ohne einige Exception und Einrede. Dessen zu Urkunde und steter Festhaltung haben wir diesen unsern Huldigungs-Revers für uns, unsere Erben und nachkommende regierende Fürsten und Herrn zu Ostfrießland mit eigener Hand unterschrieben, und mit unserm Fürstl. Insigel bekräftiget. So geschehen auf unserm Residenzhause Aurich den 11 Februar 1695.

Christian Eberhard.
(L.S.)

§. 6.
Hochfürstliche Erklärung wegen des Aufgeldes.

Wann auch hochgedachter Landesfürst und Herr in Betrachtung gezogen, welchergestalt den Landständen in dem 3 Punkt des Hannöverschen Vergleichs eine Hofnung gemachet worden, daß das Gravamen wegen des Aufgeldes auf die jetzige Courantmünze bey Bezahlung der beherdischten Heuer auf dem nächsten Landtage in Ostfrießland sollte vorgenommen und abgethan werden: so thaten auch nunmehro Ihro Hochfürstl. Durchl. auf öffentlichen Landtage zu Aurich den 31 März Anno 1693 diese Erklärung, daß sie bis zu völliger Reducir- und Wieder-Einführung des guten Münzwesens, nach dem Reichs-Schrott und Korn, entweder im ganim H. Römischen Reich oder auch in diesem Westphälischen Kreise, jedesmahl und alljährig mit zween Stüvern auf einen Rthlr. zufrieden seyn wolten, mit dem Anhang, daß wann nach verhoffender obigen Ratification das Münzwesen inskünftige von neuen wieder abfallen möchte, sowol Ihro Durchl. als sonst ein jeglicher in den vorigen Rechten stehen wolte und sollte. Sothanes Aufgeld aber sollte gegeben werden in denen Fällen, da bishero auf den Canonem Emphyteuticum das Aufgeld prätendiret und exigiret worden. Was sonsten die anderen Prästationes, welche aus den Special-Listen herrühreten, anginge, darüber wolte man sich auch ferner in Güte vergleichen, und sollte darauf an die Rentmeister gnädigste Order gestellet werden, darnach sie der Münze wegen sich zu verhalten haben sollten l).

§. 7.

Der Cronprinz in Dännemark Friederich reiset durch Aurich.

Im Monat April dieses 1693sten Jahres reiseten Ihro Königl. Hoheit der Cronprinz von Dännemark Friedericus durch Aurich, indem er auf der Heimreise nach Copenhagen begriffen war. Es hatte hochgedachter Cronprinz eine Reise nach Italien, Frankreich und anderen Orten

l) Offrich. Hist. Tom. II. lib. 6. n. 13. p. 1064.

Orten gethan, und war nunmehro über fünf Vierteljahr ausgewesen. Denn in dem vorigen 1692sten Jahr den 8 Januar reisete er von Copenhagen ab. In seiner Suite waren der Ober-Cammerher von Ahlefeld, der geheime Rath Rumor, Marschall Hahn, Monf. Walther, ein Ober-Cammerdiener, ein Leib-Barbierer, zusamt einigen Pagen und Laqueyen. Zuförderst nahm er seine Reise nach Venedig, und um desto unbekannter zu seyn, nannte er sich einen Grafen von Oldenburg, jedennoch könnte seine Person nicht wol verborgen bleiben. Nachdem er nun Venedig und andere Oerter besehen hatte, auch überall wol empfangen worden, kam er den 15 März zu Rom, woselbst der Pabst ihm seinen Cammerherrn den Grafen von Vasino zuordnete, und ihn alles besehen ließ. Den 28 April ging er nach Florenz zum Großherzog. Von dannen fuhr er in dem May-Monat mit 2 Florentinischen Galeeren ab, und kam den 24sten zu Genua. Diese Republick ließ ihn den 7 Junii auf ihre Kosten mit 2 Galeeren nach Marsilien bringen m). Nachdem er nun Welschland nach Gefallen besehen hatte, nahm er seinen Weg weiter nach Frankreich, besah zuvor auch einige Städte daselbst, und kam endlich Ao. 1693 den 15 Januar in Paris. Der Dänische Abgesandte

T 3

---

m) Theatr. Europ. XIV. Th. Ao. 1692. p. 355. 356.

sandte **Meyer-Cron,** sobald er von seiner Herannäherung berichtet worden, zog ihm entgegen, und bewillkommete ihn, und holte ihn ein in die Stadt. Hocherwähnter Prinz nahm bey dem Gesandten sein Logament, welcher ihn nachmahls in der Stadt, um alles zu besehen, herumführete. Den 20 Januar besuchte St. Hoheit zu Versailles den König von Frankreich **Ludovicum** XIV. und den Dauphin, imgleichen ein paar Tage hernach zu S. Germain den gewesenen König in Engelland **Jacobum** und dessen Frau Gemahlin. Hierauf machte er sich wieder nach Paris, woselbst ihm zu Ehren ein Ball gegeben, auch eine Jagd angestellet worden. Den 20 Februar ging er von dort weg nach Flandern, besahe Gent, Antwerpen, Mecheln, Brüssel und andere Oerter, und kam den 19 Märtz in den Haag. Wie er auch hier alles besehen hatte, reisete er wieder von dannen mit dem Vorsatz wieder heim zu reisen. Und also nahm er seinen Weg durch Aurich, und sprach daselbst die Ostfriesische Herrschaft an, die darüber recht erfreuet war. Ferner setzte er seinen Weg über Oldenburg und so weiter eilends fort, und kam den 15 April St. v. eben am stillen Freytag wieder in Copenhagen. Der Einzug geschah zwar in der Stille wegen dieses sonderbaren Feyer-Tages, doch war die Freude über die glückliche Wiederkunft

dieses

dieses hohen Prinzen bey jedermänniglich sehr
groß n).

§. 8.
Hochfürstliche Verordnung wegen der Schulen zu Esens.

In diesem 1693ſten Jahr und zwar den 13
October ließ Sr. Hochfürſtl. Durchl. Fürſt
Chriſtian Eberhard eine Verordnung we=
gen der Schulen zu Eſens publiciren, worin
den ſämtlichen Eltern und Einwohnern in der
Stadt Eſens anbefohlen ward, ihre Kinder fleiſ=
ſig in die Schulen zu ſchicken, und nach Befin=
den ihres Verſtandes und Alters, und Profectuum
im Teutſchen und Lateiniſchen, wie auch im
Schreiben und Rechnen informiren zu laſſen, zum
wenigſten bis in das zwölfte Jahr ihres Alters.
Im Fall aber die Eltern ſich hierin würden ſaum=
ſelig bezeigen, und die Ihrigen nicht zur Schulen
ſchicken, ſollten die Präceptores bemächtiget ſeyn,
eben ſowol ihr gebührendes Schulgeld von den
Eltern zu fodern, als wenn ihre Kinder würklich
zur Schule gingen. Und damit die Armen und
Nothdürftigen ſich hiebey nicht zu beſchweren,
oder etwas einzuwenden hätten, so ſollten ſie nur
die Hälfte des ſonſt gewöhnlichen Schul=Geldes
geben, die ihnen aber von den Kirchen= und
Gaſthaus=Vorſtehern soll gereichet werden, wann
ſie

n) Ibid. Ao. 1693. p. 521. 522.

sie sich gebührend bey denselben angeben, und ihre Dürftigkeit kund machen. Sonsten aber sollte hiemit den Bürgern verboten seyn, ohne Erlaubniß der Herrschaft ihre Kinder oder Pflege-Kinder in Römisch-Catholische Schulen außer Landes zu schicken, oder auch daheim bey ihnen selbiger Religion zugethane Præceptores oder Pädagogos zu halten, bey Vermeidung ernstlicher Strafe o).

§. 9.
Die Hällische Universität wird angelegt. Am Ostfriesischen Hofe wird ein todter Prinz gebohren.

Anno 1694 den 1 Julii geschah die Inauguration der von Sr. Churfürstl. Durchl. Friederico III. zu Brandenburg neu angelegten Universität in Halle mit grosser Solemnität.

Den 8 Julii kam die Durchlauchtigste Fürstin in Ostfrießland, Frau Eberhardina Sophia in die Wochen, und brachte einen Wolgestalten, jedoch todtgebohrnen Prinzen zur Welt, welcher den 10 Julii in dem Hochfürstl. Begräbniß beygesetzet ward. Bey der Geburt ging es dazumahl hart her. Denen hohen Eltern zum Trost ward darauf den 12 Julii als am Donnerstage in der Hochfürstl. Schloßkirchen
von

o) Fürstl. Ostfr. Verordnung weg. der Schulen zu Esens. Ao. 1698.

n Christiano Funcke Past. in Aurich eine
rostpredigt gehalten, über die Worte Davids:
uf dich bin ich geworfen ꝛc. Psalm XXII,
1. und aus bewegenden Ursachen. daraus vorstellet der vor der Taufe von Gott abge-
derten Kinder der Gläubigen gewisse
eligkeit, welche damit behauptet ward, daß
 1) auf Gott aus Mutterleibe geworfen werden.
 2) An Gott von Mutterleibe an ihren
ott haben. Zugleichem Zweck überreichte der-
bige folgende Gedanken (welche auch von der
errschaft ganz gnädigst aufgenommen worden)
statt einer Grabschrift:

EPITAPHIUM.

Ein Prinz, der zwar zur Welt, doch nicht
　　　　der Welt gebohren,
　Ging ehr aus dieser Welt, eh er die
　　　　Welt gesehn.
Das Welt und weltlich heißt, das hielt er für
　　　　verlohren,
　Drum wolt er Welt vorbey sofort zum
　　　　Himmel gehn
Die Bitterkeit der Welt hat er vorher geschmecket,
　Eh ihn sein Schöpfer noch die Welt
　　　　betreten ließ;

Der herbe Vorschmack hat sobald ihn abge-
    schrecket,
  Daß er ja nicht gewünscht den völli-
    gen Genieß.
Der Theil, der irdisch ist, ist hier der Gruft
    gelassen,
  Zum Zeugniß, daß Er war aus Fürst-
    lich hohen Stamm
Der Theil, so himmlisch ist, wohnt in den
    Himmels-Gassen,
  Und freut sich, daß er nie in dieses
    Wohnhaus kam,
Fragstu: wie hieß der Prinz? Ihm wolt
    kein Nahm belieben.
  Wodurch er einsten würd der Nachwelt
    kund gemacht;
Sein Nahme stehet nur in Gottes Buch ge-
    schrieben.
  Ihn kennt und nennt sein Gott. Er
    hat es hoch gebracht p).

§. 10.

Die Huldigung des Durchl. Fürsten und Herrn
Christian Eberhard gehet vor sich.

Anno 1695 den 11 Februar kam es endlich
dazu, daß die lange Zeit vorgewesene Hul-
    digung

---

p). Theatr. Europ. XIV. Th. A°. 1694. p. 626-
635.

digung des Durchlauchtigsten Fürsten und Herrn, Herrn **Christian Eberhard**, Fürsten zu Ostfrießland, vor sich gieng, nachdem allerhand Differentien, Schwierigkeiten und Berathschlagungen, sie bis hieher hatten aufgehalten. Der Actus bestand in folgenden Solemnitäten. Zuföderst funden sich die Herrschaft von vielen Adelichen begleitet in die Stadtkirche zu Aurich ein zum öffentlichen Gottesdienst. Ein gleiches thaten die Deputirte von der Ritterschaft, von den Städten, Embden, Norden und Aurich, und von dem dritten Stand. Sonsten erschien auch eine Volkreiche Versammlung. Der Pastor Senior in Aurich Herr **Franciscus Albertus Nesselius** hielt die Huldigungs-Predigt über die Worte Pauli I Tim. II., 1. 2. Nach geendigtem Gottesdienst verfügten sich beides die Herrschaft und auch die Herren Abgeordnete von den Ständen nach der Fürstlichen Burg, woselbsten Ihro Hochfürstl. Durchl. der regierende Landesfürst und Herr von itzbesagten Herren Deputirten und Abgeordneten der dreyen Ostfrießschen Stände gehuldiget ward, und geschahe dis in dem grossen Unter-Saal auf folgende Art und Weise: Ihro Hochfürstl. Durchl. stellten sich in hoher Person in gedachtem Saal unter einem sogenannten Himmel, und hatte neben sich stehen dero jungen Erbprinzen Georg Albrecht, einen Herrn, der nunmehro in seinem fünften

Jahr

Jahr ging. In dero hohen Gegenwart wurden die Reverſales gegen einander ausgewechſelt, da dann im Nahmen Ihro Hochfürſtl. Durchl. der Herr Präſident Edzard Adolph von Petkum an die gegenwärtige und vor dem Fürſten in einem Kreis ſtehende Landſtände eine zierliche Rede that, und ſie der Gnade des Landesherrn verſicherte, dahingegen ihre Gemüther zur beſtändigen Einigkeit und Treue aufmunterte. Dieſes beantwortete der Präſes von der Ritterſchaft Herr Eberhard Jobſt von Appel, Hauptling zu Midlum ꝛc. und adelicher Aſſeſſor des Hofgerichtes. Hierauf traten die Deputirte nach einander zum Fürſten, und machten ihre Reverence und Ehrenbezeigung. Nach ſolchem Actu wurden von Ihro Hochfürſtl. Durchl. die anweſenden Herren Deputirte, die Fürſtl. Miniſtri, wie auch die Prediger aus der Stadt zu Hofe tractiret, und der ganze Tag von allen Einwohnern der Stadt mit Freuden zugebracht. Weil nun dieſer Huldigungs-Actus um alle Weitläuftigkeit und Koſten zu vermeiden nicht eben nach der alten und vorigen Weiſe geſchah, ſo hatten dennoch Ihro Hochfürſtl. Durchl. ſich dabey reſerviret und vorbehalten, daß dieſe General-Schriftliche Huldigung dero Succeſſoren am Regiment in Foderung der perſönlichen Homagial-Pflicht nicht präjudicirlich ſeyn ſollte, worüber auch die ſämtlichen Landſtände, in ſpecie die Stadt Embden, an dieſem Tage der Freuden

den nemlich den 11 Februar ihre Reverse von sich gegeben q).

§. 11.
Fürstliche Huldigungs-Revers an die Stadt Embden.

Demnach ich vorhin schon bey dem 93sten Jahr den Huldigungs-Revers, welchen Ihro Hochfürstl. Durchl. dero getreuen Landständen am Tage der Huldigung überreichen lassen, dieser Chronick von Wort zu Wort einverleibet habe; so wil ich auch nunmehro hieher setzen den

Fürstl. Huldigungs-Revers
so den Embdern in specie ausgehändiget worden.

Wir von Gottes Gnaden Christian Eberhard, Fürst zu Ostfrießland, Herr zu Esens, Stedesdorf und Wittmund ꝛc. thun hiemit kund und zu wissen, vor uns, unsern Erben und Nachkommen im Regiment, auch jedermänniglichen; als nach dem unwandelbahten Rath und Willen des Allmächtigen, weil der Durchlauchtigster Fürst und Herr, Herr Georg Christian Fürst zu Ostfrießland, Herr zu Esens, Stedesdorf und Wittmund ꝛc. unser hochgeehrter Herr Vater christsel. Andenkens im Jahr 1665
den

q) Siehe die Reversales der sämtl. Stände ꝛc. der Stadt Embden in der Ostfr. Hist. Tom. II. lib. 6. n. 15. 16. 19. p. 1065. seqq.

den 6 Julii diß zeitliche Leben verlassen, dahero dann das ganze Fürstenthum Ostfrießland und andere Herrschaften auf uns, als Sr. väterlichen Gnaden hinterlassenen, und bald nach dero sich begebenen Todesfall bey damahls währendem, und durch erfolgte unsere Geburt geendigtem Cura-tel-Regiment, Erstgebohrnen und einzigen Sohn, und unzweifelhaften Successoren, kraft des bey unserm Fürstl. Hause beständig hergebrachten, zu Recht erstrittenen, und von Römischen Kay-sern und Königen allergnädigst confirmirten Rech-tens und Gewohnheit der Erstgebohrnheit, ver-stammet und gefallen, und darauf sofort die Durchlauchtigste Fürstin und Frau, Frau Chri-stina Charlotta, Herzogin zu Würtemberg und Teck, verwittwete Fürstin zu Ostfrießland, Gräfin zu Mömpelgard, Frau zu Heydenheim, Esens, Stedesdorf und Wittmund rc. unserer durch Gottes Gnade annoch lebenden und herz-lich vielgeliebten Frau Mutter Gnaden die vor-mündliche Landes-Regierung, kraft Kayserl. Bestättigung, in unserm Nahmen würklich und rühmlichst angenommen, und in solcher Vor-mündlichen Qualität verwaltet hat. Darnächst wir selbst auf deroselben freywillige Resignation, und dazu von allerhöchst ermeldter Kayserlichen Majestät ertheilte Concession Veniæ ætatis, sol-che Regierung in allen und jeden Stücken in der That angetreten haben; und dann nun Bürger-

meister

unter der Fürstlichen Regierung. 303

meister und Rath unser Stadt Emden, wie auch Vierziger und allgemeine Bürgerschaft daselbsten, bey Ueberlieferung dieses uns die gebührende Erbhuldigung geleistet, und darauf Eid und Pflicht gethan, daß wir ihnen hiergegen alle ihre Rechten, Privilegien und Gerechtigkeiten, die sie von alten Zeiten gehabt und hergebracht, oder durch Accorden, Verträge und Resolution, Abschiede, Apostillen und was dem anhängig, auch Declaration de Ao. 1626. sodann die Tractaten de Ao. 1662 und 1663; jedoch mit Vorbehalt Ihro Kayserl. Majestät und des heil. Reichs Oberjurisdiction und Hoheit, auch wie solches von denen würklichen regierenden Herren Grafen und Fürsten zu Ostfrießland, und ein folglich von unserm hoch mentionirten Herrn Vater den 12 November 1663 durch Huldigungs-Reversalien bestätiget seyn, imgleichen durch den jüngsten Hannöverschen Tractat vom 1 Februar 1693 erlanget, sie seyn Nahmens wie sie wolten, confirmiret und bestätiget haben; thun auch solches hiemit und in Kraft dieses dergestalt, daß dieselbe alle und jede in allen Punkten stricte unterhalten, und dawider noch durch uns selbsten, unsere Bedienten noch jemand anders, wer die auch seyn, nichts soll vorgenommen, attentiret oder gehandelt werden, in keinerley Weise, sondern Bürgermeister und Rath, Vierzigere und die gemeine sämtliche Bürger und Einwohner, uer, tam in genere qvam in specie, dessen allen fruchtbarlich ohne einige Schmählerung und Abgang geniessen sollen. So nehmen wir auch, so viel in äußerstem unsern Vermögen ist, sie itztbenannte, niemand ausgenommen, mit Leib und Gut in unsern besondern Schutz, Schirm und Geleit zu Wasser und zu Lande gegen jedermänniglichen; und damit sie sich dessen allen, was obstehet, desto besser versichern, so haben wir diesen schriftlichen Revers und Gegenverpflichtung herausgegeben, und nicht allein für uns selbst bey Fürstl. Ehren, wahren Worten, Treuen und Glauben anstatt Eides zugesaget und versprochen, daß dieses alles aufrichtig, stets fest und unverbrüchlich solle gehalten werden, sondern haben daneben unsern Präsidenten, Vicekanzler, Räthen, Landrichtern und Rentmeistern den im Graven-Haag 1662 accordirten Eid auf die Verträge abnehmen, und dessen Formular nebst Unterschrift deren, so den Eid gethan haben, oftermeldeten Bürgermeister und Rath zustellen lassen; gleich wie wir uns dann ferner hiemit verpflichten, daß wir unsern künftigen Räthen und vorerwehnten andern Bedienten, sothanen Eid auf die Accorden bey Antritt eines jeden Bedienung, allemahl abnehmen, und dessen Formular samt Unterschrift jedesmahl ihnen einhändigen, zugleich auch mehrgemeldte Bürgermeister und Rath, im Fall hernach eine Contravention sich

ereigen

ereigen möchte, darauf jederzeit in Gnaden vernehmen, und würkliche Abschaffung thun wollen, ohne Arg und List. Dessen zu Urkund haben wir diesen Brief für uns, unseren Erben und Nachkommen, regierenden Fürsten und Herren zu Ostfrießland, mit eigener Hand unterschrieben, und mit unserm grossen Insigel befestigen lassen. So geschehen auf unserm Residenzhause Aurich den 11 Februar 1695 r).

Christian Eberhard.
(L.S.)

§. 12.

Huldigungs-Reversalen. 1. Der Landstände. 2. Der Stadt Embden.

Hierauf folgen nun diejenigen Huldigungs= Reversen, welche hinwiederum an Ihro Durchl. von Dero Landständen, als Ritterschaft, Städte Norden und Aurich, wie auch dritten Stand, imgleichen Embden in specie überreichet sind:

I. Huldigungs=Revers,
der gesamten Landstände.

Wir Ritterschaft, Städte und dritter Stand repräsentirende die Stände von Ostfrießland, geloben

r) Conf. Ostfr. Hist. Tom. II. lib. 6. n. 21. f. 1070. 1071.

loben und versprechen, den Durchlauchtigsten Fürsten und Herrn, Herrn Christian Eberhard, Fürsten zu Ostfrießland, Herrn zu Esens, Stedesdorf und Wittmund, als unsern gnädigsten Fürsten und Herrn zu erkennen, zu respectiren und zu gehorsamen, auch demselben getreu und hold zu seyn, alles nach Einhalt der Accorden, bey wahren Worten, Treuen und Glauben, anstatt eines solennelen körperlichen Eides, ohne einige Exception und Einrede. Urkundlich unserer eigenhändigen Unterschrift. So geschehen Aurich auf allgemeinem Landtage den 11 Februar Ao. 1695.

E. J. von Appel. H. Frydag von Gödens, Henrich von Werfabe, G. von Honstede, M. E. Frydag von Gödens H. J. v. Closter, P. H. Ripperda.

Wegen der Stadt Norden.
Joh. Diedrich Kettler Dr., J. R. Koch, H. Schröder, W. Klaeßen.

Wegen der Stadt Aurich.
Ulrich Bengen, Coop Bröyels.

Wegen des dritten Stades.
J. V. Rehden, P. Homfeld, G. Ulffers, W. v. Papenjucht, R. E. Potnius, Schelte Klaeßen, Lübbert Rösing, Rudolph von Rheden, Jacob Hayen, Abel Vietor, Jürgen J. Lünesch, Oeke

Klun=

Klüncker, Arend Arends, Berend Ayentz, Harmen Janssen, Edo Ayken Peters, Gommel Hauken, J. Schattebörg Dr. Johann Janssen Gereltz.

II. Huldigungs-Revers.
der Stadt Embden.

Wir Bürgermeister und Rath der Stadt Embden samt Vierzigern daselbst, vor uns und im Nahmen allgemeiner Bürgerschaft, geloben und versprechen bey wahren Worten, Treuen und Glauben, anstatt eines Solemnelen körperlichen Eides, den Durchlauchtigsten Fürsten und Herrn, Herrn Christian Eberhard, Fürsten zu Ostfriesland, Herrn zu Esens, Stedesdorf und Wittmund, als unsern gnädigsten Fürsten und Herrn zu erkennen, zu respectiren und zu gehorsamen, auch demselben getreu und hold zu seyn, alles nach Einhalt dieser Stadt Privilegien und Gerechtigkeiten, wie auch zwischen Sr. Fürstl. Durchl. Herren Vorfahren und dieser Stadt aufgerichteten Accorden und Verträgen. Dessen zu wahrer Urkund haben wir diese Verpflichtung durch unsere, auf dem Landtage zu Aurich Anwesende, und special hierzu bevollmächtigte Deputirte wissentlich unterschreiben und versiegeln lassen.

sen. So geschehen zu Aurich auf dem allgemeinen Landtage den 11 Februar Ao. 1695.
(L.S.) Johannes Althusius Dr.
(L.S.) Frantz Heinrich Stoschius.
(L.S.) BonneSibeliusBonhuusMD.
(L.S.) Matthias Wermelskirchen.
(L.S.) Hindrich Peters f).

§. 13.

Zu Abschaffung der Gravaminum werden auf Fürstlicher und Ständischer Seiten Deputirte verordnet.

Nachdem nun die so lange Zeit vorgewesene Huldigung sein gewünschtes Ende erreichet, war man auch bedacht, die übrigen Gravamina abzuthun. Zu dem Ende sandten die Ostfriesischen Landstände den 17 März an die gnädigste Herrschaft ihren Landtags-Schluß ein, und schlugen darin auf ihrer Seiten zu diesem Werke vor als Deputirte Herrn Eberhard Jobst von Appel, zu Midlum ꝛc. Häuptling und adelichen Hofgerichts-Assessorem, Herrn Henrich von Wersabe zu Lopperſum Hauptling und Herrn Johann Sigismund von Closter, Herrn zu Dornum, beide adeliche Administratores, Herrn Frantz Henrich Stoschium, Syndicum der Stadt Embden, Herrn Johann Diederich

---

f) Conf. m. Oſtfr. Hiſt. Tom. II. lib. 6. n. 14. 18. p. 1065. 1067. 1068.

Derich Kettler J. U. D., Bürgermeistern der
Stadt Norden, Herrn Ulrich Bengen, Bürgermeister in Aurich, Herrn Eberhard ter
Braeck und Herrn Jbeling von Rehden J.U.D.
beide Administratores des dritten Standes, mit
unterthänigster Bitte, daß Jhro Fürstl. Durchl.
gnädigst geruhen wolte, einige aus ihren Ministris ebenmäßig dazu zu committiren, auf daß
den 2 April verabredetermaſſen der Anfang möchte
gemacht, und so bald immer möglich, alles zur
Richtigkeit und völliger innerlichen Harmonie
zwischen Haupt und Gliedern gebracht, folglich
die Landstände durch würkliche Abschaffung der
Gravaminum capabel möchten gemachet werden,
sowol Jhro Hochfürstl. Durchl. als Dero Frau
Mutter der Frau Herzogin Durchl. versprochenermaſſen unter die Arme zu greiffen. Sie hielten auch an, daß weil dieser Landtag geschloſſen,
innerhalb 6 Wochen ein neuer möchte ausgeschrieben werden, auf daß sie alsdenn vernehmen
könnten, was für einen Succeß die Tractaten
hätten zwischen den Hochfürstl. Ministris und ihren Deputirten, und folglich sich bereden könnten, die benöthigte Geldmittel einzuwilligen t).
Jhro Hochfürstl. Durchl. wolten darauf
des folgenden Tages einen Landtags-Abschied
publiciren laſſen, weil aber die Landstände nach

U 3 auf-

---

t) Schriftl. Landtags-Schluß in Aurich Ao. 1695.
d. 16 Martii.

aufgesetzter und übergebenen vorgedachten Resolution meistens weggereiset waren, könnte solches nicht geschehen u). Indeß schrieben Ihro Hochfürstl. Durchl. gegen den 23 April einen neuen Landtag aus, worauf deliberiret werden sollte 1) von der Beförderung der Commercien dieses Landes. 2) Von den Gravaminibus. 3) Von Abführung der fremden Völker. 4) Von einem Beytrag an Geldmitteln zu der Herrschaft und des Landes Besten. 5) Von Anticipation oder Prolongation des Tages der Landrechnung, welcher pflegt den 10 May zu seyn, itzt aber wegen des Pfingst-Festes sollte verrücket werden x). Wie nun die Landstände zur bestimmten Zeit beysammen kommen, und auf Fürstl. Seite von dem Herrn Präsidenten von Pethum in der Kirchen zu Aurich gewöhnlichermassen die Proposition geschehen war, fing man an die obgemeldete Puncten in Deliberation zu gehen; da dann über die beiden ersten Punkten der Fürst und Landstände eines wurden, darüber hinfort zu handeln. Der vierte Punkt kam auch zum Stande. Ueber den 3ten Punkt von Abführung der fremden Völker wolten die Landstände sich nicht eigentlich herauslassen. Endlich was den 5ten Punkt anlangte, so hatten die Administratores

u) Ostfr. Hist. Tom. II. lib. 6. n. 22. p. 1071.
x) Ibid. n. 23. p. 1072-1074.

unter der **Fürstlichen Regierung.**

tores den 8 May zur Landrechnung angerahmet, und im Lande ausgeschrieben, wowider dann der Fürst durch seine Räthe protestiren ließ, die Administratores entschuldigten sich, das solches aus keiner bösen Intention, etwa Ihro Höchstfürstl. Durchl. hierin einigermassen zu präjudiciren, geschehen wäre; baten also die Landstände, weil dieser Tägen nunmehro im Lande bekannt gemachet wäre, daß es doch dabey bleiben möchte. Sonsten gab es auch disput, daß in dem Fürstlichen Ausschreiben dieses Landtages gesetzet war, daß die Landstände über die zu haltende Deliberationen ihre gehorsamste Landtags-Resolution und Gutachten mit geben möchten. Da sie die Ländstände dann sich über das Wort Gutachten beschwereten, als etwas präjudicirliches. Im übrigen ward der Landtag bis auf den 10 Junii prolongiret. Hierauf wurden nachmahls einige der Fürstlichen Räthe committiret, welche mit den Deputirten der Landstände sich zusammen thun, und die Gravamina abhandeln sollten y).

§. 14.

Die Kayserliche Majestät caßiret das Conservatorium.

Den 30 May ward von Kayserl. Majestät das Ao. 1681 verordnete Conservatorium wieder

---

y) Ibid. n. 24. 25. p. 1078. 1079.

wieder caßiret und aufgehoben; imgleichen den Ostfrießischen Landständen anbefohlen, die eingenommene Churfürstl. Brandenburgische Völker wiederum abführen zu lassen, widrigesfalls sie gehalten seyn sollten, auch die 200 Mann Kayserl. Völker auf ihre Kosten ferner zu unterhalten z). So drang dann auch ferner Fürst **Christian Eberhard** darauf, daß die Landstände sich bemühen möchten, daß die Brandenburgischen Völker wieder abgefordert würden: und diese hingegen verlangten von Sr. Durchl. daß die Kayserl. Völker erst weggeschaffet werden möchten aa).

In dem Herbst dieses Jahres und zwar den 1 October kam die Durchlauchtigste Herzogin und Frau, Frau **Christina Charlotte**, aus Bayreuth, wohin sie eine Reise gethan hatte, glücklich wieder heim. Es begleitete sie Sr. Durchl. der Markgraf von Bayreuth, Herr **Christian Ernst**, der Römisch Kayserl. Majestät General-Feldmarschall. Sie wurden in Aurich prächtig eingeholet. Nach zweyen Tagen, als den 3 October, kam die Fürstin von Ostfrießland, Frau **Eberhardina Sophia** mit einer Prinzeßin zur Abendzeit glücklich danieder, die dann bey der heil. Taufe **Friederica**

Wil-

---

z) Ostfrieß. Hist. Tom. II. lib. 6. N. 26. 27. p. 1078. 1079.
aa) Ibid. n. 28. 29. p. 1079-1081.

Wilhelmina genannt ward. Durch diese glückliche Geburt ward die Freude der anwesenden hohen Gesellschaft sehr vermehret bb).

§. 15.
Veränderung der Apostel- und Bet-Tage in Aurich, nebst andern Nachrichten.

Mit dem Anfang des 1696sten Jahres ward auch der Anfang gemachet, die neue Hochfürstl. Verordnung in den Gang zu bringen, nemlich daß an den Apostel-Tagen keine Frühpredigten, und an den monatlichen Bet-Tagen keine Nachmittags-Predigten mehr sollten gehalten werden, wie sonsten in der Stadtkirchen zu Aurich bis daher gebräuchlich gewesen. Auch wurden die 4 extraordinairen Bet-Tage, welche allemahl um den 3ten Monat auf den ersten Donnerstag gehalten wurden, nunmehro auf die Quatember-Tage verleget. Dieses alles geschah auf Veranlassung Herrn Henricii Avemanns, damahligen Hochfürstl. Vice-Cantzlers.

Den 13 May dieses Jahres starb Herr Gerhardus Feltmann J. U. D. Assessor des Ostfriesischen Hofgerichts, welcher ehemahls Professor zu Duisburg und hernach zu Gröningen gewesen, von dannen er hieher berufen worden.

---

bb) Personal. der Durchl. Fürstin und Frauen, Fr. Eberhardina Sophia p. 7.

Er war ein berühmter Jurist, der von stattlichen Studien, und welcher der gelehrten Welt durch seine Schriften sich bekannt gemachet hat. Seit währender seiner Bedienung an dem Ostfriesischen Hofgericht hatte er auch von Ihro Königl. Majestät Christian V. König in Dännemark, den Character eines Königl. Dänischen Raths überkommen. Den 18 May ward er in der Kirchen zu Aurich begraben.

Den 31 August geschah die Leichbegängniß Herrn Gustavus Adolphs von Baudissen, dero Königl. Majestät zu Dännemark Norwegen gewesenen Generals über dero Cavallerie, Gouverneur in Oldenburg und Delmenhorst, auch Obersten zu Roß und Fuß Rittern; welcher Ao. 1629 zu Elbingen in Preussen gebohren, und im vorigen 1695sten Jahr den 10 October zu Aurich auf der Burg verstorben war. Nach seinem Tode ward er nach Sandhorst gebracht, und allda in die Capelle gesetzet, woselbst er bis hieher gestanden. Nunmehro ward er zur Abendzeit am vorbesagten letzten August von Sandhorst her geführet, und vor der Norder Pforten von der Schulen und einem ansehnlichen Trauer-Gefolg erwartet, und bis in die Kirche begleitet, woselbst er im Chor nahe an dem Taufstein beerdiget worden. Die Schule ging zwar mit, jedoch ohne Gesang, und wie es schien, nur die Procession zu verstärken.

Ein

unter der Fürstlichen Regierung. 315

Ein paar Monat hernach starb zu Neuenburg den 2 November des Abends zwischen 6 und 7 Uhr die weil. Durchlauchtigste Fürstin und Frau, Frau Sophia Catharina, gebohrne Herzogin zu Schleswig Holstein, Stormarn und der Dithmarschen, verwittwete Gräfin zu Oldenburg und Delmenhorst ꝛc. im 80sten Jahr ihres Alters. Sie war gebohren Ao. 1617 den 28 Junii, und den 24 August getaufet. Derosleben Herrn Vater ist gewesen, der weil. Durchlauchtigste Fürst und Herr, Herr Alexander, Erbe zu Norwegen, Herzog zu Schleswig, Holstein, der Stormarn und Dithmarschen ꝛc. Die Frau Mutter die Durchlauchtigste Herzogin und Frau, Frau Dorothea, Herzogin zu Schleswig, Holstein ꝛc. gebohrne Gräfin zu Schwarzburg ꝛc. Und war sie von väterlicher Seiten aus Königlichem Geblüte entsprossen, angemerket, ihr Uhr-Elter-Herr Vatter ist gewesen Christianus I. in Dännemark und Norwegen, der Schweden, Wenden und Gothen König. Ao. 1635 den 30 May ist Sie mit dem hochgebohrnen Grafen und Herrn, Herrn Anthon Günther, Grafen zu Oldenburg und Delmenhorst, welcher sie zur Taufe gehalten und damahls im Scherz gesagt, dieses Kind sollte einstens seine Gemahlin werden, zu Oldenburg mit grosser Solennität vermählet worden, zu welcher Zeit Ihro Durchl. 18, hoch-
gedach-

gedachter Herr Graf aber an die 52 Jahr alt gewesen cc). Als dieser kluge und berühmte Herr Ao. 1667 den 19 Junii zu Rahstede selig verschieden, hat sie sich, sobald es sich nur schikken wollen, nach ihrem Wittwen-Sitz Neuenburg begeben, woselbst sie fast an die 30 Jahren ihre Hofstaat gehalten, und nun ihr Leben allda ganz christlich und selig geendiget hat. Sie war eine gar christliche, gnädige, demüthige und gutherzige Fürstin, die mit dem Fürstl. Ostfriesischen Hause in guter Freundschaft lebte. Ihr stets guter Ruhm, den sie hatte, hat auch der Römischen Kayserin Eleonora Majestät von selbsten bewogen, sie in dero weltberühmten Orden der sogenannten Sclavinnen der Tugend auf und anzunehmen. Ich der Autor dieser Chronick, nachdem ich an die 5 Jahr (von Ao. 1687 bis ins 1692ste) der hochseligsten Fürstin Hofprediger und Beichtvater gewesen, und dero Gütigkeit in solchen Jahren bey meinem Amte würklich erfahren, ja dero Gnade nachmahls, wie ich in Aurich gewesen, ich noch beständig bis an ihr Ende genossen, wie solches dero gnädige Briefe ausweisen können, weiß von ihrem Christen- und Tugend-Wandel glaubwürdig zu zeigen; wiewol sie das gemeine Verhängniß gnädiger Herrschaften gehabt, daß ihr gar grosse
Gütig-

---

cc) Winckelm. Oldenb.-Hist. 2 Th. cap. 1. p. 116. et 3. Th. cap. 1. p. 262. 263.

unter der Fürstlichen Regierung.

Gütigkeit oftmahls von gewissenlosen Leuten gemißbrauchet worden. Den 17 December ist der entseelte Hochfürstl. Leichnam in dem Hochfürstlichen Begräbniß zu Oldenburg beygesetzet, und den 20sten, war Dom. IV. Advent, die Leich- und Gedächtnißpredigt gehalten worden dd).

§. 16.

Zu Hofe in Ostfrießland werden gebohren. 1. Prinz August Enno. 2. Prinzeßin Juliane Louise.

Anno 1697 den 13 Februar ward das Hochfürstl. Ostfriesische Haus abermahl mit einem jungen Prinzen erfreuet, welcher bey der H. Taufe Augustus Enno genennet worden. Im folgenden 1698sten Jahr den 13 Junii am Pfingstmontage segnete Gott die Durchlauchtigste Fürstin aufs neue mit einer glücklichen Geburt, worin sie eine Prinzeßin zur Welt brachte, die bey der H. Taufe den Nahmen Juliane Louise empfangen. Jenen Tauf-Actum in dem vorigen Jahr verrichtete noch Herr Franciscus Albertus Nesselius, Pastor Senior in Aurich, der aber noch desselbigen Jahres den 28 Junii mit Tode abging. Diesen letztern Tauf-Actum ver-

---

dd) Person. der Durchl. Fürstin und Frau Soph Catharin, verwittwete Gräfin Oldenb. ꝛc. gebr. zu Oldenb.

verrichtete der neu angenommene General-Superintendent Herr Johannes Theodorus Heinson, welcher von Melle aus dem Osnabrückischen hieher berufen worden, und Domin. Palmarum (war der 17 April) seine Antritts-predigt gethan hatte. Von Ao. 1684 an bis zu diesem 1698sten Jahr war kein Superintendent noch Hofprediger an dem Hochfürstl. Ostfriesischen Hofe gehalten, sondern es hatten die Pastores in Aurich den Gottesdienst zu Hofe, dann auch die Ordinationes der Prediger, und dergleichen geistliche Actus verrichtet, welche nunmehro nach Annehmung eines neuen General-Superintendenten cessirete, welcher als Hofprediger hinfort, wie gebräuchlich, den Gottesdienst in der Hof-Capellen verwaltete ee).

§. 17.
Eine starke Theurung.

In dem Herbst dieses 1698sten Jahres fiel unverhoft eine starke Theurung ein, so daß der Rocken und übriges Getreide von Zeit zu Zeit immer höher stieg. Es kam endlich

eine Tonne Rocken auf 36 bis	40 Gl.
graue Erbsen	30 Gl.
Habergrütze	32 Gl.

eine

---

ee) Personal. der Durchl. Fürstin und Frauen, Fr. Eberhard. Sophie, Fürstin zu Ostfrießl. ꝛc. p. 7.

unter der Fürstlichen Regierung

eine Last Weitzen   336 Rmthlr.
    Gersten   178 Rmthlr.
    Habern   110 Rmthlr.
    Buchweitzen   180 Rmthlr.
    Bohnen   135 Rmthlr.

Es entstand diese Theurung zum theil aus dem Mißwachs, welchen der vielfältige Regen verursachte, zum theil auch weil hin und wieder an andern Orten die Ausfuhr des Getreides verboten ward. Weil nun andere Potentaten dafür sorgten, daß in ihren Ländern das vorhandene Getreide zum Unterhalt ihrer Unterthanen bleiben möchte, liessen auch Ihro Hochfürstl. Durchl. Fürst Christian Eberhard mit Beystimmung dero getreuen Landstände den 12 Oct. ein Edict publiciren, kraft welches verboten ward, daß niemand weder zu Wasser noch Lande, einigen Rocken oder Weitzen in fremde Oerter schicken sollte; auch so vor diesem Verbot mit fremden Kaufleuten bereits ein Kauf geschlossen wäre, oder geschlossen zu seyn vorgegeben würde, dennoch der Kauf nicht sollte gehalten werden noch einige Lieferung geschehen, bey Pön, daß das Getreide, welches man auf die Art ertappen würde, halb dem Fürstlichen Fisco oder Kornboden, und halb den Armen sollte verfallen seyn, und daß überdem sowol Käufer als Verkäufer, für jede Tonne, welche angetroffen, oder auch schon weggeführet seyn würde, 10 Gold-Guld.

zur Strafe unfehlbar erlegen sollte. Auch ward alles Korn-Brandtweinbrennen mit Ernst und unter scharfer Verpönung verboten. Bey andringender Theurung aber liessen Ihro Hochfürstl. Durchl. die Herzogin Frau Christina Charlotta, des regierenden Herrn hohe Frau Mutter, den 14 November öffentlich publiciren und bekannt machen, daß auf dem Hochfürstl. Schloß auf der Reitbahn alle Sonntag und Mittwochen Nachmittags um 1 Uhr denen Dürftigen und Hausarmen sollte Brodt ausgetheilet werden, zu statt sie dann auch aus Landes-Mütterlichem Mitleiden, so lange die Theurung währete, mit solcher Austheilung des Brodts continuiren ließ ff).

§. 18.
Veränderung der wöchentlichen Predigt- und Bet-Stunden

Anno 1699 den 15 Januar, so da war Dom. II. p. Epiphan., ward eine Hochfürstl. Verordnung publiciret, daß künftig hin die Betstunden in der Wochen, als des Montags und Mitwochens, früh Morgens um 8 Uhr, die Wochenpredigten aber um 9 Uhr ihren Anfang nehmen sollten, da diese bisher um 10 und jene um 9 Uhr angefangen hatten. Der Urheber dieser Veränderung war Herr Henricus Avemann, Fürstl. Vice-Cantzler. Der Vorwand aber

ff) Conf. Ostfr. kleine Chronic.

aber war, daß die Herren Räthe, ehe sie um 10 Uhr zur Cantzeley gingen, bey solcher Ordnung noch vorher die Kirchen besuchen könnten, imgleichen daß die Arbeitsleute, die von 8 bis 9 eine Ruhestunde von ihrem Werk haben, zur Betstunde kommen könnten: es steckte aber ein gantz ander Geheimniß unter dieser unnöthigen Veränderung, so mir gar nicht unbekannt war. Es daurete diese Ordnung auch nur drey Jahr, da ward sie wieder aufgehoben. Sonsten hatte vorgedachter Herr Avemann auch vor die Ceremonie bey der Taufe zu verändern, wie auch anstatt der Privat-Beicht im Beichtstuhl eine öffentliche einzuführen: allein hierin erreichte er sein Vorhaben nicht, auch ward er im nächstfolgenden Sommer dieses Jahres durch den Tod hinweggerissen.

Den 28 Februar kam es endlich zum völligen End-Vergleich zwischen des Fürsten Christian Eberhard Durchl. und dero getreuen Landständen zur allgemeinen Freude des Hofes und gantzen Landes. Ich wil den gantzen Vergleich von Wort zu Wort hieher setzen, wann ich nur erst erzählet habe, wie es mit vorgedachter Theurung weiter ergangen. Dieselbige continuirte den Winter durch, dannenhero des Tages nach jetztgemeldetem Vergleich, nemlich den 1 Mertz ein grösser Bet- und Buß-Tag gehalten, woran in der Stadt Aurich Vormittags aus dem Joel cap. I. v. 13-18. Nachmittags aus dem Ezechiel cap. XIV. v. 13. geprediget, die Gemeine zur Buße vermahnet, und Gott um Abwendung oder Milderung dieser Landstrafe angerufen ward. Durch Gottes Segen erhielt auch nachmahls in diesem Jahr das Getreide einen so guten Wachsthum, daß der Preis desselbigen merklich abschlug, und geringer ward; weswegen auch den 20 September ein öffentlicher Danktag gehalten, und in der Stadt Aurich Vormittags Psalm CXI. v. 1-5. Nachmittags Esai c. LI. v. 3. erkläret ward. In Norden ward einem gewissen Kaufmann in diesem Sommer von dem gemeinen Mann sein Haus ruiniret, weil er die Hausleute, welche Rocken zu Markt gebracht, sollte ermahnet haben die Tonne nicht für 24 Gl. zu verkaufen gg).

§. 19.
End-Vergleich zwischen Herrschaft und Stände.

Hierauf wil ich nun, wie verheissen, von Wort zu Wort einrücken den auf öffentlichem Landtage in Aurich Ao. 1699 den 18 Februar getroffenen

END-

gg) Conf. kleine Ostfries. Chronic.

END-VERGLEICH

zwischen

dem Durchlauchtigsten Fürsten und Herrn, Herrn

Christian Eberhard

Fürsten zu Ostfriessland ꝛc. ꝛc.

und den

Ostfriesischen Landständen.

Nachdem zwischen dem Durchlauchtigsten Fürsten und Herrn, Herrn Christian Eberhard, Fürsten zu Ostfrießland, Herrn zu Esens, Stedesdorf und Wittmund ꝛc. dero getreuen Landständen aus Ritterschaft, Städten und dritten Stand, zu Hannover den 18 Februar 1693 ein Vergleich geschlossen, worin unter andern enthalten, daß innerhalb 6 Wochen nach geschehener Huldigung die noch unerörterte Gravamina abgehandelt werden sollten: man aber bis dahero ungeachtet aller angewandten Mühe darmit zu völliger Richtigkeit nicht gelangen können:

So hat man gleichwol dasjenige, worüber man sich in den Capitibus Justitiæ und Generalium Gravaminum vereiniget, voraus fest stellen wollen.

Was nun anfänglich das Caput Justitiæ betrift, so wollen Sr. Hochfürstlichen Durchlaucht

I. Bey Bestellung der Justitien-Aemter dahin sehen, daß dieselbe mit tüchtigen und gewissenhaften Personen alle wege besetzet werden.

X 2 Es

Es haben auch II. Sr. Durchl. der Landstände Suchen, daß der 18 Artik. Osterhusischen Accords, worin die Gradus Consangvinitatis et Affinitatis unter den Gliedern des Hofgerichts reguliret seyn, auch von dem Secretario verstanden werden solle, deferiret.

Wollen auch III. die Landrichter dahin nachdrücklich anhalten, daß sie ihren Instructionen, welche den Rechten und Landes-Verträgen gemäß eingerichtet werden sollen, gebührend nachleben, und die Eingesessene mit keinen auch nicht den geringsten Excessen (als welche sofort ohne Kosten der klagenden Partheyen würklich redreßiret, und ernstlich ohne einige Connivenz gestrafet werden sollen) auch insbesondere in der Erndtezeit in Sachen, so Verzug leiden können, mit Citationen nicht beschweren, noch auch in Processen, welche ex officio angestellet werden, den Partheyen ante Condemnationem einige Sportulen abnehmen sollen.

Nicht weniger wollen Jhro Durchl. auch IV. wider des Commissarii in Matrimonialibus Excessen ernstliche Verordnung machen, auch keine Eheleute, wen die Frauen am 182sten Tage à die nuptiarum anzurechnen, oder hernacher niederkommen, deswegen citiren, oder mit juramentis purgatoriis, noch in delictis carnis, wider die præscriptionen qvinquennii jemanden beschweren lassen.

V.

V. Zur Visitation des Hofgerichts haben Ihro Hochfürstl. Durchl. Haro Joachim von Closter zu Dornum Hauptling, und beide Regierungsräthe Hajonem Laurentium Palm und Enno Wilhelm Rüssel, nebst dem Syndico zu Embden Franz Heinrich Stoschio und Eberhard ter Braecke, für dismahl committiret, um dieselbe, so bald möglich, nach der ihnen zu ertheilenden Instruction, den Accorden gemäß, zu bewerkstelligen.

Es wollen auch VI. Ihro Durchl. zur Correctur des Landrechtes Ihrseits gewisse Commissarien verordenen, und sind zufrieden, daß auch die Landstände einige dazu deputiren und Ihro Durchl. benennen, damit in diesem Punkt nach Einhalt der Accorden verfahren, und so bald möglich, der Anfang damit gemachet werden könne.

Imgleichen sollen VII. ohne Erwartung der einstehenden Visitation des Hofgerichtes die Citationes ad reassumendum nach dem Exempel des Kayserl. Cammer-Gerichts ceßiren, und die Mandata Procuratorum darnach eingerichtet werden.

Auch wollen VIII. Ihro Durchl. denjenigen, welche vor das Hofgericht citiret sind, einen freyen Accessum und Recessum, wann sie sonsten sich geleitmäßig verhalten, verstatten.

Es sollen auch IX. die nach Deich= und Siel=Recht vorzunehmende Executiones nicht gehindert, noch auch den Deich= und Siel=Officianten das Abgepfändete ohne förmliches Recht wieder abgenommen werden.

Und weil X. bey dem puncto Remissorialium die Landstände sich hauptsächlich graviret achten, als ob den Partheyen die Suchung der Remissorialien und derselben Bescheinigung schwer gemachet werde, wie auch daß zu dem Arrestirten oder Inhaftirten keine Advocati und Procuratores, noch sonsten jemand admittiret werden wollen. So erklären sich Sr. Hochfürstl. Durchl. gnädigst dahin, daß die Procuratores bey der Canzeley auf Begehren der Partheyen Remissoriales zu suchen, und die Secretarii Canzellariâ davon also fort, oder je längstens in 3 Tagen Extractus Protocolli und Decreta in probanti forma auszugeben gehalten seyn, keines weges aber daran verhindert, oder davon abgehalten werden sollen, damit die Partheyen nicht nöthig haben mögen, Notarios zu gebrauchen, welchen letztern Falls gleichwol die Notarii, so sich keines weges bey Verlust ihres Amts wegerhaft bezeigen sollen, zu Beobacht= und Verrichtung ihres Amts und Requisition unverhindert admittiret, und unter keinem Prätext, auch nicht, als ob die denegatio Secretarii et Procuratoris nicht bescheiniget, aufgehalten werden sollen; da aber
jemand

jemand wegen eines delicti incarceriret oder arre-
stiret würde, welches doch an Leuten, so im Lande
gnugsam gesessen, nicht anders als in solchem
Verbrechen, so Leib- und Lebens-Strafe nach
sich ziehen, geschehen soll, so sollen zu demselben
sofort seine sich etwa angebende Verwandte, wie
auch auf deren oder des Gefangenen Begehren
ein Advocatus und Procurator, nicht allein ante
primum examen et litis contestationem, um
in Gegenwart eines Canzeley-Boten oder andern
Bedienten zu überlegen, ob er Remissoriales
(inmassen solches sofort post incarcerationem
vel arrestum ohne Erwartung eines Termini oder
Vorfoderung geschehen mag) suchen wolle oder
nicht? sondern auch post litis contestationem
zu Einrichtung seiner Defension ohne jemands
Beyseyn ohnweigerlich admittiret, oder ihm auch,
da niemand von selbsten sich dazu einfünde, oder
gebrauchen lassen wolte, ein Advocatus und Procurator auf sein Begehren oder auch nach Befin-
den von selbsten ex officio adjungiret werden.
Wobey dann Ihro Durchl. sich auch nachmahlen
gnädigst erklären, daß nach gebetenen Remisso-
rialen wider den Inhaftirten oder Arrestirten von
der Canzeley ferner nichtes vorgenommen, noch
auch derselbe vorgefodert werden solle; und hat
es in allen übrigen, wie auch insbesondere in
puncto Mandati de edendis indiciis et relaxando
captivo, bey den Accorden sein Verbleiben.

X 4 Und

Und soll XI. der Embdische Landtagsschluß de Anno 1618. cap. I. art. et resol. 9. strictè observiret werden.

Es werden auch XII. Ihro Durchl. bey dero Hof-Canzeley die Verordnung machen, daß denen Citationibus ex officio, ausser in Pönal- und Criminal-Sachen, die Ursachen einverleibet werden.

Es sollen XIII. bey den Untergerichten die Eingesessene mit übermäßigen Sportulen und Immißions-Kosten nicht beschweret, sondern nach Einhalt der Untergerichts-Ordnung verfahren werden.

Massen denn auch Ihro Durchl. XIV. es bey jedes Orts ordentlicher Justitz bewenden lassen, und zu deren Administration niemand, der nicht auf die Justitz und Accorden beeidigt, und den Eid eingesandt, committiren wollen.

Dan sollen XV. bey beyden Obergerichten in Sachen, deren Hauptstuhl unter 50 Gl. ist, keine Appellationes angenommen werden.

So viel auch XVI. die Ausmiener betrift, sollen dieselbe sich der Ordnung und den Accorden, in specie dem Haagischen Vergleich de Ao. 1662. cap. 4. Gen. Gravam. art. 39, gemäß bezeigen, und darüber den Eingesessenen sub poena dupli und anderwärtigen ernstlichen Einsehens nichts abnehmen.

Wie

unter der Fürstlichen Regierung. 329

Wie dann hingegen XVII. in Ausmieney- und Kerzenkaufs-Sachen keine Inhibitiones zu Hemmung der Execution und Eintreibung der Gelder erkannt werden sollen, oder daferne ein Käufer erhebliche und zu Recht beständige Exceptiones zu haben vermeinet, soll er damit nicht gehöret werden, ehe und bevor er die Kaufgelder bey dem Gerichte, woselbst die Distraction erkannt worden, deponiret hat.

Auf die Gravamina Generalia erklären sich Sr. Hochfürstl. Durchl. dahin:

Daß es I. wegen der Abwässerung von Bohn, Wymehr, Bunder-Neuland, Dünebroek, und was davon dependiret, bey dem am 17 December jüngsthin mit den Interessenten getroffenen Vergleich verbleiben solle.

II. Wollen Sr. Durchl. die Versehung thun, daß der im Haagischen Vergleich cap. 4. in Resol. ad gravam. 4. vorgeschriebener Eid von den daselbst gemeldten Bedienten, die solchen nicht geleistet, den Landständen, oder den Ordinair-Deputirten und in specie auch der Stadt Embden, eingesandt werde.

Und soll auch III. wegen der Introduction, Vorstellung und Beeidigung der Beamten, der 30 Artik. Osterhusisch. Accords observiret, und der Tag, wann dieselbige geschehen soll, zeitig bekannt gemachet werden.

X 5   IV.

IV. Wollen Jhro Durchl. die Verordnung machen, daß die Confirmationes der Deich-Grafen, Deich-Commissarien, Deich- und Siel-Richtere, und Executoren mit Inserir- und Veränderung der Nahmen und Bedienungen nach hierin gerückten Formular:

"Wir von Gottes Gnaden Christian Eber-
"hard, Fürst zu Ostfrießland, Herr zu
"Esens, Stedesdorf und Wittmund ꝛc. Urkun-
"den und bekennen hiemit, nachdem uns der N.
"N. Deichtacht-Commissarii N. N. unterthä-
"nigst zu erkennen gegeben, was gestalt die In-
"teressenten derselbe Deichacht N. N. zum N. N.
"wiederum elegiret und ernennet hätten, mit un-
"terthänigster Bitte, denselben dazu in Gnaden
"zu bestätigen, daß wir demnach gemeldeter In-
"teressenten gethanem Ansuchen gnädigst statt ge-
"geben, und gedachten N. N. zum N. N. con-
"firmiret haben, thun solches auch hiemit und
"kraft dieses also und dergestalt, daß er sich als
"einem aufrichtigen N. N. eignet und gebühret,
"bey Besichtigung und Reparirung der Deiche,
"auch allen andern vorfallenden Deich-Sachen,
"jederzeit getreu und fleißig verhalten, unser auch
"gemeiner Deichachts Bestes suchen, auch dage-
"gen zu geniessen, und zu empfangen haben solle
"dasjenige, was wegen sothanen N. N. Amts
"seine Antecessores in demselben genossen, und
" befehlen darauf unsern Beamten zu N. N. auch
"allen

"allen Interessenten gnädigstes Ernstes und wol-
"len, daß sie ihn als N. N. daselbst erkennen,
"und die dazu geordnete Aufkünfte ausfolgen las-
"sen sollen. Dessen zu Urkund haben wir diese
"Confirmation untergeschrieben, und mit unserm
"Fürstl. Hof-Canzeley Insiegel befestigen lassen.
"Geben auf unserm Residenzhause Aurich den
"ausgefertiget," auch solches bey den Haupt-
leuten, Lieutenant und Fähndrichen, da die Gemeinen das jus eligendi haben, also in Acht
genommen werden solle.

V. Daß wegen Bestellung und Confirmation der Deich- und Siel-Boten und Executoren der 14 Art. Final-Receſs de Ann. 1663.
cap. Gen. Grav. obſervitet werden solle.

Wegen des von den Commendanten auf den
Grenzhäusern zu leistenden Eides lassen es VI.
Ihro Durchl. bey dem 31 Art. Osterhuf. Accords,
und nachgehends erfolgtem 56 Artik. Haagiſch.
Vergleichs de Ao. 1662. cap. 4. pag. 109.
bewenden, worüber sie auch gebührend halten
wollen.

Wies es dann auch VII. wegen Accisen und
Licenten bey der Pacht-Liste und Ordnung sein
Verbleiben hat.

Wann VIII. etwas, die Stände oder das
gemeine Beste angehend, oder einige Besendung
auf Reichs- und Creiß-Tagen vorzunehmen,
soll darin den Accorden, in specie Haagiſch.

Ver-

Vergl. de Ann. 1662. cap. Gen. Grav. art. 10 und Final-Rec. de Ao. 1663. cap. Gravam. der Stadt Embden Art. 3. gemäß verfahren werden.

Anlangend IX, die gestrandeten Güter, so bleibet es deswegen bey den vorigen Accorden, in specie dem Haagisch. Vergleich de Ann. 1662. cap. 4. Gener. Gravam. art. 20. it. Special. Gravam. der Stadt Embden de eod. ann. Gravam. art. 5,

Wie denn auch X. von denen Fürstl. Landen, welche durch die Accorden nicht befreyet seyn, die Deich- und Siel-Last abgestattet, in specie auch von denen sogenannten Appinger-Aland- und Wirdumer Neulanden, dieselbe unwegerlich abgetragen, und wegen Appinger-Landen ein gewiß Stück Deiches, worüber man sich innerhalb 6 Wochen zu vergleichen, gemachet und unterhalten werden soll.

XI. Die Sache aber wegen des Anwachses im Amt Greetsiel mit denen Interessenten vorzunehmen, und innerhalb 2 Monat in der Güte zu vergleichen, haben Ihro Hochfürstl. Durchl. dero beiden Regierungsräthen Palm und Rüssel Commißion ertheilet.

Es sollen auch XII. wider niemanden einige widerrechtliche Erfecutiones und gewaltsame Actus unter einigem Prätert vorgenommen werden.

Auch

Auch sollen XIII. von den Beamten und Rentemeistern keine andere Maaße und Gewichte, als in den Aemtern, zufolge der Publiquen Jkunge, in Observanz seyn, auch keine halbe Tonnen sondern nur Vierup Maaßen gebrauchet werden.

Was sonsten etwa XIV. von einem oder anderm Theil aus den beiderseits bey diesen Tractaten gewechselten Projecten aus Liebe zum Frieden ausgelaßen und corrigiret worden, soll keinem Theil präjudiciren, auch weder in noch ausserhalb Gerichts allegiret werden, sondern es überall bey den vorigen Accorden sein Verbleiben haben.

Es ist auch XV. beliebet, daß allen demjenigen, was in diesem Puncten also abgehandelt, beständig und unverbrüchlich nachgelebet werden solle, und wollen Ihro Durchl. selbiges neben dem Hannöverschen Vergleich dem Hofgericht förderlichst intimiren lassen, mit dem gnädigsten Befehl sich darnach zu richten.

Und ob gleich XVI. in anfangs gedachtem Hannöverschen Vergleich enthalten, daß die Ihro Durchl. versprochenen Gelder von den Ständen auch 10 Jahr von Zeit der Huldigung ihren Anfang nehmen, die Zahlung aber allererst nach Abthuung der Gravaminum geschehen solle, und dann bekannt, daß die Gravamina noch nicht völlig abgehandelt, so wollen dennoch die Stände aus unterthänigster Devotion und Liebe zu ihres

Lan-

Landesfürsten Durchl. und weilen sie bey jetziger Conjuncturen wegen einstehender schweren Execu-tionen der Gelder höchst benöthiget, von den ver-sprochenen $\frac{m}{12}$ Rthlrn. drey Jahren, und noch von einem Jahr 18000 Rthlr. also in einer Summa vier und funfzigtausend Rthlr. bey Unterzeichnung dieses, jedoch aus freyen Willen citrà præju-dicium et conseqventiam auszahlen, und da-mit, dem Hannöverschen Vergleich gemäß, in termino allemahl continuiren lassen, der gänzl. Hoffnung, es werden noch, ehe ein ander Jahr, oder je die gänze 10 Jahr verfliessen, die noch übrigen Gravamina völlig abgehandelt werden können.

Dahingegen dann XVII. und damit indes-sen alles fernere Mißtrauen, so viel möglich, ver-hütet, hingegen innerliches Vertrauen zwischen Haupt und Gliedern so viel mehr befestiget wer-den möge, wollen Ihro Hochfürstl. Durchl. nicht allein Accordmäßig regieren, sondern es sollen auch über die bisher movirte und sonsten verhandene Gravamina von Seiten Ihro Durchl. kein Proceß angesponnen werden wider die Stände als Ritterschaft, drey Städte und dritten Stand, noch auch von Seiten der Stände wider Ihro Durchl. die aber, so etwa schon anhängig (je-doch dem Hannöverschen Tractat unabbrüchlich) nicht urgiret werden, gestalt dann auch Ihro

Durchl.

Durchl. auf die von dem löblichen Kreiß-Directorio dieses Nieder-Rheinischen Kreises an die Stände ausgebrachte Rescriptum und Postscriptum de dato Cölln den 30 April 1697 keine fernere Anfoderung thun lassen wollen.

Dessen zu Urkund haben wir von Gottes Gnaden **Christian Eberhard** Fürst zu Ostfriesland, Herr zu Esens, Stedesdorf und Wittmund rc. dieses mit eigenhändiger Unterschreibung, und aufgedrücktem Fürstl. Insigel befestiget; und wir zu Endbenannten aus der Ritterschaft, Städten und dritten Stand, als hieher zu sonderlich bevollmächtiget, haben dieses mit eignen Händen unterschrieben, und unsere angebohrne Siegel und gewöhnliche Pittschaften hierauf gedrükket. So geschehen Aurich auf offenem Landtage den 18 Februar 1699.

(L.S.) **Christian Eberhard.**

Wegen der Ritterschaft.

E. J. v. Appel (L.S.). **Haro Hinrich Fridag von Gödens** (L.S.). **G. v. Honstede** (L.S.). **H. J. von Closter** (LS). **Franz Heinrich Stoschius** Syndicus der Stadt Embden (L.S.).

Wegen der Stadt Norden.

Johann Diederich Kettler Dr. (L.S.)

Wegen der Stadt Aurich.

Ulrich Ludowig Soling (L.S.).

Wegen

Wegens Embder Amt.
Jan Feewen.

Wegens Greetmer-Amt.
Eggo Ulfferts (L.S.).

Wegens Ortmer Amt.
Tammo von Rheden.

Wegens Auricher Amt.
Jürgen Jansen Linesch.

Wegens Berummer Amt.
Jibbe Ocken.

Wegens Stickhuser Amt.
Ibeling von Schattenborg Dr. hh).

§. 20.

Bitt-Schreiben der Ostfriesischen Landstände an Ihro Kayserl. Majestät um Abführung der Kayserl. Völker in Leer.

Demnach nun also zwischen Haupt und Gliedern ein völliger Friede und Vereinigung getroffen, haben auch bey Ihro Kayserl. Majestät die Ostfriesischen Landstände um Abführung oder Caßirung der Kayserlichen in Leer liegenden Völker also fort allerunterthänigst angehalten in folgender Supplication:

Aller-

---

hh) Conf. Ostfrief. Hist. Tom. II. lib. 6. a. 32.
p. 1083-1087.

Allerdurchlauchtigster, Großmächtigster, und unüberwindlichster Römischer Kayser, auch zu Ungarn, Böhmen ꝛc. König.

Allergnädigster Kayser und Herr!

Ewr. Kayserl. Majestät wollen sich allergnädigst erinnern, welchergestalt wir die Ostfriesischen Landstände in Anno 1682 zu Dienste Ewr. Kayserl. Majestät, und nach Gelegenheit damahliger innerlichen Landes-Uneinigkeiten zu Beybehaltung unserer Rechten und Freyheiten, eine Compagnie von 200 Köpfen Fußknechte auf unsere Kosten angeworben, und bis vor einige Jahre, da sie in zwey Compagnien, und die eine auf allergnädigsten Befehl Ewr. Kayserl. Majestät abgeführet, gänzlich, bis ito aber die übrige Mannschaft unterhalten haben, auf Maaße und Weise, wie Ewr. Kayserl. Majestät aus beygehender mit dero dazu insbesonder befehligt gewesenem Oberstlieutenant von Gerdt geschlossenen Capitulation in allerhöchsten Kayserl. Gnaden mit mehrern ersehen werden. In welcher Capitulation dann auch unter andern Art. 7. dieses enthalten, daß wann uns den Landständen diese Compagnie länger zu unterhalten nicht beliebig seyn möchte, so uns allerdings vorbehalten und freystehen sollte, wir davon drey Monaten vorher berichten sollten, auf daß Ewr. Kayserl. Majestät allergnädigsten Befehl ertheilen möchten, ob

Y die

die Mannschaft in dero Erbländern hinauf marschiren, oder aber allhier im Lande reformiret und dissolviret werden solte.

Gleich nun nunmehro unter Gottes Segen nicht allein der Friede in gantz Europa geschlossen, sondern auch endlich die so lang gewährte innerliche Uneinigkeiten dieses unsers Vaterlandes Ostfrießland, welche die Anwerbung obgedachter Compagnie veranlasset, durch einen zwischen des Fürsten zu Ostfrießland unsers gnädigen Landesherrn Durchl. und uns vor einiger Zeit geschlossenen, und auf gegenwärtigen Landtag vollenzogenen Vergleich abgethan; und dann kraft bemeldten Vergleichs auf allergnädigstes Anmahnen Ewr. Kayserl. Majestät hochgedachten unsers Landesfürsten Durchl. zu Abwendung gefährlicher Executionen wir eine grosse Summe Geldes herschiessen, und damit noch einige Jahre werden continuiren müssen; zudem auch die grausame Sturmwinde welche fast dieses gantze Jahr angehalten und noch anhalten, die See-Dämme weggerissen; und dadurch dieser ab utraque ripa Oceani eingeschlossener Landschaft unbeschreiblicher Schaden zugebracht, deshalben es uns eine Unmöglichkeit ist, diese Völker ferner zu unterhalten.

So gelanget an Ewr. Kayserl. Majestät unsere allerunterthänigste Bitte, dieselbe wollen allergnädigst geruhen, an Dero allhier commandirenden

direnden Obristen den Freyherrn von Neuhof, genannt Ley, die allergnädigste Ordre ergehen zu lassen, daß er die Compagnie, Ewr. Kayserl. Majestät allergnädigstem Belieben nach, entweder nach Dero Erblanden hinauf marschiren lassen, oder hier im Lande dissolviren solle.

Wir getrösten uns allergnädigster Erhörung, und befehlen darauf Ewr. Kayserl. Majestät zu fernerer glorieusen Regierung in den Schutz des allmächtigen Gottes, uns aber und dieses Land in Dero beharrliche allerhöchste Kayserliche Gnade, die wir allezeit seyn werden

Ewr. Kayserl. Majestät
Aurich auf allgemeinem
Landtage den 18 Febr.
S. v. 1699. Alleruntertähnigste Ostfriesische Landstände.

§. 21.

Die Durchlauchtigste Herzogin Christina Charlotta erlebet allerhand empfindliche Todes-Fälle.

Diese Zeit nun, worin der Ostfriesische Landesherr mit seinen Landständen in den vornehmsten Punkten sich vereinbahrete, und also alle vorige Mißhelligkeiten, Irrungen und Disputen völlig aufgehoben und geendiget wurden, erlebete noch durch göttliche Gnade die Durchlauchtigste Herzogin und Frau, Frau Christina

Charlotta, des regierenden Fürsten Durchl. hohe Frau Mutter, welche bey ihrer Vormündlichen Regierung so viel Unruhe und Mühseligkeiten ausgestanden hatte, und nun endlich das Ende noch von selbigen schauen könnte. Sie war aber bey dieser Zeit schwaches Leibes, und hatte viel Herzklopffen, wenig Schlaf und offtmahlige Gemüths-Unruhe, welches alles die schmerzlichsten Todesfälle einiger ihr höchstgeliebten Anverwandten und Freunde, die in dem vorigen 1698sten Jahr nach einander gestorben, verursachet hatte. Der erste unter diesen war Herzog Ernst August, Churfürst zu Hannover und Bischof zu Osnabrück, der ihr in schweren Fällen alle Wege mit Rath und That an die Hand gegangen, und eine recht väterliche Affection zu ihr getragen hatte. Selbiger starb den 23 Januar im 69sten Jahr seines Alters ii). Hierauf erfolgte im Sommer den 29 Junii der Tod ihrer hochgeliebten Frau Stiefmutter, Frau Maria Dorothea Sophia, gebohrn aus dem Hochgräflichen itzo Fürstlichen Hause Oetingen, welche sie in ihrer Kindheit von dem eilften Jahre an mit mütterlicher Liebe erzogen, und nachmahls beständig geliebet hatte. Noch dieses war nicht genug. Mit dem Ausgang des Jahres erfolgte eine Trauerpost nach der andern. Den 10 Nov.

ii) Imhoffs Hist. Stamm-Tafeln 2 Theil der Fürstl. Geschlechte Tab. 52.

verließ das Zeitliche der Durchl. Herzog zu Eisenach, Herr **Johann Georg**, ein Eheherr ihrer Halbschwester Frau **Sophia Charlotta**, gebohrnen Herzogin zu Würtemberg. Den 30 Nov. fiel auch ihr Halbbruder Herzog **Ludowig**, Kayserl. Generalwachtmeister und General-lieutenant beym Schwäbischen Kreise, auf der Burg zu Eisenach durch den zeitlichen Tod dahin. Endlich nahm Gott auch hinweg ihren aus zwölfen einig und allein noch übrigen, und zwar leiblichen Herrn Bruder, den sie als ihre Seele liebete, den Durchl. Herzog **Friederich Carl**, Administratoren des Herzogthums Würtemberg unter seines Nefen Minderjährigkeit und nachmahligen Generalen der Cavallerie in dem letzten Französischen Kriege. kk). Die sonsten so großmüthige Ostfriesische Herzogin, welche in allen Widerwärtigkeiten pflog einen Heldenmuth zu haben, ward dennoch durch diese überhäufte Todesfälle derer, die sie liebte und hochachtete, also beweget, daß sie in Grämen und Traurigkeit verfiel, und daher ihre sonst feste Gesundheit anfing einen Anstoß zu leiden. Insonderheit da ihr letzter Herr Bruder starb, und ihr davon die Trauerpost zu Gesicht und Ohren kam, hatte sie voll Wehmuth gesaget: Dieser Tod wird auch mir

---

kk) Jbid. Tab. 27 et 59. Historische Ephimerides des Hochfürstl. Würtembergischen Hauses p. 226-228.

mir den Tod bedeuten! Und hierin war sie auch ihre eigene Prophetin. Die heimliche Krankheit, welche sich aus der übermachten Bestürzung und Traurigkeit entsponnen, und den Leichnam fast schleichend entkräftete, brach endlich nicht lange nach dem vorhin erwähnten getroffenen Vergleich zwischen Haupt und Gliedern im Märzmonat in einem Fieber völlig aus, welches aber durch fleißige Verordnung des Leibmedici Herrn Doct. Eberhardi Backmeisters innerhalb 5 bis 6 Wochen sich wieder verlohr, und die Gesundheit merklich wieder zuzunehmen schiene, also daß nunmehro Hofnung war zu einer völlig guten Genesung 11).

§. 22.
Hochgedachte Herzogin reiset nach Bruchhausen und stirbt daselbst.

Um dieses nun ferner zu befördern, entschloß sich Ihro Hochfürstl. Durchl. bey der angenehmen Frühlings-Luft eine Reise vorzunehmen, und ausserhalb Landes der Brunnen-Cur sich zu bedienen. Und weil insonderheit die Durchlauchtigste verwittwete Frau Churfürstin zu Hannover, Frau Sophia sie gar gütig und freundlich veranlasset hatte nach Bruchhausen zu kommen,

---

11) Personal. der Durchl. Herzogin und Frauen, Fr. Christinen Charlotten, verwittweten Fürstin zu Ostfrießland etc. pag. 5. 6.

men, und allda nebst andern hohen und Durchlauchtigen Personen in Gesellschaft den Brunnen zu gebrauchen, begab sie zu solchem Ende den 9 May sich mit einem Theil ihrer Bedienten auf die Reise. Bey ihrem Abschied war sie etwas wehmüthig; wie ich dann selbst, da ich die Gnade gehabt unterthänigst Abschied zu nehmen, und eine gesegnete Reise zu wünschen, in ihren Augen die Thränen wahrgenommen. Von hier aus bis Bassen ging alles wol. Daselbsten aber, nachdem sie gegen Abend den 10 May glücklich angekommen war, empfand sie in der folgenden Nacht einige Rückschmerzen, welche sie theils der Reise, theils dem Graveel zuschrieb. Des folgenden Morgens setzte sie gar früh um 4 Uhr ihre Reise fort, und kam noch desselbigen Abends etwa um 9 Uhr zu Bruchhausen. Ohngeachtet nun sie unter Mattigkeit den ganzen Tag gereiset, so unterließ sie doch nicht bey hochgedachter Churfürstin von Hannover, wie auch bey dem Herzogen von Zelle Herrn **Georg Wilhelm**, und dessen Frau Gemahlin, Frau **Eleonora** also fort die Visite abzulegen. Hierauf eilte sie unverzüglich zu Bette, und fing an über Stiche in der rechten Seite zu klagen, auch etwas Blut auszuwerfen. Des andern Tages, als den 12 May, ließen Ihro Hochfürstl. Durchl. auf Anrathen des Fürstlichen Zellischen Leibmedici Herrn Doct. **Ebells** sich zur Ader, wie denn auch den 13 May,

May, welches schien eine kleine Veränderung zu machen: jedoch setzte die Krankheit bald wieder heftig zu, so daß der Medicus es für gefährlich ansah. Die Herzogin selbsten sah ihrem Ende entgegen, und hielt es für nöthig, vor allen Dingen für die Seele zu sorgen, weshalben sie sich den 15ten durch den Prediger zu Vilsum mit dem H. Abendmahl bedienen ließ, auch den ganzen Nachmittag bis des Abends um 9 Uhr in Unterhaltung ihrer Andacht zubrachte. **Herr Jesu Christ, ich weiß gar wol, daß ich einmahl muß sterben rc. Ob sichs anließ, als wolt er nicht rc. Herzlich lieb hab ich dich o Herr rc.** betete sie von selbsten mit grosser Andacht: sonsten aber ließ sie sich gottselige Schriften und Gebete vorlesen. Gegen 11 Uhr, nachdem sie wiederum Arzney gebrauchet hatte, schickte sie sich zum Schlaf, und ließ zu solchem Ende sich einige Gebete vorlesen, laß auch noch selbst ihrer täglichen Gewohnheit nach den Abendsegen, und begab sich darauf zur Ruhe. Um 2 Uhr nach Mitternacht wolte sie die verordnete Medicin gebrauchen, und richtete sich deswegen auf, sank aber in die Armen ihrer Cammer-Jungfer **Cathrin Dorothee Hegelundin** danieder, und gab ihren Geist auf. Die hohe Durchl. Personen, welche zu Bruchhausen sich gegenwärtig befunden, waren über diesem Todesfall recht bestürzet, und nahmen denselbigen sehr zu Herzen. Die verhandene Bediente liessen nichts hören als Weinen und Wehklagen. Sr. Durchl. der Fürst von Ostfriesland hatte einen Boten erhalten mit dem Bericht, daß die hohe Frau Mutter gefährlich krank wäre, und seine Ueberkunft herzlich verlangte, auf daß sie ihn noch zuletzt segnen, und in seinen Armen ihre Augen schliessen möchte. Also machten sich hochgedachter Fürst und Dero Frau Gemahlin Durchl. eiland auf, um die höchstgeliebte Frau Mutter noch vor ihrem Ende zu sprechen: allein auf dem Wege noch diesseits Oldenburg, begegnete ihnen schon ein Courier mit der höchstschmerzlichen Nachricht, daß die Herzogin bereits durch einen sanften und seligen Tod daraus geschieden wäre, kehreten sie also traurig wieder heim. Darauf ward forderſamſt benöthigte Anſtalt gemacht, den entſeelten Körper von Bruchhausen hieher zu bringen, gestalt dann auch die Hochfürſtliche Leiche nach einigen Tagen von dort abgeführet, und den 30 May unter Begleitung aller bey der Hochseligsten Frau Herzogin gewesenen Bedienten, vermittelſt einer abgeordneten hochanſehnlichen Proceßion in die Fürſtl. Residenz des Abends um 10 Uhr eingeholet, und in die Hofkirche niedergesetzet ward mm).

Y 5 §. 23.

mm) Personalia der weil. Durchlauchtigen Herzogin und Frauen, Fr. Christin. Charlott. etc. p. 6. 7. 8.

§. 23.

Die ansehnliche Leichenprocession der Durchlauchtigsten Herzogin.

Sr. Hochfürstl. Durchl. Fürst Christian Eberhard, welcher die hohe Frau Mutter allezeit sehr geliebet, und mit kindlichen Respect geehret hatte, suchte nun auch nach ihrem Tode ein öffentliches Zeugniß davon abzulegen. Derowegen ließ er in der Stadtkirchen zu Aurich vor dem Hochfürstl. Erb-Begräbniß ein prächtiges Castrum Doloris verfertigen, welches mit allerhand schönen Sinn-Bildern ausgezieret war. Wie solches, und was sonsten zu dem Hochfürstl. Begräbniß angeordnet, fertig war, ging die Leichenprocession den 20 Julii zur Abendzeit mit grossem Gepränge vor sich, und zwar in folgender Ordnung:

1) Zweene Fouriers, nemlich die beyden Burggrafen zu Aurich und Esens, vor welchen 2 Fackel-Träger.

2) Die Deutsche und Lateinische Schule mit ihren Præceptoribus, bey welchen 32 Fackeln.

3) Das Sing-Chor, wobey 12 Fackeln.

4) Die Pastores aus den Aemtern Aurich, Esens, Wittmund und Berum; worauf die Stadtprediger. Allesamt in der Zahl 66, bey welchen 50 Fackeln.

5)

unter der Fürstlichen Regierung. 347

5) Der Generalsuperintendent, Consistorialrath und Hofprediger, Herr Johann Theodorus Heinson SS. Th. Doct.. vor ihm 2 Fackeln.

6) Zehn Stützen-Träger, bestehend aus Secretairen und Rentmeistern, wobey 12 Fackeln.

7) Zweene adeliche Marschälle, Herr Harling Drost zu Stickhausen, und Herr von Münnich Drost zu Esens; vor welchen 2 weiße Wachs-Fackeln mit schwarzem Flor.

8) 20 adeliche Cavalliers, welche die Hochfürstl. Leiche in die Kirche tragen sollten. Vor ihnen 2 weiße Wachs-Fackeln mit Flor; neben ihnen noch 20 Fackeln mit Flor.

9) Zweene adeliche Marschälle, die beyden Herren Drosten von Embden und Friedeburg, Pollmann und Charbenaur; vorher 2 weiße Fackeln.

10) Der Herzogshut auf einem Sammet-Küssen, getragen von dem geheimen Rath, Herrn von Walter. Vor ihm 2 Pagen mit weißen Fackeln; ein wenig hinter ihm zur Seiten der hochsel. Herzogin Secretarius Saller mit einer Stütze, um den Hut unterweilen zu stützen; neben ihm 2 Trabanten mit umgekehrten Partisanen.

11). Hierauf folgte nun die Hochfürstliche Leiche auf einem Wagen, bespannet mit acht Pferden, welche von 8 Personen geleitet
wurden.

wurden. Neben der Hochfürstlichen Leiche gingen 4 Ostfriesische von Adel, die Herren Hane von Upgant, Hane von Leer, Beninga von Grimersum und Frese von Hinte, welche die 4 Enden des Leichen-Tuchs trugen. Sofort hinter dem Leichen-Wagen folgten der verstorbenen Frau Herzogin beide Cammerdiener mit entblösseten Häuptern. Noch gingen neben dem Leichen-Wagen 8 Adeliche, welche den Himmel über der Hochfürstl. Leiche trugen; imgleichen 24 Trabanten mit schwarz bezogenen und umgekehrten Hellebarten.

Um den ganzen Wagen her waren 44 Fakkel-Träger mit weissen Wachs-Fackeln, woran Flor und Wappen.

Auch gingen 10 Fouriers hin und wieder mit Stäben, um gute Ordnung zu halten.

12) Zweene adeliche Marschälle, nämlich Herr Specht und Herr Imhoff, Drosten zu Wittmund und Leer. Vor ihnen 2 Fackel-Träger mit weissen Wachs-Fackeln und Flor.

13) Ihro Hochfürstl. Durchl. Fürst Christian Eberhard, regierender Fürst und Herr in Ostfriesland ꝛc. begleitet von dem Herrn Grafen von Kniephausen-Nienort und dem Ostfriesischen Hofrichter Herrn von Appel.

Vor Sr. Hochfürstl. Durchl. gingen 2 Pagen mit weissen Wachsfackeln und Flor, it. neben deroselben 2 Trabanten mit umgekehrten Partisanen.

14)

14) Ihro Hochfürstl. Durchl. der Erbprinz Herr Georg Albrecht 2c. begleitet von
zween aus der Ostfriesischen Ritterschaft, Herrn
Assessor Friedag und Herrn von Honstede.

Vorher 2 Pagen mit Fackeln und auf der
Seite 2 Trabanten.

15) Ihro Hochfürstl. Durchl. Prinz Carol Emanuel 2c. begleitet von 2 aus der Ritterschaft, nemlich von dem Freyherrn Herrn Haro
Joachim, Herrn von Dornum, Administra-
tore, und Herrn Assessore von Frese.

Vorher 2 Pagen und neben demselben 2
Trabanten.

NB. Des Fürsten Degen ward sofort
hinter Sr. Durchl. getragen von dem Herrn
Cammerjunker de Lamy; der Schlepp von
dem Herrn Cammerjunker von Stammler.
Des Erbprinzen Schlepp trug der Capitains-
Lieutenant Herr von Steinecker; des Prinzen
der Lieutenant von der Garde Herr von Blücher.

16) Der Hochfürstl. Bayreuthische Abgesandter Herr Baron von Hofeld, für seine gnädigste Herrschaft, und Ihro Hochfürstl. Durchl.
die Herzogin von Eisenach. Dessen Schlepp
ward getragen von seinen Bedienten.

Vorher 2 Pagen mit Fackeln, und neben
demselben 2 Trabanten.

17) Der geheime Rath Herr von Hütte
für das Hochfürstl. Würtembergische und Oettin-
gische

glsche Haus. Deſſen Schlepp ward getragen von einem ſeiner Bedienten.

Vorher gingen 2 Fackelträger, ebenfalls mit weiſſen Fackeln und Flor; zur Seiten 2 Trabanten.

18) Der Herr Vicehofrichter Tammena und der Herr geheime Rath Palm. Vorher 2 Fackelträger mit weiſſen Fackeln und Flor.

19) Ferner gingen die Herren Aſſeſſores des Hochfürſtl. Hofgerichtes, und die Hochfürſtl. Herren Räthe in der Ordnung, wie ſie zu Dienſten gekommen. Vor jedem Paar gingen 2 Fackelträger mit Pechfackeln. Solche waren: Hr. Aſſeſſ. Hüneken. Hr. Aſſeſſ. Jürgena. Hr. Aſſeſſ. Hartinga. Hr. Rath Richter. Hr. Rath Rüſſel. Hr. Aſſeſſor Arends. Hr. Aſſ. Crumminga. Hr. Rath Brenneiſen. Hr. Rath Kettler. Hr. Rath und Canzelley-verwalter Vieth. H. D. Backmeiſter Leibm. H. Cammerr. Völger.

20) Der Herr Oberrentmeiſter Tepken und die 3 Herren Landrichter Reich, Wenckebach und Clerff. Vor jedem Paar 2 Fackelträger.

21) Die Herren Beamte: Hr. Wiarda zu Aurich. Hr. Jhering zu Friedeb. Hr. Becker zu Eſens. Hr. Röſing zu Leer. Hr. Honard zu Norden. Hr. Wehing zu Pewſum. Hr. Jürgena zu Grete. Hr. Blum zu Embden.

Hr.

Hr. Volcmarus zu Stickhausen. Hr. Tormin zu Wittmund und Herr Kettler der jüngere zu Berum.

Die beyden Bürgermeister der Stadt Aurich Herr Ulrich Bengen Hr. Ulr. Lud. Solling.

Diese alle wurden begleitet von 12 nebengehenden Fackelträgern.

22) Der Fürstl. Tanzmeister le Fever und der Fiscal Ellingrod.

Vice-Secretarius Djürcken. Matrimonial-Commissarius Oite.

Beyde Conducteurs, Tonnies und Anhalt.

Beyde Rathsherrn in Aurich Koop Broyels und Jacob Harms. it. der Stadtsecretar.

Die sieben Procuratores am Hofgericht und Canzelley.

Die übrigen Hofbediente insgesamt, und unter solchen die Vögte, Jäger ꝛc. bis auf die Reitknechte zu, fast an die 60 Personen.

Bey diesen allen gingen 38 Fackeln.

23) Die sämtliche Bürgerschaft, begleitet von 50 Fackeln.

24) Zweene Fouriers mit ihren Stäben. Vor welchen 2 Fackelträger.

In dieser Ordnung ging die ganze Leichenprozeßion, unter dem Zuschauen vieler versammleten Fremden, von der Fürstlichen Burg herab, und nahm ihren Weg bey dem Kirchthurm herum durch die Kirchstraße nach dem Markt. Und

da

da sie über den Markt gegangen, wandten sie sich zur langen Straße, und gingen also nach der Kirchen. Vor dem gewöhnlichen Leichengang ward die Hochfürstliche Leiche durch die Nro. 8. erwähnte 20 Adeliche, welche sie auf der Burg auf den Trauerwagen gesetzt, wiederum herabgenommen, und in die Kirche getragen, da sie dann zuerst unter dem mitgetragenen Himmel in dem Castro Doloris vor dem Herrschaftlichen Begräbniß niedergesetzet ward, bis der ganze Gefolg in die Kirche eingegangen war. Unterdeß wurden auf der Orgel von dem Fürstl. Cantore einige Todten-Lieder musiciret. Endlich ward die Hochfürstl. Leiche unter dem Gesang: Nun laßt uns den Leib begraben ꝛc. von den Adelichen ins Begräbniß hineingebracht. Nach geendigtem Gesang ward von dem Generalsuperintendenten vor dem Altar eine Collecte gesungen, und der Segen gesprochen. Darauf wurden abermahl einige Leichen-Lieder musiciret, und ging die ganze Proceßion wiederum aus der Kirchen nach dem Schloß, woselbst alle Leichenbegleiter tractiret wurden.

§. 24.
Die Leichpredigten des folgenden Tages.

Des folgenden Tages, als den 21 Julii ward eine öffentliche Leichpredigt in der Stadtkirchen gehalten. Zu solchem Zweck erhuben sich

Ihro

unter der Fürstlichen Regierung. 353

Ihro Hochfürstl. Durchl. zusamt dero Frau Gemahlin, Prinzen, Prinzeßinnen und ganzen Hofstatt nebst einem grossen Gefolg, des Morgens um 10 Uhr in die Auricher Kirche, woselbst die Einwohner der Stadt und sehr viel Fremde in grosser Menge versammlet waren. Der Fürstenhut ward (wie des vorigen Abends) von dem Herrn geheimen Rath von Walter in der Prozeßion vorhergetragen, und seit währenden Gottesdienstes in dem Trauergerüste, welches über dem Herrschäftl. Begräbniß aufgeschlagen, hinter dem dazu eigentlich bereiteten, und mit köstlichen Leichenschmuck und Schilden ausgezieret, unter einem Himmel stehenden, Schein-Sarg von demselbigen gehalten, auch wol auf einer Stütze niedergeleget. Neben ihm stelleten sich die beiden adelichen Marschälle nebst 4 Pagen. Um dem Sarge her stunden 8 Trabanten. Das Trauergerüste war voll brennender Wachskerzen. Auch waren alle Wachskerzen in dem Castro Doloris in grosser Menge angezündet, welche die ganze Zeit des Gottesdienstes über brenneten. Sobald nun vorgedachtermassen die Herrschaft mit einer ansehnlichen Trauerprozeßion in die Kirche kam, so nahm der Gottesdienst seinen Anfang. Zuerst wurden 3 Sterbe-Lieder gesungen, und darauf eine Trauermusick gemachet. Nachdem solche geendiget, that der Generalsuperintendent Herr Doct. Johannes Theodorus

rus Heinson die Leichpredigt über die Worte Sirachs: Ihr Lob wird nicht untergehen. Sie sind in Frieden begraben, aber ihr Nahme lebt ewiglich. Die Leute reden von ihrer Weisheit; und die Gemeine verkündiget ihr Lob. Cap. XLIV. v. 12. 13. 14. 15. Das Exordium war genommen aus dem Evangelio Johannis Cap. IV, v. 14. Beides war von Ihro Hochfürstl. Durchl. selbsten vorgeschrieben. Nach vollendeter Predigt ward wiederum musiciret, hernach ein Sterbelied gesungen, darauf die Collecte vor dem Altar, und endlich der Segen gesprochen. Hierauf ward der ganze Gottesdienst mit einem Sterbelied geendiget.

Des folgenden Sonntags, so da war Dom. VII. p. Trinit. und der 23ste dieses Monats Julii, ward auf Hochfürstl. Befehl von dem Pastore Seniore Christiano Funcken anstatt der Hauptpredigt ebenmäßig eine Leichpredigt gehalten. Der Gottesdienst ging um 10 Uhr an. Mit der Procession von der Burg bis in die Stadtkirche, Vortragung des kostbaren Herzoglichen Huts, Anzündung der Kerzen in dem Trauergerüste, wo der Scheinsarg stand, und au dem Castro Doloris, wie auch im übrigen Gepränge, ward es eben gehalten, wie mit der vorigen Leichpredigt, ohne nur daß keine Trauermusick gehalten ward. Auch ward auf Hochfürstl. Verordnung ebenfalls der vorhin gemeldete

dete Text und Exordium gebrauchet; gleich wie
denn auch an diesem Tage im ganzen Ostfrieß-
und Hartlinger-Land über solche Text- und
Eingangs-Worte die Leichpredigt gehalten ward.
Der Nachruhm und das Andenken dieser
Herzogin wird nicht leicht vergehen: Sie war
eine schöne, ansehnliche, verständige und großmüthige; dabey aber eine leutselige, beredte und
sehr gutthätige Fürstin, woran die Armen viel
verlohren. Insonderheit war an ihr zu rühmen,
daß wenn jemand bey ihr angesetzet ward, sie
nicht sofort auf denselben eine Ungnade warf, sondern sie fragte erst recht nach, und setzte den Be-
schuldigten zur Rede. Ihre Räthe hielt sie in
Ehren, ließ sie aber nicht über sich herrschen. Die
Reinigkeit der Lehre suchte sie unverrückt beyzu-
behalten; und gegen rechtschaffene Prediger er-
wies sie sich allezeit ganz gnädig. Von ihren
Bedienten erforderte sie Treue und Aufmerksam-
keit, dahingegen wuste sie auch treue Dienste
wol zu belohnen. Kürzlich, sie war ein Bey-
spiel vieler herrlichen Tugenden. Auf dero sel-
ges Absterben ward eine Gedächtnißmünze geschlagen, auf deren einer Seiten war ein in den
Hafen gesegeltes Schiff aus welchem die Waaren an Land gebracht wurden h. v. Secuta La-
)orem Vera Quies auf der andern der Herzogin
urzer Lebenslauf nn).

§. 25.

nn) Personal. der weil. Durchl. Herzogin p. 4. s.

§. 25.

Verschiedenes Inhalts.

Einige Tage vor der Begräbniß der hochsel. Herzogin, nemlich den 17 Julii starb der Hochfürstl. Vice-Canzler Herr Henricus Avemann, welcher Aō. 1637 den 14 Januar gebohren, und nunmehro im 63sten Jahr seines Alters sein Leben endigte. Er war gebürtig aus Braunschweig. Den 24 Julii ward er in der Stadtkirchen zu Aurich im Chor begraben. In diesem Sommer ward das Jägerhaus auf der Vorstadt gebauet.

Den 7 September Nachmittags um 2 Uhr ward Ihro Hochfürstl. Durchl. die Fürstin von Ostfrießland glücklich entbunden, und brachte eine junge Prinzeßin zur Welt, welche bey der H. Taufe zum Gedächtniß ihrer hochsel. Großfrau Mutter Christina Charlotte genennet ward.

Den 10 October erhub sich Ihro Hochfürstl. Durchl. Fürst Christian Eberhard nach Embden sintemahl zwischen Haupt und Gliedern nun einmahl eine gewünschte Harmonie gestiftet war. Die Embder thaten demselben allerley Ehrenbezeugung an, mit stattlicher Einholung, Aufrichtung verschiedener Ehrenpforten und anderen Freudenbezeugungen. Nachdem hochgedachter Landesherr allda einige Tage in Vergnügung zugebracht, kam er den 18ten gegen Abend wieder

der nach Aurich. - Es ist dis das erstemahl, daß er in Embden gewesen, anerwogen die vorigen vieljährigen Streitigkeiten ihn abgehalten hatten dahin zu kommen oo).

§. 26.
Eine starke Wasserfluth.

Den 15 November des Morgens etwa um 2 Uhr erhub sich ein heftiger Nordwest Wind nebst einer hohen Fluth, welches abermahl in Ostfrießland nicht geringen Schaden verursachte. Die neugemachten Deiche um Geerds-Weer wurden beynahe ganz wieder weggespühlet. Sechs Häuser in demselben Dorf trieb die Fluth hinweg, einige andere wurden zerbrochen, und viel Vieh ertrank. Der Feenhuser Siel ging auch fort, und lief ein grosser Kolck ein. Eben so geschahe auch dem Deich zu Neermoer. Im folgenden 1700sten Jahr den 8 März wurden auf Ihro Hochfürstl. Durchl. gnädigste Verordnung aus einem jeden Loeg oder Dorf unter der Nieder-Emschen Deichacht gelegen, einige Hausleute beordert, nach dem alten Deich bey Geerds-Weer zu gehen, um demselben zuerst in etwas zu repariren; und nachdem man einen Kay-Deich verfertiget hatte, ward ein neuer und breiter Deich gemachet, wodurch

oo) Person, der Durchl. Fürstin und Frauen, Fr. Eberhardin, Sophie etc. pag. 7.

aber das ganze Loeg Gerdsweer ausgedeichet ward. Weil nun also das Dorf mit seiner Kirchen ausserhalb Deiches stund, und der wilden Fluthen Gewalt gleichsam Preis gegeben war, so ist man eins geworden, die Kirche abzubrechen, und an einem andern Ort zu demselben Kirchspiel gehörig, Wibelsum genannt, so innerhalb Deiches war, eine neue wieder aufzubauen. Was man nun von der alten Kirchen verkaufen könnte, daraus machte man Geld. Also ward der Taufstein an derselben verhandelt für 5425 Gulden Ostfriesischen Werths; der Glockthurm für 600 Gl. Solche Gelder wurden nun an dem neuen Kirchenbau wieder angewandt. Den 13 Junii, war der 1ste Sonntag post Trinitatis, ward die letzte Predigt darin gehalten. Den 24 August als am Tage Bartholomäi ward zu der neuen Kirchen der erste Stein geleget von dem Herrn Bonne Sibelius Bonhuus, Bürgermeistern in Embden, Medicinä Doctora. Den 5 December ward die erste Predigt darin gehalten von dem Prädicanten der Gemeine Nanno Ulffers pp).

§. 27.

pp) *Onthoffs* Verhaal van alle Watervloeden p. 389. *Hurkenroshs* Oostfr. Oorsprongkelyckheden p. 72. 73. *Ejusd.* Embdens Herderstaf. p. 59.

unter der Fürstlichen Regierung. 359

§. 27.
Einführung des neuen verbesserten Calenders.

Mit dem Eintritt des 1700sten Jahres nahm auch zugleich der verbesserte neue Calender seinen Anfang. Es ist denen Gelehrten bekannt, welchergestalt Numa Pompilius der andere Römische König, der etwa im 39sten Jahr nach Erbauung der Stadt Rom das Regiment angetreten qq), und zu den Zeiten Manasse des Königs in Juda regieret hat, unter den Römern angefangen, hat das Jahr in 12 Monat einzutheilen rr) den Anfang des Jahres aber von dem Monat Januario zu nehmen, also von Jano, einem

Z 4

qq) *Livii* Hist. Rom. lib. 1. cap. 19. Verba Historici sunt: *Atque omnium primum* (Numa Pompilius) *ad cursum Lunæ in duodecim menses describit annum, quem, quia tricenos dies singulis mensibus Luna non explet, desuntque dies solido anno, qui solstitiali circum agitur orbe) intercalares mensibus interponendo ita dispensavit, ut vigesimo anno ad metam eandem, unde orti essent, plenis annorum omnium spaciis dies congruerent* pag. m. 16. *Plutarchus* in vita Numæ Pompilii p. m. 145-147. *Ovid.* Fastor. lib. 1. p. m. 2. *Polidor. Vergil.* de Inventorib. Rerum lib. 2. cap. 4. p. 119. seqq. *Pempsteri b Murafk* Antiqvit. Rom. lib. 4. cap. 5. p. 346. *Nathan. Chytræi* Fastor. lib. 1. de IJanuar. p. 6. *Job. Alberti Fabricii* SS. Th. D. Menologium c. 70. p. 88. 89.

rr) *Job. Funcci* Chronolog. Fol. 59. *Pantaleon Candidi* Tabb. Chronolog. p. 16. 17. *Job. Cluveri* Epitom. Historiar. Mundi p. 47. 48.

einem damahligen Abgott mit zweyen Gesichtern am Haupt genannt, davon das eine vorn das andere hinten war. Solche Weise der Jahr-Rechnung ist nachmahls unter den Römern geblieben ff). Fast über die siebente halbt hundert Jahr hernach hat Julius Cäsar der erste

Römi-

ff) JANUS creditur fuisse antiqvissimus Italiæ rex (classe in Italiam vectus Ann. Mundi 2722, ante Aeneæ adventum Ann. 150.) regum omnium suæ ætatis prudentissimus, præterita sciens et futura prævidens, unde et bifrons pingitur. Hinc *Ovidius*:

Jane biceps, anni tacité labentis origo,
Solus de Superis, qvi tua terga vides.

Fastor lib. I. p. m. 3 *Plutarchus* putat, Janum ideo bifrontem esse fictum, qvod fuerit artium civilium cultor, qvi vitam feram atque immitem immutaverit, atque ita aliam ex alia faciem rationemque accommodaverit vitæ in vit. Numæ Pompil. p. 149. JANUS hic vita excedens primus inter DEos relatus est, et Pater DEorum dictus. Aedificaverat illi templum Romulus ad infimum Argiletum, qvod ejus successor Numa Pompilius Judicem pacis bellique fecit; apertum, ut in armis esse civitatem, clausum, ut pacatos circa omnes populos significaret. Teste *Livio* loc. cit. Moneta Jani ærea in altero latere roftrum navis, in altero imaginem ejus bifrontis habebat impressam. Causam fuisse volunt, qvod ingenti cum classe in Italiam primum venisset. Sed aliud videtur eruditis non nullis, qvi Janum hunc vel ipsum Noachum vel filium ejus Japhet fuisse credunt, ac navis symbolum signasse volunt arcam Noæ, qva cum suis servatus fuit ab universali diluvio. Conf. *Pomp*/*steri* Antiqvit. Roman.

unter der Fürstlichen Regierung. 361

Römische Kayser, ein Herr von grossem Verstande, bemerket, daß innerhalb so vielen hundert Jahren die Zeit-Ordnung sehr verrücket gewesen. Daher hat er eine Verbesserung des bisherigen Calenders angeordnet, und das Jahr in seinen Monaten und Tagen wieder nach dem richtigen Lauf der Sonnen eingerichtet. Solches ist geschehen einige 40, andere setzen neun und dreißig Jahre vor Christi Geburt. Dieses ist nun der Julianische Calender, welcher nach der Zeit im Römischen Reich gebrauchet worden tt). Nach ihm hat Constantinus der Grosse, der erste christliche Römische Kayser, nachdem wieder einige hundert Jahr verloffen, und in solcher Zeit einige Verrückung geschehen, auch solchen Julianischen Calender wiederum verbessert,

Z 5

min. lib. 2. cap. 3. p. 120. seqq. *Hoffmann.* Lexic. Universal. sub voce Janus p. 805. et Continuat. Lexic Tom I. p 892. *Paptist. Mantuan,* de Sacris Dieb. lib. 1. de Januar. fol. 246.

tt) De JULIO Cæsare Suetonius scribit: *Conversus hinc ad ordinandum Reipubl. statum Fastos correxit, jampridem vitio Pontificum per intercalandi licentiam adeo turbatos, ut neque messium feriæ æstati, neque vindemiarum autumno competerent, annumque ad Cursum Solis accommodavit, ut 365. dierum esset, et intercalario mense sublato, unus dies quarto quoque anno intercalaretur* In Vit. Jul. Cæsaris cap. 40. *Polydor.* Virgil. de Inventorib. Rerum lib. 2. cap. 4. p. 121. *Hieron. Kromeyeri* polymathia Theologica Part. 3. cap. 2. p. 445. seqq. *Fabricii* Menolog. c. 81. p. 90-92.

beſſert, und mit dem Lauf der Sonnen vereini-
get. Solches iſt geſchehen zur Zeit des berühmten Concilii zu Nicea etwa 325 Jahr nach Chriſti Geburt uu). Wiederum nach der Reformation Lutheri, und gehaltenem päbſtlichen Concilio zu Trient, war der Pabſt Gregorius XIII. darauf bedacht, wie nunmehro nach Verflieſſung von dreyzehend halb hundert Jahren eine neue Calender-Verbeſſerung möchte eingeführet werden, maſſen von der Zeit her des Niceniſchen Concilii in ſo vielen und langen Jahren abermahl eine ſolche Verrückung zwiſchen dem Calender und Sonnenlauf eingeſchlichen, die wol eine neue Verbeſſerung von nöthen hatte. Nun kam es ſo weit, daß jetztgedachter Pabſt Ao. 1582 einen neuen verbeſſerten Calender publicirte und einführte, welcher der Gregorianiſche Calender genennet, und von den Catholiſchen Potentaten angenommen ward. Die Evangeliſchen Reichsſtände aber weigerten ſich demſelben anzunehmen, weil ſie in dieſem Fall die Autorität des Pabſtes nicht erkennen wolten; ſonſten auch noch ein oder anders bey dieſem neuen Calender zu erinnern hatten. Und daher entſtand nachmahls in den Calendern der Unterſchied unter dem

uu) *Kramayer.* loc. cit. c. 3. p. 491. ſeqq. *Petavii Rationar.* Tempor. part. 2. lib. 1. cap. 1. p. 5.

dem neuen und alten Stilo xx). Nun endlich in dem vorigen 1699sten nach Christi Geburt unter der Regierung des glorwürdigen Kaysers Leopoldi I. vereinigten sich die Evangelischen Reichsstände auf dem Reichstage zu Regensburg, daß, nachdem aus denen mit Fleiß angestelleten Observationibus der berühmtesten Astronomorum wahrzunehmen, daß bey beständiger und unveränderter Beybehaltung des Julianischen oder sogenannten alten Calenders, und der darin bisher gebrauchten Dionysianischen Cyclischen Festrechnung man endlich mit der ordentlichen Zeitrechnung je länger je mehr von dem eigentlichen Termino Aequinoctiorum, und zugleich der Sonnen und des Mondeslauf würde abweichen, auch also die in der christlichen Kirchen bestimmte Fest-Tage ihre rechte Zeit verliehren würden, sie einmüthig ihren Calendermachern anbefehlen wolten, in dem nächst bevorstehenden 1700sten Jahr die von Zeit des Concilii Nicoeni bis hieher nach Verfliessung des 18 Febr. alten Calenders, sogleich der 1 März darauf gezehlet, und in künftigen Zeiten die Osterfest-Rechnung, und was davon dependiret, weder nachdem im Julianischen angenommenen Dionysianischen, viel-

xx) *Micrælii* Syntagm. Hist. Eccl. lib. 3. sect. 2. qv. 38. 39. *Kromayer.* l. c. p. 368. *Patavii* l. c. p. 1-6. *Aegid. Strauch.* Contin. Sleidan de IV. Monarch. p. 181. 182.

vielweniger Gregorianischen Cyclo, sondern nach
dem accuraten Calculo Astronomico (wie ehemahls zu den Zeiten des Concilii Nicœni geschehen) eingerichtet werden sollte. Nachdem nun
also diese Veränderung und Verbesserung des
Calenders aus der den Evangelischen Ständen
des Reichs in Sacris et Profanis zustehenden
Macht und Gewalt bey dem Corpore Evangelico auf dem Reichstag zu Regensburg resolviret
und beschlossen worden, liessen auch Ihro Hochfürstl. Durchl. Fürst Christian Eberhard,
Fürst und Herr zu Ostfrießland deswegen den
17 November eine Verordnung ergehen, und
nachmahls von allen Canzeln publiciren. Und
also kam (wie oben gemeldet) mit dem Anfang
des 1700sten Jahres ein neuer verbesserter
Calender heraus, der nunmehro in folgenden
Zeiten im Schwange geblieben yy).

§. 28.
Ursprung der Verrückung des Calenders von
dem Himmels=Lauf.

Ehe ich weiter fortfahre die Ostfriesischen und
zwar Auricher Geschichte zu erzählen, deucht
mich nicht undienlich zu seyn, daß ich noch vorher berichte (weil von der Verbesserung des Calenders

yy) Sereniss. Princip. ac Domini Christiani Eberhardi,
Princip. Frisiæ Orient. Edictum de Emendatione
Calendarii *Fabricii* Menelog. cap. 82. p. 94.

unter der Fürstlichen Regierung. 365

sonders gehandelt ist) woher doch die oftermehnte
Verrückung des Calenders von dem Himmels=
lauf entstehe? sintemahl die allerwenigsten davon
einen Begriff oder Nachricht haben, was solche
Veränderung bedeute. Derowegen auch un=
verständige Leute mit dieser Verbesserung nicht
allerdings zufrieden waren. Ich zweifele nicht,
daß ein verständiger Liebhaber, dem die Sache
nicht eben bewust gewesen, es gerne sehen wird,
daß er einige Nachricht hievon empfange. Die
Ursache nun der Verrückung ist diese: als Ju=
lius Cäsar, der erste Römische Kayser, bemerket,
daß bey dem Calender des Numæ Pampilii sich
einige Fehler befunden, weil derselbe nach dem
Lauf des Mondes eingerichtet war, und so
oft es von nöthen, mit einem ganzen Schalt=
monat muste verbessert werden, wobey viel Un=
richtigkeiten vorlieffen zz), hat er unter gelehr=
tem Beyrath Sosigenis eines Mathematici aus
Antiochia den Römischen Calender nach dem Lauf
der Sonnen eingerichtet, und zu einem vollem
Jahr gerechnet 365 Tage und 6 Stunden.
Weil nun viermahl 6 Stunden einen Tag ma=
chen,

---

zz) Numam ad Cursum Lunæ annum in 12 menses
descripsisse docent *Livius* in Hist. Rom. lib. I.
cap. 19. et *Plutarch* in vita Numæ Pompilii
p. 2. 145. seqq.

chen, so ward verordnet, daß alle vier Jahr im Februario ein Tag mehr als ordentlich sollte gesetzet werden, welcher Tag dann ein Schalt-Tag und von demselbigen das ganze Jahr ein Schaltjahr genennet worden. aaa).

Nun haben aber nach der Zeit gelehrte Astronomi die Sache genauer untersuchet, und befunden, daß ein völliges Jahr nur bestehe in 365 Tagen 5 Stunden und 49 Minuten, also daß der Julianische Calender in einem jeden Jahr 11 Minuten zu viel setzet. Indem nun aber dis von der Zeit des Concilii Nicœni bis Ann. 1700 wann man diese überflüßige Minuten zusammen rechnet, fast an die 11 Tage ausmachen, und also das Aequinoctium, oder da Tag und Nacht gleich ist, in denen Calendern an die 11 Tage später gerechnet worden, als der Sonnenlauf mit sich bringet, die Abweichung auch mit der Zeit immer grösser würde geworden seyn, also ist auf dem Reichstag zu Regensburg vorerzähltermassen beliebet worden, die 11 Tage wegzuwerfen, und den

---

aaa) *H. Kromayeri* Polymath. Theolog. Part. 3. c. 2. p. 445. seqq. *Micrælii* Hist. Eccl. lib 3. sect. 2. qv. 37. p. 710. Calendarium primi anni Juliani, ann. Urb. Condit 708, anni mundi 3505 ostendit et exhibet *Joh. Henr. Alstedius* in Thesauro Chronolog. c. 5. de Kalendariis p. 73.

den Calendermachern anzubefehlen, hinkünftig ihre Calender nach dem Calculo Astronomico richtig einzurichten bbb).

(Ende des 7ten Theils.)

bbb) G. Ph. Harßdörffers Mathematische Erquickst. Tom. 2. 7. Theil 18. Aufgabe p. 297. 298. *Annum Solarem* distinguunt Astronomi in *Sidereum*, qvo Sol à stella aliqva fixa octavi orbis digressus ad eandem redit spacio 365. dietum, 6 horarum, minutorum; et *Tropicum*, qvo Sol ab aliqvo puncto æqvinoctiali vel solstitiali noni orbis digressus ad idem revertitur; et dividitur in Ver, Astatem, Autumnum et Hiemen. Hic habet dies 365, horas 5, et 49 Minut. et nobis est χρονικος. *Mitralii* Lexic. Philosoph. lit. A. p. 121. 122.

www.ingramcontent.com/pod-product-compliance
Lightning Source LLC
Chambersburg PA
CBHW020223240426
43672CB00006B/401